따뜻한 교육공동체 구축을 위한

교육과정통합이론

김대현 저

The Theoretical Framework for
Curriculum Integration

학지사

머리말

학교는 오랫동안 교과별로 시간을 나누어 수업을 해 왔다. 특히 중학교와 고등학교는 교과 간에 관련되는 내용이 있음에도 불구하고 수업은 교과별로 운영되고 있다. "중등학교에서 교실을 연결하는 것은 복도밖에 없다."라는 Glasgow의 지적을 보면, 외국의 경우도 우리와 크게 다르지 않은 것 같다.

교과는 각기 주요한 개념, 원리, 이론 등의 개념 체계와 고유한 탐구 방법을 지니고 있으므로 학습에는 각 교과 고유의 성격이 반영되어야 한다. 또한 교과는 사회와 자연 세계를 이해할 수 있는 안목을 가져다준다는 점에서 결코 소홀히 할 수 없다. 사회 교과를 배우지 않고서는 민주주의의 의미와 경기 변동을 이해하지 못하며, 과학 교과를 배우지 않고서는 물체의 낙하나 식물의 광합성 작용을 알지 못한다. 학교에서 교과를 배우는 것은 당연한 일이며 필요한 일이기도 하다.

하지만 교육이 반드시 교과별로 시간을 나누어 운영되어야 하는 것은 아니다. 계통적 학습이 효과적인 경우에는 교과별 수업이 불가피하지만, 교과를 서로 연계하여 수업을 계획하고 학습을 하는 것이 교육의 성과를 높일 수 있다면 통합 운영도 필요하다.

실제로 우리가 살면서 부딪히는 생활 세계는 단일 교과의 학습으로는 그 실체를 파악하기 어렵고, 제기되는 문제에 대한 해결책도 찾기 어렵다. 예를 들어, '학교폭력' 문제를 이해하고 대안을 찾기 위해서는 교육학뿐만 아니라, 심리학,

사회학, 철학, 생물학, 행정학 등 다양한 학문의 학제적 접근이 필요하다.

다행히 근래 교과통합의 필요성에 대한 인식이 높아지고 운영에 대한 요구가 커지고 있다. 우리나라에서는 1980년대 초등학교 저학년에서 통합교과를 운영하기 시작하여 1990년대 열린교육운동의 여파로 학교 현장에서 차시통합이나 프로젝트 학습이 실시되었다. 하지만 열린교육운동의 열기가 가라앉자 교과통합에 대한 논의도 한순간에 자취를 감추었다.

2010년대 경기도를 중심으로 혁신학교운동이 시작되고 국가에서 성취 기준 중심의 수업을 강조하는 교육정책을 펼침으로써 단위 학교에서 교육과정 재구성 작업이 활기를 띠게 되었고, 그 중심에 '통합에 의한 교육과정 재구성 작업'이 강조되었다. 서점의 교육 관련 서가에도 학교에서의 통합교육과정 개발을 주제로 하는 서적들이 적지 않게 꼽힌 것은 교육과정통합에 대한 교사들의 관심이 그만큼 높다는 것을 의미한다.

하지만 국내의 경우에는 Jacobs, Drake, Burns, Fogarty 등의 외국 학자가 제시한 교육과정통합이론과 사례를 소개하거나 현장의 교사들이 자체적으로 개발한 통합 사례를 중심으로 집필한 책이 대부분이다. 교육과정통합의 개념이나 유형에 대해서 여전히 개념적 논란이 있고, 국가교육과정의 구속력이 매우 큰 한국의 교육 현실을 반영하여 통합의 절차와 환경을 논의해야 함에도 이러한 연구물은 빈약한 편이다.

나는 동료 연구자와 함께 1990년대 『학교 중심의 통합교육과정 개발』(1995)을 펴낸 바 있고, 제자들과 함께 『교과의 통합적 운영』(1997), 『프로젝트 학습의 운영』(1999)이라는 책을 집필하고 『교과의 경계선 허물기』(2001)를 번역한 바 있다. 이후에는 고등교육으로 연구 대상을 옮겨서 '대학에서의 학제적 교육과 연구'라는 주제로 몇 편의 논문을 발표하였다.

이 책은 단위 학교에서 교육과정통합을 하고자 하는 교사와 교육과정통합이론에 관심이 있는 연구자를 위하여 집필되었다. 교육과정통합은 단원 개발을 위한 기술이나 절차만의 문제가 아니다. 통합의 개념에 대한 명확한 이해, 통합을 해야 하는 명백한 이유, 통합의 목표와 그에 따른 통합 유형의 적절성, 우리나라 현실에 적합한 통합단원의 개발 절차, 조성해야 할 교육 환경 등을 심도 있고 체계적으로 이해하여 구축할 필요가 있다. 이런 점에서, 이 책이 교육과정통합이론 또는 실제를 연구하거나 학교에서 교육과정통합을 운영하고자 하는 교사들에게 도움이 되길 바란다.

이 책은 크게 제1부와 제2부로 구성되어 있다. 제1부에는 교육과정통합의 개념, 국가 수준의 통합교과, 학교에서의 교육과정통합, 교육과정통합의 운영 환경의 내용을 실었다. 그동안 논란이 적지 않은 교육과정통합의 개념을 명확히 하고, 통합의 영역과 유형을 서로 비교하여 파악할 수 있도록 종합적인 교육과정통합 모형을 제시했다.

제2부에는 저자가 교육과정통합을 주제로 하여 학술지에 게재했던 논문을 실었다. 교육과정통합 목표로서의 인격통합과 전인, 교육과정통합 유형으로서 지식형식의 통합, 교육과정통합의 목표와 수단의 조직 방식, 학교 차원의 교육과정통합 모형, 학교 차원의 교과통합적 운영 방안과 과제, 교육과정통합 유형으로서의 프로젝트 학습이라는 주제를 다루었다. 이는 1980년대와 1990년대 발표한 논문으로, 적지 않은 시간이 흘렀지만 교육과정통합의 이론적 기반을 다지는 데 도움을 줄 것으로 생각한다.

COVID-19의 확산으로 우리는 한 번도 경험하지 못한 세상을 살아가고 있다. 불편하고 힘들지 않은 사람이 없지만, 출판사 운영은 더욱 어려움이 클 것으로 짐작된다. 이 힘든 시기에 흔쾌히 책을 출판해 주신 학지사 김진환 사장님, 차형근 편집자님을 비롯한 관계자 여러분의 노고에 감사드린다.

2021년 6월
부산대에서 김대현 올림

6

감사의 말씀

2012년 한국연구재단 지원 사업의 일환으로 SSK 사업단에 참여하게 되었다. 이후 사업단이 2014년에 중형으로 성장하고 2017년에 대형으로 확대되면서, 따뜻한 교육공동체의 구축과 실현이라는 주제로 더욱 심도 있는 연구를 할 수 있었다. 이번 8월 종료 시점을 앞두고 그동안 받아 왔던 혜택에 대해서 다시 한번 생각하게 된다.

교육과정통합은 교과 간의 벽을 허물고, 학교와 지역사회의 틈을 좁히며, 궁극적으로는 사람과 사람 사이의 관계를 이어 준다는 점에서 따뜻한 교육공동체의 구축과 맞물린다. 교육과정통합을 실천해 온 국내외의 교육자들은 통합의 의미를 교사와 학생, 학생들 상호 간, 교사들 상호 간, 교사와 학부모, 학생과 지역사회를 이어 준다는 데서 찾는다. 교육과정통합이론을 주제로 하는 이 책은 교육과정 주체들의 민주적이고 협력적인 관계를 추구한다는 점에서 따뜻한 교육공동체 구축에 이르는 작은 길을 열어 가는 과정을 담았다고 생각한다.

10년 가까이 따뜻한 교육공동체 구축 사업을 함께해 온 여러 공동연구원에게 감사드리고, 이 책을 집필하는 데 직접적인 도움을 준 사업단과 한국연구재단에 감사의 말씀을 전한다.

2021년 6월

김대현

차례

제4장 교육과정통합의 운영 환경 / 155

| 제2부 | 교육과정통합의 이론적 기반과 쟁점

제5장 교육과정통합 목표로서의 인격통합과 전인 / 191

제6장 교육과정통합 유형으로서 지식형식의 통합 / 213

교육과정통합의
개념 체계, 원리, 절차, 환경 구성

제1장 교육과정통합의 개념

1. 교육과정통합의 의미

교육과정통합이라는 말에서 통합은 'integration'을 번역한 말이다. 교육과정 분야에서 통합이라는 말을 많이 사용하는 이유는 통합이 완전함, 전체성 (wholeness)을 지향한다는 믿음 때문이다.

우리는 부분보다는 전체라는 말에 이끌린다. 특히 교육은 특정한 영역에서 한 가지 기능을 발휘하는 사람보다 지적·정의적·도덕적·신체적으로 균형 있는 발달을 갖춘 전인을 양성하는 것을 목표로 한다. 이러한 목표를 지향하는 교육과정의 구성 역시 일부가 아니라 전체성을 가져야 한다고 믿는다. 하지만 교육에서 인간의 완성된 상태, 곧 전체성을 획득한 상태가 무엇인지 규정하기 어려운 것처럼, 교육과정통합을 통하여 구현하고자 하는 전체성이란 매우 모호하고 애매한 말이다.

나는, 통합의 조건으로 전체성의 출현을 내거는 것은 교육과정통합에 관심이 있는 많은 사람을 낙담시키리라고 본다. 그 이유는 다음과 같다.

우선, 전체성의 출현이란 어떤 상태인가? 전체성이라는 개념 자체를 부정하는 것은 아니지만, 현재 우리의 지식으로는 교육 요소들을 결합하여 전체성을 이룬 상태가 어떤 것인지 알기 어렵다.

다음으로, 교육과정통합에서 통합의 대상이 되는 교육 요소들, 특히 교과나 학문, 지식형식이 각기 결합하여 하나의 통일된 체제를 이룬다고 하는 것은 다음과 같은 이유로 문제가 있는 주장이다.

첫째, 교과의 경우에 여러 교과가 결합하여 하나의 통일된 체계를 갖춘다는 것은 말할 것도 없고, 하나의 교과도 내부적으로 통일된 체계를 이루고 있다는 주장도 가능한 것은 아니다. 왜냐하면 교과는 교과내용의 논리적 형식뿐만 아니라 수업의 운영, 사회의 요구 등이 반영된 복합물이기 때문이다.

둘째, 학문도 교과와 마찬가지로 학문 간의 통일성은 물론이고 학문 내의 통일성도 말하기 어렵다. 학문의 구조는 개념과 논리구조, 방법론을 토대로 하고 있지만, 그 속에는 학문공동체의 가치관과 태도 등이 포함되어 때로는 정의적이고 파당적(派黨的)인 성격을 지니기 때문이다. 그러나 이보다 더욱 큰 문제는 같은 학문을 연구하는 학자들조차 학문의 구조에 대한 견해가 같지 않다는 점이다 (Goodlad & Su, 1992: 335).

셋째, 지식형식들 간의 통합성은 물론이고 어떤 하나의 지식형식에 속하는 하위 형식들 간의 통합성도 인정하기 어렵다. Hirst로 대표되는 지식형식 이론은 지식형식의 독자성을 성립시키는 범주적 개념과 논리적 구조를 제대로 설명하지 못하는 점에서 정당성이 약한 주장이기 때문이다(김대현, 1992: 52-69).

이와 같이, 통합의 의미를 전체성의 출현 여부로 규정한다면 교육과정통합은 실체가 매우 모호한 상태가 된다. 따라서 통합이라는 말이, 비록 논리적으로는 전체성의 실현을 그 필요조건으로 하여 의미를 지니는 말이라 할지라도, 교육과정 분야에서 통합을 논할 때는 전체성이라는 지나치게 엄격한 조건을 내걸기보다 상호 관련성(inter-rela-tion)을 토대로 하여 의미를 찾는 것이 타당해 보인다. 물론 이러한 접근 방식이 명석과 판명을 생명으로 하는 '논리의 세계'에는 어울리지 않지만, 교육과정통합에 대한 불필요한 논쟁에 쏟게 될 시간과 노력을 절감하는 방안이 될 수 있다. 왜냐하면 논리의 세계에서 가능한 전체성 또는 완전한 개체라는 개념에 매달리게 되면, 앞에서 밝힌 바와 같이 이 개념들이 의미하는 상태에 대한 우리 인식의 한계를 마주하게 되며, 정작 우리가 관심을 가져야 할 실제의 세계를 이해하거나 개선하는 데 힘을 쏟을 수 없기 때문이다.

그러므로 전체성을 둘러싸고 일어나는 개념적 논쟁에서 벗어나서, 교육 요소들 간에 실제로 존재하는 상호 관련성을 바탕으로 교육과정통합을 논의하는 것이 현실적이라고 본다. 비록 통합이라는 말의 개념적 의미에 반하는 것이기는 하지만, 나는 교육과정통합을 '교육과정을 구성하는 교육 요소들을 상호 관련짓는 활동'으로 규정하고자 한다. 즉, 통합이라는 말에서 전체성을 잠시 옆으로 제쳐두고, 통합이라는 말의 사전적인 본래적 의미에 충실하게 접근하는 것이 합리적이고 현실적인 일이라고 본다.

통합의 사전적 의미는 다음과 같다.

Integration은 '2개 이상의 어떤 것을 결합하여 하나로 만드는 것(to combine two or more things into one)'이라는 의미를 지닌다. 이러한 정의는 결합의 요소(two or more things), 과정(to combine)과 결합의 상태(one)를 보여 준다. 여기에 덧붙여 '어떤 것이 더욱 효과적이기 위하여 2개 이상의 어떤 것을 결합시키는 것(to combine two or more things to make something more effective)'이라는 정의는 결합의 이유(to make something more effective)까지도 제시한다. 여기서 결합의 상태(one)를 전체성을 획득한 '이상적인 상태'로 보기보다는, 2개 이상이 결합되어 새로운 효과/효력을 나타내는 것으로 보는 것이 타당하다.

이런 점에서 교육과정통합은 교육의 성과를 높이기 위하여 교육과정의 구성 요소들을 결합(combine)하는 것을 가리킨다. 학교에서의 학습이 학교 밖의 가정이나 사회에서의 경험과 결합되어야 하고, 어린 시절의 경험이 청년 시절의 경험과 결합되어야 하며, 또 이 경험이 장년과 노년 시절의 경험과 결합되어야 한다. 학교 교육에 한정하여 생각하더라도 학급이나 학년 간의 경험이 서로 결합

되고(수직적 결합), 동일 학년에서도 교과와 교과, 교과와 창의적 체험활동, 교과
와 학급경영과 생활지도가 결합되어야 한다(수평적 결합).

곽병선(1983)도 오래전에 교육(교육과정)에서의 통합을 횡적 통합과 종적 통합
으로 구분한 바 있다.

> 횡적 통합은 주어진 한 연령이나 학년 단위에서 교과의 학습경험을 통합하는 것이고,
> 종적 통합은 연령이나 학년 수준을 가로질러서 교과와 학습경험을 통합하는 것이다. 전
> 자는 교육과정에서 범주를 통합하는 것이고 후자는 계열의 통합을 시도하는 것이다(곽병
> 선, 1983: 88).

나는 곽병선의 주장에 동의하면서도, 교육의 공간을 학교 바깥 사회로 확대하
고, 교육받는 시기를 학교 교육 이전 시기와 학교 교육 이후 시기까지로 넓히며,
교육의 영역을 교과뿐만 아니라 창의적 체험활동, 생활지도, 학급경영을 포함하
는 것으로 확장하여, 교육(교육과정)에서의 통합을 제안한다.

한편, 통합에서 결합의 방식은 여러 가지 양상을 지닌다. 관련 있는 것을 같은
시간대나 공간에 놓는 것(parallel, juxtapose), 유사한 것들을 물리적으로 크게 하
나로 묶는 것(broad fields), 어떤 것을 중심으로 개별 요소들의 독립성은 유지한
채 관련짓는 것(multi~), 여러 분야의 공통적인 요소를 떼어 내어 하나로 묶는
것(inter~), 어떤 것을 중심으로 결합하되 개별 요소들의 독립성이 사라지는 것
(trans~) 등으로 다양하다. 통합교육과정에서 결합의 방식은 다음 절의 통합의
유형에서 더욱 구체적으로 다룬다.

최근 통합교육과정과 유사한 의미로 융합교육과정, 융복합교육과정, 통섭교육
과정이라는 말이 사용되고 있다. 여기서는 융합, 융복합, 통섭 등의 의미를 살핌

으로써 통합교육과정과의 관계를 간단히 정리하려고 한다.

먼저 영어의 fusion과 convergence는 '융합'으로 번역되어 사용되고 있다. fusion은 '종류가 다른 것들이 녹아서 서로 구별이 없게 하나로 합하여지거나 그렇게 만듦'이라는 뜻이다. 나는 융합을 교육과정통합의 한 가지 유형으로 본다.

융합으로 번역되고 있는 convergence의 사전적인 의미는 2개 이상의 사물이나 아이디어가 유사해지거나 함께 모이는 일이다(the fact that two or more things, ideas, etc. become similar or come together). 이 용어는 본래 광학 용어로, 17세기 천문학자 Kepler가 수렴렌즈(볼록렌즈: convex lens)를 통해 광선이 한 점으로 모이는 현상을 '컨버전스(수렴)'라고 설명하면서 최초로 개념화됐다(선호, 2007). 김덕현은 이 용어를 과학과 산업 기술의 결합 분야에서 사용할 것을 제안하였다. 그는 다음과 같이 말하였다.

국내에서 일상적으로 쓰였던 용어인 융합을 국가 차원에서 논의하기 시작한 것은 과학기술 및 산업경제 정책의 수립 과정이었음을 상기해야 한다. 2008년에 정부가 수립한 국가 융합기술발전 기본계획은 2002년과 2004년에 각각 발표된 미국과 EU의 융합기술(Converging Technology) 발전계획에 대응하기 위한 것이었다. 이런 배경에서 융합(convergence)을 독립적으로 존재하던 개체들의 화학적 결합을 통해 가치가 커진 새로운 개체를 창조하기 위한 (의도적) 생산공정이라 정의하고, 그 대상을 기술과 제품 · 서비스 · 산업 등으로 제한할 것을 제안한다(김덕현, 2011).

융복합이라는 용어는 fusion과 compound를 합친 것이다. 복합을 뜻하는 compound는 2개 이상의 다른 요소를 합친 것(something consisting of two or more different parts)으로, 융합과 유사하지만 복합이라는 말에서 複(겹침)과 合(합침)이 의미하듯이, 서로 구분을 하지 못할 정도로 하나로 합치는 것이 아니라, 개개의 독립된 성질을 가지고 합치는 것을 복합이라고 말할 수 있다. 안유섭도 융합과 복합을 다음과 같이 구분하고 있다.

복합(Compound)은 두 가지 이상을 하나로 합친다는 뜻으로, 융합이 물리 · 화학적으로 분리가 불가능한 상태로 합쳐지는 데 비하여, 복합은 분리 가능한 상태로 합쳐지는 것을 말한다. 예를 들어, 인쇄복합기는 인쇄기에다 복사와 스캔 기능 등을 더해서 만들어짐으로써 복합기(Multifunctional Departmental Device)라고 부르는 반면, 스마트폰은 여러 기능이 서로 분리할 수 없도록 연결되어 있는 점이 다르다고 할 수 있다(안유섭, 2020).

나는 복합도 융합과 마찬가지로 교육과정통합의 한 가지 유형으로 본다.

교육과정통합과 관련하여 통섭(consilience)이라는 용어도 사용되고 있다. 통섭이라는 말의 사전적 의미는 여러 학문의 원리를 연결하여 종합적인 이론을 만드는 것이다(the linking together of principles from different disciplines especially when forming a comprehensive theory). 미국의 생물학자 Edward Wilson은 학문의 통합이론으로 통섭을 주장했다. 최종덕(2007)에 따르면, Wilson이 말하는 통섭은 사회학적 현상은 심리학적 현상으로 환원되고, 심리학적 현상은 생물학적 현상으로 환원되며, 궁극적으로 모든 것은 물리학적 현상으로 설명된다는 물리환원주의를 신봉하는 흐름 속에 있다고 하였다(손제민, 2007에서 재인용). 통섭이 여러 학문을 연결하여 종합적인 이론을 만드는 데 관심이 있는 반면에, 통합교육과정은 교육의 성과를 높이기 위하여 교육과정의 여러 요소를 관련짓는 데 초점이 있다는 점에서 차이가 있다.

한편, 통합교육과정에서 사용되는 교육과정이라는 말도 통합과 마찬가지로 매우 포괄적이다. 포괄적이라는 말은 '일정한 대상이나 현상 따위를 어떤 범위나 한계 안에 모두 끌어 넣는 것'이라는 의미를 가진다. 학술적 개념을 규정할 때, 포괄적 접근을 하는 것은 설명하고자 하는 대상이나 현상을 엄밀하게 기술하는 데 어려움을 준다. 여기서는 통합과 함께 사용되는 교육과정의 의미를 내용의 폭, 개발 차원, 운영 형태, 전달 수준과 매체, 운영 목적 등의 차원으로 구분하고자 한다.

첫째, 교육과정 속에는 교과와 과목, 창의적 체험활동의 영역이 있다. 교과와 과목은 교육과정의 기본 단위(curriculum units)로, 수업이나 학습을 목적으로 교육내용을 선정하고 조직한 것이다. 오늘날 학교에서는 행정적인 면에서 관리가 쉽고, 교사의 책임이 명확히 드러나며, 학생들이 일관성 있는 학습 활동을 하기 쉽도록 전체 교육활동을 교과나 과목의 활동으로 분할하여 운영한다. 이 중에서 교과는 과목을 포함하는 것으로, 예를 들면 사회과는 교과이며, 역사, 지리, 일반사회는 과목에 속한다(김대현, 2017). 통합과 관련해서는 교과, 과목, 창의적 체험활동은 영역 내의 통합과 영역 간의 통합으로 구분할 수 있다. 그리고 교과나 과목은 지식, 기능, 태도와 가치 등의 내용으로 구성된다.

따라서 교과와 과목 내에서 이러한 교육내용을 통합할 때는 교과 내 통합, 과목 내 통합이라고 부른다. 교과와 과목 간에도 이러한 교육내용의 통합이 이루어지는데, 이를 교과 간 통합, 과목 간 통합이라고 한다. 또한 창의적 체험활동은 자율활동, 동아리활동, 봉사활동, 진로활동 등의 네 영역으로 구성되는데, 이들 영역 간의 통합(창의적 체험활동의 영역 통합)이나 이들 영역과 교과활동의 통합(교과와 창의적 체험활동의 통합)을 생각할 수 있다.

둘째, 개발 차원에서 보면 국가 수준의 개발과 학교 차원의 개발로 구분할 수 있다. 국가 수준에서 보면 학생의 발달 수준에 부응하거나, 사회의 요구를 반영하기 위하여, 때로는 교육의 효율성을 높이기 위하여, 기존의 교과(과목)나 프로그램을 통합하여 새로운 교과를 개발할 수 있다. 초등학교의 학교적응활동 프로그램(이전의 우리들은 1학년), 저학년의 통합프로그램(대주제 중심의 통합프로그램,

바른 생활, 슬기로운 생활, 즐거운 생활), 중등학교의 공통/통합사회와 공통/통합과학 등이 이에 해당하며, 우리는 통합교과(integrated subjects)라고 부른다. 반면에, 학교 차원에서의 교육과정통합은 국가 수준 교육과정에서는 분리된 교과를 학교에서 연계하여 운영하는 것을 가리킨다. 또한, 국가 수준에서 개발된 통합교과도 다른 교과와 연계하거나 통합교과들 간에도 연계를 할 수 있다. 이와 같이, 학교에서의 교육과정통합은 교육과정 재구성 작업의 일환으로, 학교 단위에서 이루어지는 교과 내, 교과 간, 과목 내, 과목 간, 교과와 창의적 체험활동 등의 통합을 의미한다.

셋째, 개발 단위에서 보면 교육과정통합은 통합교과나 과목의 개발, 통합단원의 개발, 수업통합, 차시통합 등으로 나타난다. 통합교과나 과목은 학생의 발달 수준, 사회의 요구, 교육의 효율성을 높이기 위하여, 기존의 교과나 과목을 하나로 묶거나 과거에는 없었던 새로운 교과나 과목을 만드는 것을 말한다. 통합단원의 개발은 개별 교과나 과목 내에서 때로는 교과나 과목 간에 관련이 있는 내용을 묶어서 일정한 기간 내에서 운영하는 것을 가리킨다. 학교에서 이루어지는 교육과정통합은 대개 통합단원을 개발하고 운영하는 형태다. 수업통합이란 다소 모호한 말이다. 넓은 의미로 수업통합에는 학교에서 하게 되는 교과나 과목의 통합을 포함하여 제반 형태의 모든 통합교육이 포함된다. 하지만 좁은 의미로는 묶음 시간표를 이용하여 과목 내 또는 과목 간을 연계하여 수업하는 차시통합을 의미한다. 열린교육운동이 한창이던 1990년대 초등학교를 중심으로 활발했던 차시통합은 여러 교과(과목) 간에 걸친 관련 내용을 2~3시간으로 묶어 가르치는 수업을 의미했다.

넷째, 전달 수준과 매체의 차원에서 보면, 교육과정통합은 교과서 내용들의 연계, 교과서 바깥의 인쇄물 및 유·무형의 온라인 교수·학습 자료의 연계 등으로 나타난다. 국가 수준의 교과별 내용(여기서는 성취 기준)을 중심으로 통합단원을 만드는 것과 교과별 내용을 효과적으로 전달하기 위한 수단으로서 마련된 교과서 내용을 중심으로 통합단원을 구성하는 것은 구분된다. 우리나라 교육의 역사에서 교육과정의 내용이 곧바로 교과서의 내용이라는 인식이 강했던 시절에는 교과서 내용을 중심으로 통합단원을 구성하고자 하는 시도가 많았다. 반면에, 교육과정 중심 수업이 강조된 제6차 교육과정과 성취 기준이 도입된 제7차 교육과정 이후에는 교육과정 중심의 통합단원의 개발과 운영 사례가 늘어나고 있다. 또한 교수·학습 자료가 서책 중심의 교과서 범위를 넘어서서 국내외의 문자, 음성, 영상 등의 다양한 매체로 확장됨에 따라, 통합단원의 개발과 운영이 더욱 용이하고 다채로운 방식으로 전개되고 있다.

다섯째, 통합의 목적에서 보면, 교육과정통합은 학생의 삶과 교과(과목)의 연계, 학교에서의 학습과 사회 속에서의 배움의 연계, 교과를 구성하는 지식, 기능, 태도와 가치 등의 학습 요소들의 연계, 자신과 동료 및 사회의 연계 등을 목적으로 하는 교육활동을 의미한다. 교육과정통합은 그 자체로 가치를 지닌다기보다는 학습경험을 횡적 그리고 종적으로 결합하는 활동으로서 의미가 있다. 이것을 '학습의 통합'이라고 부른다면, 학습의 통합은 학습자가 이전의 경험과 현재의 경험을 관련짓고, 자신의 개인적 경험과 학교에서 배우는 교과 학습을 연계하며, 학교에서 배우는 학습과 가정, 사회에서 경험한 것을 관련짓는 성장의 과정을 의미한다. 또한 학습의 통합은 지적·사회적·도덕적·신체적·미학적인 경험을 서로 연계하며, 자신의 삶이 사회의 유지와 발전에 어떤 도움이 되는지를 반성적으로 성찰하고 실천하는 활동을 가리킨다.

이와 같이 교육과정통합은 교육과정이라는 말이 갖는 다차원적인 의미와 통합이라는 말이 갖는 여러 결합 방식을 포함하는 매우 포괄적인 교육활동을 가리킨다. 결론적으로, 교육과정통합은 학습의 통합을 지향하며, 국가 차원, 학교 차원에서 개발하거나 운영할 수 있고, 교과(과목) 내 통합과 교과(과목) 간 통합, 교과와 창의적 체험활동의 통합으로 나타난다. 그것은 통합교과 과목, 통합단원 그리고 차시통합(수업통합)의 형태로 나타난다. 또한 교육과정통합은 국가 수준의 교과내용의 통합뿐만 아니라 교과서 내용의 통합, 나아가 다양한 형태의 교수·학습 자료의 활용 등으로 교육적 성과를 높이기 위한 전문적인 교육활동이다.

마지막으로, 교육과정통합과 교육과정의 통합적 운영을 구별할 필요가 있다. Hirst(1974)는 수업시간을 통합적으로 구성하는 것(integrated day), 교수와 학습의 편의를 위하여 학급편성을 하는 것(grouping), 수업의 한 가지 방법으로서 팀 티칭(Team Teaching)을 도입하는 것 등 여러 통합적 운영 방식은 수업의 효율성을 높이기는 하지만, 그 자체가 교육과정통합은 아니라고 보았다. 또한 교육과정을 통합하였을 때, 반드시 이러한 수업 방식들을 취해야 하는 것은 아니라는 점에서, 교육과정통합과 수업 방식은 논리적인 관계는 아니라고 보았다.

Barrow(1977)도 같은 주장을 하였다. 교육과정통합과 여러 가지 수업방법과의 관계는 논리적이고 필연적인 관계가 아니라 우연적이고 바람직한 관계(contingent desirable relation)라는 것이다. 그는 통합된 교육과정의 운영에 자주 등장하는 수업의 방법을 탐구(inquiry), 연구(research), 발견을 통한 학습(learning by discovery) 등을 들고, 이 방법들이 통합된 교육과정에 자주 사용하는 방식이기는 하지만 분과별 교육과정 체제에서도 사용할 수 있는 방법이므로, 교육과정통합과 통합수업의 운용을 우연적이고 효과적인 관계로 보았다. 즉, 교육과정통합과 교육과정의 통합적 운영은 서로 관련되어 있지만 논리적 함의 관계는 아니라는 것이다.

나는 Hirst와 Barrow의 주장에 동의한다. 교육과정통합과 모둠별 학습, 팀티칭 수업, 프로젝트 학습 등의 수업 운영 방식들은 구별될 필요가 있다. 이들 수업 방식들은 교육과정통합이 아닌 분과 체제의 교육과정에서도 사용된다. 하지만 교육과정을 통합했을 경우에, 수업이 학생중심을 지향하고, 개인 학습이 아니라 협력 학습의 성격을 많이 띠며, 교사들 간에도 공동 계획과 운영을 위한 노력이 요구되고, 시간 운영의 유연성이 확대되며, 공간 활용이 확장된다는 점에서 교육과정통합과 수업의 통합적 운영 간에는 실제적인 면에서 관련성이 높을 수 밖에 없다.

2. 교육과정통합의 필요성

영국의 철학자인 Erwin은 학교의 수업시간표가 지니고 있는 결함을 다음과 같이 비유하였다.

> 여러분이 밖에서 산책하고 있을 때, 45분은 꽃들과 그다음의 45분은 동물들과 부딪히는 것이 아니다(김대현, 이영만, 1995: 128)

교육과정을 통합 운영하는 것은 교육적으로 여러 이점(가치)이 있다. 우리 주변에서 일어나고 있는 일은 분절된 지식만으로 해결할 수 있는 것이 아니라, 여러 분야의 지식을 종합해야만 해결할 수 있는 것이다. 학자들은 다양한 이점을 들어서 교육과정통합의 필요성을 주장하고 있다.

Jacobs(1989)는 다음과 같은 이유로 교육과정통합의 필요성을 주장한다. 첫째, 교육과정통합은 지식의 폭발적인 증가로 인해 교육내용을 선정하는 일이 더욱 어려운 문제가 되고 있으므로, 교과별로 상호 관련되는 내용을 묶어 제시함으로써 필수적인 교육내용을 선정하는 데 도움을 준다. 둘째, 교육과정통합은 학생들의 흥미나 관심을 반영하기 쉬우며, 중등학교의 경우 교과에 따른 교실 이동 시간을 줄이는 데 도움을 준다. 셋째, 교육과정통합은 교과들 간의 관련성을 파악하는 데 도움을 주고, 교과 학습과 생활과의 연관성을 높여 교과 학습의 의미를 삶과 관련지어 인식할 수 있게 해 준다. 넷째, 교육과정통합은 현대 사회에서 발생하는 복잡한 문제들을 해결하는 능력을 길러 주는 데 효과적이다.

Drake(1993)는 교육과정통합의 필요성을 다음과 같이 주장한다. 첫째, 교육과정통합은 교과 속에 포함된 중복된 내용들과 기능들을 줄임으로써, 학생들이 배워야 할 필수적인 교육내용을 학습할 시간을 확보해 준다. 둘째, 교육과정통합은 교과를 생활과 관련지음으로써 실제적인 문제 해결력을 길러 준다. 셋째, 인간의 뇌는 정보들의 관련성을 바탕으로 유형화하는 기능을 하므로, 교과들을 관련짓거나 교과와 생활을 연계하는 교육과정통합이 효과적이다.

Burns(1995)는 교육과정통합 운영의 이점을 실제 통합단원을 개발하고 운영한 교사들을 대상으로 한 조사를 바탕으로 교육적 효과를 제시했다. 그녀는 한 해 동안 통합교육과정을 운영했던 버지니아주의 중등학교 교사와 행정가들을 인터뷰하여, 교육과정통합이 학생들에게 주는 이점을 다음과 같이 제시하였다. 학습에 대한 열의가 생기고, 학습 활동의 참여가 높아졌으며 과제를 완수하고, 개념과 기능에 대한 이해가 증대하였으며, 교과들의 관련성을 이해하게 되었고, 훈육상의 문제가 감소하며, 출석률이 높아졌다는 것이다. 이와 함께 통합교육과정은 교사들에게도 다음과 같은 이점을 준다고 하였다. 교사들은 매일 동료들과 팀으로 작업하면서 소속감과 심리적 지지를 얻고, 교수 의욕과 열정이 증가하였으며, 교육과정과 수업에서의 전문성이 신장되었다.

나는 이와 같은 여러 학자의 견해를 취합하고, 직접 통합교육과정을 설계하고 운영하는 경험을 바탕으로, 통합교육과정의 개발과 운영의 가치를 교육목표, 교육내용, 교육방법 등의 측면으로 나누어 제시하였다(김대현, 1997a).

첫째, 통합교육과정이 교육목표의 측면에서 지니는 가치를 제시하면 다음과 같다.

- 개인이 부딪히는 일상생활의 문제나 사회가 당면하는 문제를 해결하는 능력을 길러 준다.
- 협동심과 민주적인 생활 태도를 길러 준다.

• 인지, 정의, 신체가 균형적으로 발달한 전인의 형성을 가능하게 해 준다.
• 학교생활의 적응과 만족감을 높인다.

　이와 같은 교육목표들이 교육과정통합에 의해서만 실현될 수 있는 것은 아니다. 하지만 교육과정통합이 분과교육과정보다 이들 목표를 효과적으로 달성할 것이라는 데는 의심의 여지가 없다. 이 말은 분과와 통합이라는 교육과정의 편성 방식이 교육목표의 달성에 기여하는 바가 각기 다르다 뜻이다. 분과체제의 교육과정은 기초적인 개념과 개념들의 논리적 조직, 기능 등을 학습하는 데 효과적이며, 통합교육과정은 위에 제시한 네 가지 교육목표의 달성에 기여하는 바가 크다. 분과와 통합은 복잡하고 다양한 교육과정의 목표 달성을 위해서 상호 보완적인 역할을 한다.

　그러므로 성공적인 학교란 교과학문들을 개별적으로 가르치며 동시에 그것들을 관련지어 통합적으로 학습하는 기회를 제공하는 곳을 뜻한다. 이 말은 교육과정의 목표와 관련하여 통합교육과정의 편성은 교육과정의 운영 중에 간간히 갖는 즐거운 여가활동이 아니라, 교육과정의 목표 달성을 위한 효과적인 수단(Jacobs, 1989: 5)이라는 것을 뜻한다.

　둘째, 통합교육과정이 교육내용의 측면에서 지니는 가치를 제시하면 다음과 같다.

• 교과 간의 내용 중복을 피하여 학습자의 불필요한 부담을 덜어 준다.
• 교육내용의 양적 증가에 대처할 수 있다.
• 교육내용의 사회적 적합성을 높일 수 있다.

　이와 같은 가치들이 반드시 교육과정통합에 의해서만 실현되는 것은 아니다. 분과체제의 교육과정도 여러 가지 시도와 노력을 해 왔다. 그러나 앞에 제시한 이점들은 통합교육과정을 통해서만, 때로는 분과체제의 교육과정과 함께, 때로는 분과교육과정에 비교하여 효과적으로 실현될 수 있을 것으로 생각한다. 예를 들어, 교과 간의 내용 중복을 피하는 문제는 교육과정통합에 의해서만 해결될 수 있는 문제이다. 김두정(1992: 51)의 지적대로, 우리나라 교과서가 개념들을 교과와 영역에 따라 독립적으로 다루어 결과적으로 학습자의 부담을 가중해 왔다면, 교육과정통합은 이러한 문제점을 해결하는 의미 있는 방법으로 생각할 수 있다.

다음으로, 교육내용의 양적 증가에 대해서는 교육과정통합이 분과교육과정과 역할을 분담하여 해결할 수 있는 길을 제시하고 있다. 즉, 과포화 상태의 교육과정을 해결하기 위해서는 분과교육과정 체계를 통하여 학문이나 지식의 형식을 성립시키는 최소 필수의 개념과 개념조직, 탐구방법론을 중심으로 조직하고, 교육과정통합을 통하여 학문이나 지식의 형식 간의 상호 관련성을 토대로 교육내용의 양을 줄여 가는 방법이 요구된다.

마지막으로, 교육내용의 적합성 문제는 '이 내용을 왜 배우는가, 이 내용이 내가 살고 있는 사회의 이해와 개선에 어떻게 기여하는가.' 하는 등의 물음과 관련이 있다. 분과교육과정 아래서도 개개의 학문들이 학생들의 삶에 어떠한 영향을 주는가를 보여 주려는 시도를 할 수 있다. 그러나 분과교육과정은 그 성격에 의하여 개별 학문이나 지식형식의 논리적이고 위계적인 구조를 강조하게 됨으로써, 교육내용의 적합성 문제는 교육과정통합을 통하여 접근하는 것이 더욱 효과적이다. 즉, 개인의 필요와 사회의 요구는 개별 학문의 접근이 아니라 개별 학문들을 관련지어 보는 기회를 부여하도록 요구하기 때문에, 교육과정통합이 교육내용의 적합성 문제를 해결하는 효과적인 대응책이 된다.

셋째, 교육과정통합이 교육방법의 측면에서 지니는 가치를 제시하면 다음과 같다.

• 학습자는 학습의 주체로서 참여한다.

• 학습의 과정이 공포나 두려움 없이 편안함과 즐거움을 느끼게 한다.

• 학습경험의 전이효과가 크다.

이와 같은 가치들은 교육과정통합을 통해서만 실현되는 것은 아니지만 교육과정통합이 분과교육과정에 비교할 때 보다 잘 실현할 수 있다는 것은 의심할 여지가 없다. 먼저, 교육과정통합은 학습자가 학습 활동을 계획하거나 운영하는데 주체적으로 참여함으로써, 학습에 대한 동기가 커지고 학습의 결과에 대한 책임감이 증대됨으로써 교육의 성과가 높아질 가능성이 있다.

그리고 학습자가 학습의 주체로서 참여한다는 것은 민주적이고 허용적인 수업 분위기를 만들기 쉬우므로, 교육과정통합은 분과교육과정에 비하여 학습자들이 편안하고 즐거운 가운데 학습을 수행할 가능성이 높다.

마지막으로, 통합교육과정은 학교에서 배운 지식을 실제 생활에 적용하는 능력을 높여 준다. 교육과정통합은 교과학문 간의 논리적 상호 관련성을 인식하거나 실제 생활의 소재를 이용하여 생활의 문제를 직접 해결하는 경험을 제공한다는 점에서, 분과 체제의 교육과정에 비하여 학습경험의 전이효과가 크다고 말할 수 있다.

이와 같이, 교육과정통합의 가치를 목표, 내용, 방법 측면에서 살펴본 것은 학문의 요구, 사회의 필요, 학습자의 이익 측면에 주안점을 둔 것이다. 이와 함께 교육과정통합의 가치는 Burns(1995)의 주장처럼, 교사의 측면에서도 찾아볼 수 있다. 교과의 통합적 운영은 교사들이 개별적인 교과교육과정뿐만 아니라 전체 교육과정을 깊이 있게 이해하는 데 도움을 주고, 교과교육활동이 개별 교과에 대한 이해를 넘어서서 총체적으로는 학생의 성장을 위하여 연계되어야 한다는 점을 자각하게 한다. 또한, 통합단원을 편성하고 운영하면서 동료 교사, 학생들과 협력하고 이를 통하여 신뢰를 쌓을 수 있는 기회를 제공한다. 그리고 교육

과정통합이 학생들에게 미치는 긍정적인 영향력으로 통합단원의 개발과 운영에
참여한 교사들이 교직 생활에서 보람과 만족을 느끼게 된다. 우리나라에서 혁신
교육을 표방하는 많은 선도적인 학교에서 교육과정 재구성을 통한 통합단원의
개발과 운영에 힘을 쏟고 있는 것(박현숙 외, 2015; 성열관, 2017)은 통합교육과정
이 학생들에게 미치는 이점뿐만 아니라, 교사들에게도 교육과정과 수업 분야의
전문성을 신장하고 동료 교사와 학생과의 관계에서 신뢰와 협력을 가능하게 하
기 때문이다.

하지만 여기서 분명히 한 가지 짚고 넘어가야 할 중요한 점이 있다. 학교의 전
체 교육과정을 통합의 방식으로 편성하고 운영하는 것이 바람직한 것인가 하는
문제이다. 대답은 '아니요'이다. 계통적인 학습이 요구되는 상황에서는 교과별
수업을 하고, 교과의 사회적 적합성을 높이고 학습자의 사회 문제 해결력을 신
장하고자 할 때는 교육과정통합이 효과적이다.

> 많은 이가 기본적 기능의 학습에 대해 우려를 나타내었다. …… 특히 통합교육과정을
> 통해 수학적 기능을 제대로 가르칠 수 있는지에 대한 논란이 많았다. …… 통합교육과정
> 에 의거해서만 수학을 가르쳤을 경우에 아동이 수학교과에 대한 이해를 논리적으로 발전
> 시키기 힘들었다.(신옥순, 유혜령, 1991: 149).

Jacobs는 이를 분과와 통합 중에서 하나를 선택해야 한다는 양자택일(polarity)
의 함정에 빠져서는 안 된다고 다음과 같이 표현하였다.

> 통합교육과정을 구성할 때 학생들이 독립된 학문(교과)에 기초한 경험과 간학문적(통
> 합적) 경험을 모두 체험하도록 해야 한다. 분과와 통합은 양자택일의 문제가 아니다(김대
> 현, 이영만, 1995: 128-129).

3. 교육과정통합의 유형

이영덕(1983)과 곽병선(1983)은 교육과정통합이 본격적으로 논의되고 학교 현장에 교육과정 구성 방법으로 자리 잡기 시작한 것을 미국에서 진보주의 교육운동이 활발했던 시기로 보고 있다. 당시 교육과정은 전통적인 교과 중심 교육과 입장을 달리하면서, 학생의 흥미, 발달, 생활 사태 및 필요, 사회 문제 해결 등을 중심으로 구성되어야 한다고 보았다. 이러한 교육과정의 관점을 경험주의 교육과정 관점이라고 부른다.

이영덕(1983: 15)은 먼저 교육과정통합과 통합교육과정을 구분한다. 전자가 교육과정의 요소가 어떤 기준에 의해서 분리 독립되어 있는 것을 상호 관련짓고 통합함으로서 하나의 의미 있는 체계로 발전시키는 과정 내지 시도를 뜻한다면, 후자는 그러한 시도와 노력으로 이룬 산출물을 의미한다고 보았다.

그는 교육과정통합의 궁극적 목적은 학습경험의 통합으로 보고, Alberty와 Alberty(1963)가 학습경험의 통합내지 학습의 유의미성을 중심으로 일반교육을 위한 교육과정의 조직 유형을 제시한 것을 정리하여 소개하였다(이영덕, 1983: 27-33).

Alberty와 Alberty는 교육과정통합의 유형을 분과형, 상관형, 융합형, 문제 중심형, 생성형으로 구분하고, 분과, 상관, 융합은 교과를 기반으로 하지만, 문제 중심형과 생성형은 학생들의 흥미와 관심 그리고 그들이 생활에서 느끼는 문제를 다룬다는 점에서 교과 간의 경계를 벗어난다고 보았다. 이 중에서 생성형은 문제 중심형과 유사하지만, 교사들에 의하여 사전에 계획되지 않는다는 점에서 구별된다고 보았다. 즉, 교육이 이루어지는 바로 그 현장에서 계획되고 학습되고 평가되는 성격이 있다는 점에서 생성 교육과정(emerging curriculum)이라고 불리지만, 이러한 유형의 교육과정을 운영하는 학교는 극히 적다고 하였다.

Alberty와 Alberty는 통합의 유형 중에서 문제 중심형 통합에 가장 큰 관심을 가졌다. 그들은 문제 중심형 통합이 학교와 실세계를 연결하고 학생들의 문제 해결력을 길러 준다고 보았다. 물론 교과를 중심으로 하는 교육과정 운영(분과, 상관, 융합)도 학생들의 문제 해결력 신장을 중시한다. 다만 교과 속에 들어 있는 지식과 기능을 학습시키면 실생활에서 만나는 문제들도 잘 처리할 것이라는 믿음을 가지고 있다(교과의 학습 → 문제 해결력 신장).

반면에, 문제 중심형 통합에서는 문제를 먼저 제기하고, 이를 해결하는 과정에서 지식, 기능, 태도를 갖게 된다고 본다. 당면한 문제들을 찾아내고 그 문제를 다방면으로 분석하고 해결 방안을 찾기 위한 과정에서 지식, 기능, 태도와 가치 등의 학습이 일어난다는 것이다(문제 분석과 해결의 과정 → 지식, 기능, 태도와 가치의 학습). 또한 공통적인 관심사나 문제를 중심으로 한 집단 사고를 통해서 민주적 문제 해결력, 의사소통, 협력의 산 경험들을 길러 주고, 문제 해결 과정에서 자신의 능력과 흥미에 맞는 역할을 분담함으로써 개별화된 학습기회를 갖게 된다. 또한 여러 교사가 공동으로 계획하고 준비할 기회를 준다는 점에서 장점이 있으며, 대개 학생이 선택하는 문제들이 학생들과 그들이 사는 세계와의 교호작용에서 나타나는 것이기 때문에, 지역사회 자체를 연구하고 그 지역사회가 제공하는 자원들을 동원할 필요가 높다는 점에서 학교와 지역사회의 연대가 커진다.

하지만 Alberty와 Alberty는 전체 교육프로그램을 모두 문제 중심으로 구성하는 것은 바람직하지 않다고 하였다. 계통적인 학습을 요하는 지식내용이라든지 특수한 연습과 전문적인 활동을 요하는 영역들은 별도의 교과 시간을 배당하여 가르치도록 해야 하기 때문이다. 수학, 미술, 음악, 체육 등을 교과별로 가르치는 것은 이 때문이다.

이영덕과 곽병선은 1960년대 이후 미국에서 일어난 학문 중심 교육과정 관점에 둔 교육과정개혁과 1970년대 영국에서 진행되었던 통합교육과정의 개발을 '또 다른 견해들' '새로운 시도' 등으로 규정하고, 그 동향을 소개하였다.

특히 곽병선(1983: 81-82)은 1970년대 영국에서 활발하게 전개되었던 교육과정통합을 소개하고 있다. 그는 영국 학교교육평의회(school council)가 지원하여 개발한 대표적인 교육과정 개혁 프로그램으로 통합과목 프로젝트(integrated studies project, 1968~1972), 인문 교육과정 프로젝트(humanities curriculum project, 1967~1972), 통합과학 프로젝트(integrated science project) 등을 간략하게 소개하였다.

또한 곽병선은 교육과정통합을 교육내용 구조, 통합의 중심, 수업 운영에서의 통합으로 구분하여, 교육과정통합에 대한 체계적인 접근을 시도한 바 있다. 그가 제시한 교육과정통합의 구성 방법은 다음 표와 같다.

〈표 1-1〉 통합교육과정 구성의 제 측면

교육내용 구조 면	통합의 중심 내용 면	수업 운영 면
가. 전체적 접근 나. 부분-전면적 통합 다. 종적-횡적 통합 라. 다학문-간학문-탈학문	가. 주제·제재 중심 나. 문제 중심 다. 기초 기능 중심 라. 사고의 양식 중심 마. 경험 중심 바. 표현 중심 사. 활동 중심 아. 흥미 중심	가. 통합의 날 운영 나. 융통성 있는 시간표의 운영 다. 집단교수제

출처: 한국교육개발원 편(1983). 84.

이 가운데 통합의 유형과 관련하여 다학문, 간학문, 탈학문 등의 세 가지 형태를 제시하였다. 그는 다학문, 간학문, 탈학문 통합의 성격을 제시하고 유형별로 교사 조직, 자원, 교육과정 내용 및 교수 방법, 시간표, 개별 분야의 독립성 등에 차이가 있다는 점을 밝혔다.

〈표 1-2〉 다학문, 간학문, 탈학문 통합 유형별 비교

통합 유형	교사조직	자원	교육과정 내용 및 교수 방법	시간표	개별 분야의 독립성
다학문	• 공통계획 필요 • 공통교수제 가능	정상적 교과목 지도할 때와 유사	정상 교과 구조와 별 차이 없으나 조정이 필요	경우에 따라 다양한 시간 계획 활용가능	완전한 독립성 보장
간학문	• 세밀한 공동계획 필수적	교사가 전공 분야가 아닌 내용을 가르칠 때 이를 보조할 수 있는 부수적 자료 필요	내용 구조의 변화가 생기고, 교수방법에서도 변화 가능	사전 공동으로 작성된 시간 계획 필요	상당한 정도로 독립성 약화
탈학문	• 공동계획이나 공동제 교수 불필요	아동 중심/아동 스스로 선정. 정상교과목 지도 때보다 다양한 자료 필요	교수방법에서 변화 불가피, 내용에서도 변화 생김	특별한 시간 계획 요구치 않으나, 계획 수립과 수업에서 시간을 고려할 수 있음	독립성 완전히 상실됨

출처: 한국교육개발원 편(1983). 89.

이와 같이 교육에서의 강조점이 시대와 사회에 따라 교과 중심, 경험 중심, 학문 중심 등으로 변함에 따라 교육과정의 구성 방식(교육과정통합)도 영향을 받게 되었다. 앞에서 말한 이영덕과 곽병선도 경험형 교육과정에서의 통합 유형을 제시한 다음, '새로운 시도'라는 이름으로 학문형 교육과정에서의 통합 유형을 제안하였다. 김재복도 교육과정통합 유형을 교과형에서의 통합, 경험형에서의 통합, 학문형에서의 통합으로 구분하여 제시하였다.

이것은 교육의 역사를 통해서(통시적 관점) 볼 때, 특정한 교육의 관점이 강조되던 시기에 특정한 통합 방식이 학교에서의 교육과정 구성과 운영 방식에 크게 영향을 주었다는 것을 의미한다. 하지만 시대적 상황을 옆으로 제쳐 두고(공시적 관점) 교육과정을 통합적으로 '구성하는 방식'만을 살펴보면, 교과형, 경험형, 학

문형을 넘어서서 교육과정의 조직 방식에 공통점이 나타난다. 즉, 교육과정통합 유형은 교과(과목)나 단원 그리고 프로그램을 통합적으로 설계하는 방식을 나타 낸다는 점에서, 교과형, 경험형, 학문형에 두루 적용할 수 있다.

김대현(1990)은 '교육과정 조직 방식에 얽힌 오해들'이라는 글에서 이 점을 지 적하였다.

> 명백한 오해가 또 하나 있다. 그것은 미국에서 일어난 교육과정의 역사적 변천 흐름에 다 교육과정의 조직 방식을 '기계적으로' 대응시키는 과정에서 발생했다. 이 견해에 따르 면, 교육과정은 교과형에서 경험형을 거쳐 학문형으로 나아갔으며, 교과의 조직 방식 또 한 이 흐름에 각기 대응하는 방식으로 나타났다는 것이다(김대현, 1990).

이러한 생각은 여러 글(곽병선, 1983; 김재복, 1988; 이영덕, 1983)을 통해 확인할 수 있는데, 그중에서도 오래전에 교육대학 교재편찬연구회가 펴낸『통합교과 및 특별 활동』은 이러한 관점을 잘 드러내고 있다. 그 책에 따르면, 교육과정은 교 과형, 경험형, 학문형으로 나눌 수 있으며, 교과조직은 이에 각기 대응하는 방식 으로 나타난다는 것이다. 즉, 교과형은 분과 · 상관 · 융합 · 광역으로, 경험형은 중핵으로, 학문형은 간학문 · 다학문 · 탈학문의 조직 방식을 취한다는 것이다.

그런데 만약 이러한 설명이 각 시대마다 강조되는 교육과정의 조직 방식이 달 랐다는 역사적 사실을 가리키는 것이라면 타당한 주장으로 볼 수 있다. 실제로 경험형 교육과정이 지배하고 있었던 진보주의 시대에는 중핵형의 조직 방식이 강조되었으며, 그 전후의 교과형과 학문형의 시대에는 분과형 조직 방식이 강조 되었기 때문이다.

그러나 만약 이러한 관점이 이와 같은 역사적 사실을 적시하는 수준을 넘어서 교과와 경험의 조직 방식이 구별되어야 한다든지, 교과와 학문의 조직 방식은 전혀 다르다는 의미를 내포하는 것이라면, 문제가 있다. 왜냐하면 교육과정 분야에서 교과와 경험과 학문은 서로 독립된 영역을 지닌 것이 아니라 불가분리의 상호 연관된 의미를 지닌 개념들이기 때문이다. "교과와 경험은 서로 다른 실체가 아니며, 교육은 교과를 경험하는 것이다."라는 Dewey의 탁견은 말할 것도 없고, 교과의 구성은 학문적 성과를 바탕으로 한다는 점에서도 이것은 분명한 사실이다.

1980년대부터 오늘에 이르기까지 미국의 초등학교와 중등학교에서 전개되고 있는 교육과정통합을 이끌었던 대표적인 학자들이 제시한 교육과정통합의 유형 구분은 이러한 성격을 띠고 있다. 그들은 교과형, 경험형, 학문형이라는 시대 구분에 따라 통합 유형을 제시하기보다는 교육의 목표, 교과나 학문의 성격과 구조, 학생의 흥미와 사회적 필요 등의 차원에서 구분하였다.

Ingram(1979)은 교육과정통합의 유형을 지식의 성격을 바탕으로 구조적 통합과 기능적 통합으로 구분하였다. 구조적 통합은 지식을 교육내용을 조직하는 핵심 요소로 보며, 기능적 통합은 지식을 통합적 경험을 제공하는 수단으로 보았다. 그리고 구조적 통합은 지식(학문)의 독립적 구조를 존중하는 양적 통합과 지식의 구조를 전면적으로 재조직하는 질적 통합으로 구분하고, 기능적 통합은 학습자의 흥미나 동기를 강조한 내적 통합과 사회 문제의 인식과 해결력을 강조하는 외적 통합으로 구분하였다.

Jacobs(1989)는 교육과정통합의 유형을 여섯 가지로 구분하였다. 첫째, 개별 학문의 성격에 바탕을 두고 조직하는 학문 구조, 둘째, 학문들 간에 관련 내용이 있을 때 같은 시기에 가르치도록 시기를 조정하는 학문 병렬, 셋째, 학문의 개별적 독립성을 유지하면서 한 가지 주제나 쟁점을 중심으로 여러 교과를 묶어 조직하는 다학문, 넷째, 학문들 간에 공통되는 개념, 원리, 법칙, 기능 등을 중심으로 조직하는 간학문, 다섯째, 유치원에서 많이 하고 있는 것으로, 영역별 학습 센터를 마련하고 이를 중심으로 학습이 이루어지도록 하는 통합된 일과(integrated day) 여섯째, 서머힐 스쿨(Summerhill School) 학교에서와 같이 기숙학교에서 교과 학습과 생활 학습이 같이 이루어지도록 하는 완전 프로그램이다.

Drake(1993)는 통합교육과정의 설계에서 개별 학문의 성격이 어느 정도 드러나는가에 따라 다학문, 간학문, 탈학문으로 구분하였다. 다학문 통합은 개별 학문의 구조를 습득하는 것에 목적을 두고, 하나의 주제를 개별 학문의 측면에서 다양하게 다룸으로써 한 주제에 대하여 통합적 접근을 시도한다. 간학문 통합은 학문들의 공통 구조를 습득하는 데 목적을 두고, 이러한 공통 구조 자체를 중심으로 삼아 여러 학문 내용을 조직하는 것이다. 따라서 개별 학문들 간의 경계를 구분 짓기 어렵다는 특징이 있다. 탈학문 통합은 개인의 성장이나 사회 문제 해결 능력의 신장에 목적을 두고, 개인의 관심사나 주요한 사회 문제를 중심으로 학문과 비학문의 내용을 조직하는 것이다. 사회 문제나 기능 등 학문 외적인 주제를 다루기 때문에 결과적으로 학문의 경계가 완전히 사라지는 접근방법이다.

⟨표 1-3⟩ Drake의 세 가지 통합교육과정 모형

	다교과통합	교과 간 통합	탈교과통합
접근 방식	역사 음악 문학 가족연구 설계공학 주제 과학 수학 연극 경영 예술 지리	문학 과학 • 읽기 • 협동학습 • 이야기하기 • 사고 기술 • 셈하기 • 연구 기술 역사 지리	공통 주제, 전략 및 기술들
개념적 구조틀의 도식	가족 운동 오존감소 연료 설계 이산화탄소 자원고갈 자동차 연소 열대우림 오존층 오염	체육 문학 수학 역사 건강 초점 지리 가정경제 음악 과학 예술 공학·설계	정치 매체 법률 경영 환경 경제력 초점 공학 사회 문제 시간 세계관
개념적 구조틀	• 브레인스토밍으로 의미 망 구축하기 • 아이디어들을 유사한 것끼리 결합하기	• 교육과정 수레바퀴	• 탈교과적 망: 실제세계에 관계된 주제, 교과 간 경계가 완전히 허물어짐 • 실생활에서 추출한 주제

인식론적 가치	교과의 절차적 지식을 다른 교과와 관련지어 제시	일반적 기술(예: 비판적 사고, 대인관계 기술)을 학습	미래의 생산적 시민을 위한 기술들
연계 방식	각 교과를 통해서 본 명확한 연계성	탐색적 렌즈를 통한 학문들 간의 연계성	실제 생활 속에서 추출되는 연계성
학습결과	교과 중심 ──────▶ 교과 간 ──────▶ 탈교과 인지적 · 기능적 · 정서적 혼합진술(인지적 · 기능적 · 정의적 차원) 본질적 학습		
평가	교과 절차의 습득 ──────▶ 일반적 기술 습득 ──────▶ 실생활에서의 기술 획득 (구체적인 내용에 한정) (산물보다 과정 중시) (질적 · 일화적 기록 이용)		

출처: 김대현(1998), 293-294에서 재인용.

〈표 1-3〉에서 보는 바와 같이, 다학문적 설계는 하나의 주제를 개별 교과의 측면에서 다양하게 다룸으로써 통합의 효과를 노리는 것이며, 간학문적 설계는 교과들 간에 공통되는 사고 기술이나 학습 기술과 같은 요소를 중심으로 교과들을 연결하고, 탈학문적 설계는 실제 세계와 관련된 주제를 중심으로 교과들 간에 경계선이 완전히 없어지는 통합이다.

나는 Ingram, Jacobs, Drake 등이 행한 교육과정통합의 유형 구분이 의미 있다고 보지만, 다른 한편으로 부족한 점이 있다고 생각한다. 따라서 나는 교육과정통합이 교육과정의 설계의 한 방식이라는 측면에서 설계에 대한 체계적인 접근을 통하여 유형을 구분하고자 한다.

교육과정 설계란 교육과정을 구성하는 요소들을 적합한 원칙과 원리에 따라 배치하는 것을 말한다. 교육의 목적을 설정하고, 이를 달성하기 위하여 교육목표, 교육내용, 교육방법, 교육평가, 교육환경 등의 다양한 구성 요소를 적절하게 배치하고 유기적으로 결합하는 것이 교육과정 설계에서 하는 일이다. 여기서는 교육과정통합의 유형을 제대로 구분하기 위해서 통합의 단위, 통합의 요소, 통합의 중심과 목표, 통합의 방식 등을 중심으로 체계적으로 규명하고자 한다.

첫째, 통합의 단위는 매우 다양하다. 한 학기나 그보다 훨씬 오랜 기간에 걸쳐서 진행되는 통합 '교과'나 '과목'이 될 수도 있고, 대충 4~18차시, 또는 한 주나 두 주에 걸쳐 운영되는 통합 '단원'이 될 수도 있다. 여기에 덧붙여 2~3시간 정도로 수업이 이어지는 묶음 단위의 단기적인 '차시'통합이 될 수도 있다. 유치원이나 초·중등학교에서는 통합교과(과목), 통합단원, 차시통합 등의 형태가 일반적이다.

둘째, 통합의 요소는 교육과정을 통합적으로 구성할 때 들어가는 낱낱의 성분이라고 할 수 있다. 통합의 요소는 개별 교과나 과목이 될 수 있다. '통합사회'라는 통합과목을 구성할 때 역사, 지리, 일반사회, 윤리 과목은 통합의 요소가 된다. 교과와 창의적 체험활동을 통합하는 프로그램을 만든다면 통합에 포함되는 교과와 창의적 체험활동이 통합의 요소가 된다. 또한 통합의 요소는 교과별 교육내용(국가 수준의 교육내용과 성취 기준 등)이나 교과서 내용, 그 밖의 문자, 음성, 영상 등으로 구성된 온·오프라인의 다양한 교수·학습 자료가 될 수도 있다. 그리고 통합의 요소는 교육내용을 구성하는 지식, 기능, 가치 및 태도가 될 수도 있다. 최근에 초·중등학교에서 통합단원을 개발할 때는 핵심 개념이나 기능 또는 성취 기준 등을 통합의 요소로 삼는다.

셋째, 통합의 중심은 통합의 요소들을 엮어 주는 중심축의 역할을 한다. 통합의 중심은 교육과정통합을 통하여 실현하고자 하는 교육목표와 직접 관련이 있기도 하며, 목표 달성을 위한 효율적인 수단으로서 역할을 하기도 한다. 곽병선(89-92)은 통합의 중심으로 제재, 주제, 문제, 기초 학습 기능, 사고의 양식, 표현활동, 흥미 등을 제시하였다. 필자는 통합의 중심 중에서 주제, 문제, 기초 학습 기능, 사고의 양식, 표현 활동 등은 목표 달성과 직접 관련이 있으며, 제재와 흥미 등은 수단적 가치를 가진다고 생각한다.

(1) 주제와 제재는 통합의 중심이 된다

한자어로 '주제'는 주(主: 우두머리)와 제(題: 물음)의 합성어로, 우두머리 물음이라는 뜻이다. 이것을 교육 분야에 적용하면 학생들이 학습해야 할 중심이 되는 문제를 의미한다. 영어의 themes도 한국어의 의미와 크게 다르지 않으며, 대화, 글쓰기, 작품 등의 주제(subject)로 표현되는데, 문학작품이나 음악 등에서 여러 번 반복되는 아이디어라는 뜻이다. 여러 번 반복된다는 것은 그만큼 중요한 대상이라는 것이다.

이런 점에서 주제 중심의 교육과정통합은 학생들이 학습할 만한 가치 있는 주요 대상을 중심으로 통합의 요소들을 연결하는 것이라고 할 수 있다. 국가교육과정 문서의 교과 간에 중복하여 나타나는 핵심 개념, 일반화된 지식, 지식, 기능, 태도와 가치 등이 해당된다. 예를 들어, 여러 교과 속에 공통적으로 나타나는 생명, 권리, 변화 등은 학생들이 교육을 통하여 학습해야 할 주요한 통합의 주제가 된다. 이러한 통합 주제를 중심으로 기존의 분리된 교과들을 연계하거나 교과 바깥의 다양한 교수·학습 자료를 활용하여 통합교육과정을 만들 수 있다.

국어사전에서는 '제재'를 "예술작품이나 학술연구의 바탕이 되는 재료"라 정의한다. '제재'의 한자어도 제(題: 물음)와 재(材: 재료, 원료)로서, 물음의 재료를 의미한다. 이 말을 교육에 적용하면, 제재란 학생들이 학습해야 할 바탕이 되는 재료라는 의미로 그 자체로 중요성을 갖기보다는 바탕을 갖추기 위한 수단적 성격이 뚜렷하다. 예를 들면, 학생들에게 올림픽 경기, 비행 물체, 자동차 등은 그 자체를 아는 것도 중요하지만, 이러한 제재를 통해서 국제 사회의 이해와 스포츠의 역사, 부력의 원리와 소재의 개발, 동력 기관의 구조와 작동 등을 이해하는 수단으로서의 가치를 지닌다.

흔히 제재 중심의 통합교육과정을 토픽 활동(topic work)으로 쓰기도 하는데, 이 말은 보다 신중히 사용될 필요가 있다. 영어의 topic은 물음의 수단적 재료로서 제재라는 의미도 있지만, 물음의 주요한 대상인 주제로 사용되기도 하기 때문이다. 국가교육과정이 도입되기 전에 영국의 초·중등학교에서 광범위하게 적용되었던 토픽 활동은 주제와 제재 중심의 통합교육과정에 두루 적용된다.

Stephens(신옥순, 유혜령, 1991: 158-159에서 재인용)는 토픽 활동의 이점을 다음과 같이 제시하였다.

- 교육과정 내에서 아동 각자가 자신의 관심 분야를 추구해 나갈 수 있다.
- 주제를 가지고 스스로 탐구해 나가는 방법을 배우게 된다.
- 아동이 스스로 자신의 학습을 이끌어 나가도록 한다.
- 교과 간의 인위적인 구분을 없애는 한편, 아동이 자신의 학습내용을 통합적으로 활용할 수 있게 한다.
- 여러 분야에 걸쳐 광범위한 지식을 얻게 된다.
- 새로운 분야에 대한 흥미를 유발한다.

토픽의 사례는 다음과 같다(신옥순, 유혜령, 1991: 159).

- 저명 인사
- 소설의 주인공
- 작가
- 명절
- 악기
- 장난감
- 지역
- 요리
- 텔레비전
- 선거
- 애완동물

- 꽃
- 의상

이런 점에서 김대현(1996)은 통합교육과정 구성에서 조직 중심은 그 자체로 교육적 가치를 가지며 동시에 교육내용을 전달하는 수단적 매체의 역할을 하는데, 엄격하게 구분하기는 어렵지만, 교육적 가치가 큰 조직 중심을 주제라고 부르고, 수단적 가치만을 지닌 조직 중심을 제재라고 부르도록 제안하였다.

따라서 통합교육과정의 목표와 관련하여 주제 중심 통합교육과정과 제재 중심 통합교육과정을 구분할 필요가 있다. 하지만 교육목표는 사회의 요구, 학습자의 필요, 학문의 성격 등에 따라 다를 수 있으므로, 맥락을 무시하고 주제 중심과 제재 중심 통합교육과정을 구분하려고 하는 것은 무모한 일이다. 주제 중심과 제재 중심 통합교육과정의 구분은 성취하고자 하는 교육목표를 명확히 하기 위하여 교육과정을 구성하고 운영할 때, 또한 운영의 결과를 평가할 때 필요하다. 하지만 앞에서 말한 바와 같이 교육이 이루어지는 맥락을 무시하고 구분지으려 하거나, 토픽 활동을 제재중심으로만 보지 않도록 유의해야 한다.

(2) 문제도 통합의 중심이 된다

문제(問題)란 해답을 요구하는 질문이다. 사전에서는 "논쟁, 논의, 연구 따위의 대상이 되는 것, 해결하기 어렵거나 난처한 대상 또는 그런 일을 가리킨다."고 되어 있다. 이와 같이 문제란 해결이 필요한 일이지만 간단히 해결될 수 없는 일을 가리키며, 논의나 연구를 통해서만 해결할 수 있는 것을 의미한다.

조연순(2006: 16-23)은 일찍이 '문제 중심 학습'을 제안하면서, 문제는 너무 쉽게 해결되거나 정한 틀에 따라 하나의 정확한 답을 구할 수 있는 상황이 아닌 비구조화되고 복잡한 것이어야 한다고 하였다. 또한 문제 상황은 학습의 핵심내용과 맥락이 포함되어 있어야 한다고 하였다. 예를 들어, 두 자리 수의 합계, 고려

시대의 대외 관계, 몸의 각 기관과 역할 등 정답이 분명한 것은 여기서 말하는 문제로 간주되지는 않는다. 그녀는 문제란 다음과 같은 네 가지의 특성을 가져야 한다고 보았다.

- 접근하는 방식에 따라 여러 가지 결론을 얻을 수 있으며, 학습자의 수준과 노력에 따라 도출되는 결론이나 해결안의 수준, 질 등이 결정될 수 있는 비구조화된 문제여야 한다.
- 현실 상황 및 실세계를 바탕으로 하는 문제, 즉 현실 세계에서 일어날 가능성이 높은 실제적인 문제여야 한다.
- 학습자의 인지적 · 정서적 · 신체적 발달과 관련된 학습자의 발달 수준에 맞는 문제여야 한다.
- 학생들이 문제를 해결하면서 교육과정에서 추구하는 개념적 · 기능적 · 태도 등의 교육목표를 달성하도록 하는 것. 즉, 교육과정의 목표와 주요 내용과 관련이 있는 문제여야 한다(조연순, 2006: 21).

문제 중심 학습은 반드시 교과통합을 요청하지는 않는다. 단일 교과 속에서도 문제 중심 수업이 필요하고 운영할 만한 가치가 있다. 하지만 교육의 대상이 되는 사회 문제는 대개 개인 차원에서는, 그리고 한 영역의 지식만으로는 대안 마련은커녕 현상 규명조차 쉽지 않다. 이런 점에서 문제의 규명과 해결을 위하여 교육과정의 통합적 접근을 하게 되며, 이때 문제는 통합의 중심이 된다. 예를 들어, '지구 온난화' 문제는 자연과학의 접근뿐만 아니라 사회, 공학, 윤리, 정치 등의 다양한 차원에서 문제의 본질을 규명하고 해결을 위한 대안을 찾아야 한다.

(3) 기초 학습 기능, 사고 양식, 표현 활동도 통합의 중심이 된다
기초 학습 기능, 사고 양식, 표현 활동 등은 그 자체로 교육목표의 성격을 지닌다. 교육과정통합의 목표를 기초 학습 기능을 익히고, 다양한 사고 양식을 습득하며, 여러 가지 방식으로 표현하는 능력에 둔다면, 이들은 통합의 중심으로 삼을 수 있다.

하지만 몇 가지를 분명히 할 필요가 있다. 먼저 기초 학습 기능이 무엇인가 하는 점이다. 기초 학습 기능이 셈하기, 듣기와 말하기, 글 읽기와 쓰기 등이라면 통합보다는 분과 학습이 더욱 효과적이다. 제5차 교육과정 시기에 제4차에서 '바른 생활'과 '슬기로운 생활'에 통합되었던 국어와 수학을 별도의 독립 교과로 분리한 것은 이와 같은 이유 때문이다. 다만, 기초 학습 기능이 사회나 자연 현상을 조사하고 분류하며 가설을 세우고 검증하는 탐구의 방법을 의미한다면, 이러한 기능은 여러 교과에 걸치는 공통점이 있으므로 분과 학습과 함께 통합 학습도 도움이 된다.

제6차 교육과정 시기에 '슬기로운 생활'을 기존의 과학 교과 중심에서 사회과와 과학과를 연계하여 통합교과로 만든 것은 사회과와 과학과의 공통 개념과 함께 '탐구의 방법'을 중심으로 엮었기 때문이다. 이와 함께 기초 학습 기능이 학교 적응에 필요한 제반 학습의 내용을 가리킨다면 통합이 가능하고 필요한 일이기도 하다. 학교 적응을 교과별로 나누어 다루는 것은 적합한 일이 아니다. 학교라는 새로운 환경 속에서 학교에 대해서 알아야 할 것, 학교에서 해야 할 것 등을 학습하게 하는 것은 생활 사태를 중심으로 통합적으로 학습해야 하기 때문이다. '우리들은 1학년'이나 현재의 학교적응활동 프로그램이 통합적인 성격을 띠는 것은 이러한 이유 때문이다.

사고의 양식이 분과와 통합 중에서 어떤 방식으로 학습하는 것이 효과적인가 하는 것은 철학이나 학습심리학 등을 연구하는 학자들마다 견해가 다르다. 학문에 따라 사고의 양식이 다르다고 생각한다면, 사고의 양식은 분과 학습이 적합하다. 예를 들어, 수학적 사고 양식과 과학적 사고 양식이 다르고, 예술적 사고 양식과 윤리적 사고 양식이 다르다면, 사고 양식들은 각기 독립된 교과(과목) 속에서 배우는 것이 타당하다. 하지만 Bloom(1956) 등의 '목표 분류학'에 따라 사고의 양식이 여러 교과에 공통적으로 적용된다면 이야기가 달라진다. Anderson 등(2001)이 제시한 목표 분류학의 상위 수준은 분석, 평가, 창안으로 조직된다. 여기서 '창안'의 내용을 보면 다음과 같다.

'창안'은 요소들을 종합하여 정합적 또는 기능적 전체가 되도록 하는 것이며, 다음과 같은 능력을 포함할 수 있다(강현석 외, 2006: 129).

- 귀납적이고 연역적으로 추론하면서 결론 도출하기
- 요약하기
- 독창적 결과(문제의 해결력) 구성하기
- 지식을 생활 상황에 적용하기
- 일반 원리 개발하기

이와 같은 '창안'의 내용은 한 교과에 한정되기보다 여러 교과의 학습에서 공통적으로 다루어야 하는 내용이며 학습되어야 할 것들이다. 사고의 기능이 이러한 것들을 의미한다면, 사고 양식의 학습은 교과통합을 통하여 가르치는 것이 가능하고 때로는 한 교과에서 배운 것이 다른 교과로 전이될 수 있기 때문에 효과적이다.

표현 활동을 중심으로 교과를 통합해야 한다는 의견에 대해서는 의문이 있다. 오랫동안 '슬기로운 생활' 교과는 음악, 미술, 체육 활동을 감상과 표현 활동을 중심으로 엮어 왔다. 하지만 음악 감상, 미술 감상, 신체 활동 감상은 같은 종류의 감상인가? 마찬가지로 음악적으로 표현하기, 그림 또는 조소로 표현하기, 신체로 표현하기 등은 어떤 공통점이 있는가? 예를 들어, 노래로 표현한 것이 신체로 표현하는 데 어떤 도움을 주는가? 마찬가지로 신체로 표현한 것을 그림으로 그린다고 해서 그림으로 표현하는 능력이 길러지는가? 아니라고 본다. 더욱이 그림을 노래로 표현하는 것은 고도의 예술적 기반과 재능을 갖추지 않고서는 할 수 없는 일이다. 표현이라는 말의 유사성으로 음악, 미술, 체육을 묶는다면 서로 다른 표현 능력을 길러 주는 것이 아니라, 단지 이미 알거나 할 수 있는 것을 교실에서 활동으로 해 보는 것일 뿐이다. 표현 활동이 통합의 중심이 되려면 활동 자체가 아니라 표현 기능들에 대한 연관성 있는 학습이 이루어져야 한다. 표현을 위하여 주의 깊게 관찰하기, 머릿속으로 어떻게 표현할 것인지 생각하기, 다른 사람(전문가를 포함하여)이 표현한 것을 살펴보고 흉내 내기, 그림으로, 소리로, 몸으로 표현했을 때의 느낌과 공통점 또는 차이점 찾기 등이 통합의 중심이 되는 것이다. 이런 점에서 기초 학습 기능, 사고 양식, 표현 활동 등이 통합의 중심이 되려면, 이 용어들이 가리키는 바가 분명해야 하고, 통합이 가능해야 하며 어떤 교육적 성과가 있을 것인가를 살펴야 한다.

(4) 통합의 중심으로서의 흥미

흥미가 통합의 중심이 될 수는 있다. 이러한 주장은 아동중심주의를 주장하는 다소 낭만적인 입장에 서 있는 교육자들에게서 볼 수 있다. Alberty와 Alberty(1963)가 말한 생성적 교육과정은 경우에 따라 흥미를 중심으로 교육과정이 운영될 가능성이 있다. 하지만 Alberty와 Alberty가 이러한 방식으로 교육과정을 설계하고 운영하는 학교가 거의 없다고 말했듯이, 교육이 가치 지향적인 활동이라면 Dewey의 말처럼 아동의 흥미는 교육의 출발점을 강조하는 의미로 받아들이는 것이 타당하다. '봄'이라는 제재는 아이들에게 흥미를 유발하기 때문에 통합의 중심이 될 수 있다. 하지만 아이들이 계절 중의 하나인 '봄'에 대해서 배우는 것보다, 봄과 관련하여 가치 있는 지식, 기능, 생활 태도와 가치를 배우는 데 역점을 두어야 한다.

일찍이 Dewey(1913)는 교육에서 아동들의 흥미가 갖는 역할에 주목하였다. 그는 '진정한 흥미'를 자기가 시작한 활동을 지속해 나가기 위해 요청되는 대상이나 아이디어를 자아와 동일시할 때 수반되는 현상이라고 보았다(조용기 역, 2015: 33). 그는 흥미가 지적인 성격과 사회적 성격을 가져야 한다고 생각했다. 지적인 성격은 다음과 같다.

처음에는 인형을 가지고 놀기 위하여 입힐 옷을 만드는 일에 흥미를 가졌던 여자아이들이 옷 만드는 일 자체에 흥미를 갖게 된다. Dewey는 여기서 옷을 만드는 과정에서 수반되는 사고의 과정을 중요하게 생각한다. 단순히 인형에 입힐 옷을 만드는 일에 흥미를 가졌던 일이, 옷을 디자인하고, 맞는 옷감을 고르며, 가위로 자르고, 바느질하는 과정에서 수반되는 사고와 결부될 때 흥미가 교육적 의미를 갖는다고 보았다. 그는 실제적 측면의 흥미의 추구(인형에 입힐 옷을 만드는 것)가 활동의 지적 측면의 발달을 자극하고 따라서 그것이 점차 이론적 흥미(사고가 수반된 옷을 만드는 일)로 옮아 가도록 하는 것이 교사의 임무라고 하였다.

흥미의 사회적 성격은 흥미가 아이들의 삶의 세계와 연결되어야 하는 점을 가리킨다. 아이들은 일반적으로 환상적이라 해도 좋을만큼 사회적 흥미를 갖고 지리 공부를 시작한다. 하지만 먼 곳의 낯선 사람들이 어떻게 살고 있는지를 배울 때 아이들은 추상적인 개념 정의와 분류 결과를 외우도록 강요당한다. 즉, 지형과 바다, 대륙의 구조와 같은 순전히 자연에 관한 사실을 외우도록 강요당한다. 이때 아이들이 공부에 흥미를 보이지 않는다는 불평이 나오는데, 이는 아이들이 관심 있어 하는 측면을 활용하지 못했기 때문이다. 많은 아이가 순전히 추상적이고 지적인 교과를 싫어하는 현상은 두말할 나위 없이 아이들에게 제시된 사물, 즉 교과에서 다루어지는 사실과 진리들이 아이들의 삶의 맥락으로부터 유리되어 있기 때문이다(조용기 역, 2015: 110-114).

4. 교육과정통합의 방식

1) 병렬

(1) 개별 교과(과목) 내 병렬

병렬(竝列)이라는 것은 나란히 늘어놓은 것을 말한다. 교육과정통합에서 관련 있는 내용을 비슷한 시간대에 배울 수 있도록 순서를 조정하는 것을 병렬이라고 한다. 교과(과목) 내 병렬은 교과나 과목 내에서 관련 있는 내용임에도 배우는 시기가 다를 경우 비슷한 시간대에 옮겨 학습할 수 있도록 하는 것을 의미한다. 역사 과목에서 시대별로 정치, 경제, 사회, 문화 등을 총괄적으로 학습하게 하는 것도 좋은 방법이지만, 경제 영역만 따로 떼어서 시대별로 변화 추이를 살피도록 하는 것도 역사를 이해하는 방법이 된다. 예를 들어, 토지제도와 조세제도만 따로 떼어서 통일 신라 시대, 고려 시대, 조선 시대, 일제 강점기, 현대에 이르는 동안 어떤 변화가 어떻게 일어났으며 그 수혜자가 누구이며 어떤 개선이 필요한가를 파악할 수 있다. 이와 같이, 기존의 역사 교과서의 배열 방식에 따른 학습 순서에서 벗어나서 특정 영역만 따로 떼어 비슷한 시기에 집중적으로 학습하도록 하는 것을 과목 내 병렬이라고 할 수 있다.

(2) 교과 간 병렬

교과(과목) 간 병렬은 교과(과목) 간에 관련이 있는 내용들을 비슷한 시간대에 배울 수 있도록 순서를 조정하는 것을 말한다. 고등학교에서 가르치는 국어 교과의 문학 영역은 사회적 상황이 많이 반영되어 있으므로 사회과의 일반사회 영역이나 역사 영역과 비슷한 시간대에 배치하여 교육적 성과를 높일 수 있다. 박태원이 지은 단편소설 『소설가 구보씨의 일일』은 1930년 일제 강점기의 사회와 현실을 알고 있을 때 비로소 제대로 이해할 수 있다는 점에서, 국어 교과와 역사 교과의 시간을 조정하여 연관지어 배울 수 있도록 하는 것이다. Helbowitsh는 이러한 유형을 상관형이라고 불렀다. 그는 상관형을 다음과 같이 규정하였다.

> 상관형의 요점은 둘 이상의 교과를 어떤 공통의 접점으로 함께 가져오는 것이다. 교과의 선은 그 위치를 유지하지만, 특정한 시간과 목적을 위하여 함께하게 된다. 어떤 경우에는 그것은 팀티칭으로 계획되거나 같은 학생들을 가르치는 2명 이상의 교사에 의하여 유기적으로 연계된다(강현석 외 역, 2006: 173).

하지만 나는 상관형이라는 말은 적절하지 않다고 생각한다. 상관(相觀)이란 서로 관계가 있다는 말로, 통합의 모든 유형은 관계의 방식이 다를 뿐, 모두 관계를 가지기 때문이다. 이런 점에서 교과 간 병렬이라는 표현을 사용하는 것이 타당하다고 본다.

2) 혼합

국어사전을 찾아보면, 혼합이란 "뒤섞어서 한데 합하는 것"을 말한다. 이것은 혼(混: 뒤섞다)과 합(合: 합치다)의 뜻 그대로를 나타낸다. 혼합을 이렇게 규정하면 뒤에 나오는 융합이라는 말과 구분할 수 없다. 따라서 여기서 혼합이라는 말은 화학 분야에서 사용하는 말로 "어떤 것을 뒤섞어서 한데 합치되, 그 구성 성분들이 각자의 성질을 잃지 않고 드러나는 경우"라고 한정하는 것이 좋다. 예를 들어, 쌀과 보리를 혼합하면 각기 자신의 고유한 성격을 가지고 뒤섞인다. 물론 섞지 않았을 때와는 다르다. 쌀밥을 먼저 먹고 보리밥을 뒤에 먹는 것과, 쌀과 보리를 적당히 섞어서 함께 먹는 것은 맛이 다르고 먹기 쉬운 정도에도 차이가 있다. 샐러드는 채소·과일·육류 제품을 골고루 섞어 마요네즈나 드레싱으로 간을 맞추어 먹는 음식이다. 샐러드에 들어가는 구성 요소들을 분리할 수는 있지만, 이들을 각각 먹을 때와 섞어서 먹는 것은 풍미, 영양, 먹는 방식 등에서 차이가 있다.

교육과정통합에서 혼합이란 어떤 주제나 제재와 관련된 학습에서 그것을 구성하는 개별 교과나 과목의 성격을 유지하면서 연계짓는 경우를 말한다. 예를 들어, 제4차에서 제7차에 걸치는 국가 수준 교육과정에서 '즐거운 생활'은 대개 음악, 미술, 체육 활동이 혼합된 형식이 많아서 주제나 제재의 학습과 더불어 각 교과에 들어 있는 목표를 달성하는 데 초점을 두었다.

제6차 교육과정의 초등학교 1학년 1학기 '즐거운 생활'의 '동물원에서'를 보자. 여기서는 동물원이라는 제재를 중심으로 리듬악기로 박자 치기(음악), 그리기와 찰흙으로 만들기(미술), 움직임 흉내 내기(체육) 등을 가르치도록 하였다. 이것은 혼합의 방식에 기반을 둔 교육과정통합 사례이다.

경기도 장곡중학교에서 '조선 후기 실학'을 주제로 국어, 역사, 한문, 수학, 미술, 과학을 통합적으로 재구성한 사례도 교과 간의 혼합에 의한 통합이라고 볼 수 있다. 교과별 세부 목표와 교과통합수업 설계안은 〈표 1-4〉, 〈표 1-5〉와 같다.

〈표 1-4〉 교과별 세부 목표

교과	교육과정 목표	관련 단원	차시	통합수업 반영 내용
국어	• 박제가의 「북학의」와 박지원의 「양반전」을 감상하고 고전에 담긴 그 시대 지식인의 모습을 이해할 수 있다. • '이 시대의 실학과 나의 삶'에 대해 한 편의 글을 쓸 수 있다.	7. 고전과 그 시대 (1) 북학의	3차시	실학의 시대 읽기 문학 작품 비교 감상 및 역사적 사실 이해 후 '이 시대의 실학과 나의 삶'에 대한 토론 → 글쓰기

	역사			
역사	• 역사 – 조선 후기 실학의 등장 배경 및 개혁 사상을 이해할 수 있다. – 과거와 현재의 대화를 통해 오늘의 문제를 찾아보고, 개혁안을 작성할 수 있다.	I. 조선사회의 변동 1. 사회경제적 변동과 사회개혁론의 등장	3차시	조선 후기 실학을 이해하고 신문을 통해 현대 우리 사회의 문제점을 찾아 그 대안을 제시
	• 세계사 실학의 개념을 이해하고, 실학이 양명학과 고증학의 영향을 받았음을 알 수 있다.		2차시	실학 사상의 등장 배경을 세계사적으로 접근
한문 + 수학	• 수학과와 공동협력 수업 –한자에 담긴 실학 사상과 그 당시에 쓰인 수학의 원리를 이해하고, 현대의 수학과 비교할 수 있다.	Ⅲ. 사물의 이치를 깨달으며	2차시	실학 용어와 실학 사상에서 나온 한자성어 및 계산법 이해하기
미술	• 조선 후기 풍속화 감상을 통해 그 시대의 생활상 및 변화를 읽을 수 있다. • 이 시대의 풍속화(민화)를 그릴 수 있다.	풍속화 감상 우리 시대 풍속화 제작	4차시	조선 후기 풍속화(김홍도, 신윤복) 비평 감상 후 이 시대의 풍속화 제작하기
과학	• 홍대용의 천문학에 대한 열정을 본받고 당시 주장했던 이론과 현대 천문학 이론을 비교하며 이해할 수 있다.	5. 태양계	1차시	조선시대 천문학의 발달 정도 이해하기

출처: 박현숙, 이경숙(2014). 89-90.

〈표 1-5〉 교과별 교과통합수업 설계

교과	교육과정 목표	관련단원	통합수업 반영 내용
국어	• 실학의 시대 읽기 1, 2, 3 – 박제가의 「북학의」 감상 – 박지원의 「양반전」 감상과 풍자 이해 – 시대 속의 지식인의 모습 이해하기 – '이 시대의 실학과 나의 삶'에 대한 토론 → 글쓰기	「북학의」, 「양반전」, 「미스터 방」 문학작품 「북학의」 관련 동영상	'이 시대의 실학과 나의 삶'에 대한 토론 및 글쓰기

역사	• 역사: 조선 후기 실학의 등장 및 개념 – 실학과 실학자들 이야기 – 중농학파와 중상학파의 개혁론 이해 – 과거와 현재의 대화: 오늘의 문제 짚어 보기 • 세계사 – 실학의 개념 알기 실학의 등장 배경인 중국의 양명학과 고증학에 대한 이해와 자료 읽기	영화 · 영상 자료 〈광해〉 정약용의 한시 「애절양」 박지원의 「양반전」 신문 기사 자료 읽기 자료 '사료' 제시	조선 후기 실학을 이해하고 신문을 통해 현대 우리 사회의 문제점을 찾아 그 대안을 제시
한문 + 수학	• 실학과 관련된 용어 이해하기 • 수학과와 공동협력 수업 – 실학 사상에서 나온 한자성어 및 계산법 읽고 해석하기, 한자에 담긴 수학의 원리 이해하기, 현대의 수학과 비교해 보기	자전 〈鷄兎算〉	실학 용어 해석하기
미술	• 조선 후기 풍속화 감상을 통한 시대 변화 읽기(김홍도, 신윤복) 및 비평활동 • 이 시대의 풍속화(민화) 그리기	풍속화, 민화, 진경산수화 등 그림 자료	이 시대의 풍속화 (민화) 제작
과학	• 실학과 과학의 만남 '홍대용' – 홍대용의 천문학에 대한 열정을 본받고 당시 주장했던 이론과 현대 천문학 이론을 비교하며 이해	지식채널e 영상 자료 홍대용의 「담헌서」	

출처: 박현숙, 이경숙(2014). 90-91.

　그런데 여기서 한 가지 의문점을 제기할 수 있다. 이러한 설계를 교과 간 병렬이나 다음에 나오는 교과 간 공유 그리고 마지막에 제시되는 주제나 문제를 중심으로 하는 융합 형태로도 볼 수 있다는 주장이다. 여러 교과에 흩어져 있는 '조선 후기 실학'이라는 내용을 비슷한 시기에 배울 수 있도록 조정을 한다는 점에서는 병렬로 볼 수 있다. 또한 여러 교과에 포함된 '조선 후기 실학'이라는 공통 주제를 찾고 이를 중심으로 통합했다는 점에서 공유의 방식에 의한 통합으로 볼 수도 있다. 또한 '조선 후기 실학'의 포괄적인 이해에 목표를 두고 통합을 한 것이라면 융합 방식에 의한 통합이라고 할 수 있다.

하지만 장곡중학교에서 시행한 통합단원의 개발과 운영을 교과 간 병렬로 보기에는 교과 수도 많고 시수가 적지 않다. '조선 후기 실학'이 역사 과목의 주요한 주제이기는 하지만, 교과 간을 연결하는 핵심 개념이나 일반화된 지식이나 기능이 아니기 때문에 공유에 의한 방식이라고 주장하는 것도 지나친 점이 없지 않다. 마지막으로, '조선 후기 실학'의 이해가 학습의 가장 중요한 목표이고 교과별 하위 목표를 달성하는 것이 부수적이라면, 융합 방식에 의한 통합이라고 볼 수 있다. 그러나 장곡중학교에서 시행한 조선 후기 실학의 통합단원은 실질적으로는 교과별 목표의 달성이 더욱 중요하게 취급되고 있기 때문에 혼합에 의한 통합이라고 보는 것이 타당하다.

이와 같이, 개발된 통합단원을 두고 어떤 방식에 의한 통합인가를 판단하는 것은 쉬운 일이 아니다. 통합 유형 간에 명확한 경계선을 긋는 일이 쉬운 일도 아니며 때로는 현실적으로 바람직한 일이 아닐 수 있다. 학교에서 통합단원을 개발하고 있는 교사들은 통합 유형에 그다지 신경을 쓰지 않으며 유형들 간의 차이점에 주목하지 않는 경우가 적지 않다. 또한 통합단원을 개발하기 위하여 협의하는 과정에서 통합의 목표가 달라지고 요소와 중심에 변화가 일어나기 때문에 일관성을 가지고 특정한 유형을 고수하면서 통합단원을 개발하는 것 같지 않다. 하지만 통합을 통하여 어떠한 교육적 성과를 거두고자 하는가에 따라 교육과정통합의 요소와 중심이 달라지고 묶는 방식에 차이가 있기 때문에, 개발자와 운영자들은 통합 방식의 차이점에 유의할 필요가 있다.

3) 교과 간 공유

공유(共有)란 두 사람 이상이 한 물건을 공동으로 소유하는 것을 말한다. 교육과정통합에서 공유란 통합을 이루는 각 요소들 중에서 공통된 부분을 뽑아서 학습하는 것을 가리킨다. 예를 들어, 사회 현상의 변화와 자연 현상의 변화는 차이가 있지만, '변화'라는 개념적 특징과 '탐구'라는 방법적인 면에서 공통되는 부분이 있으므로 이를 중심으로 사회과와 과학과를 연계할 수 있다. 제6차와 제7차 교육과정 시기의 '슬기로운 생활' 교과는 이러한 공통 개념과 탐구 방법을 중심으로 교육과정을 통합하였다.

다음 〈표 1-6〉은 제7차 교육과정 시기 초등학교 '슬기로운 생활'의 내용 체계표이다. 이 표에서 보는 바와 같이 살펴보기, 무리짓기, 재어 보기, 조사·발표하기, 만들기, 놀이하기 등의 기초 탐구활동 영역을 중심으로 '사회'와 '자연' 교과를 통합하고 있다.

〈표 1-6〉 '슬기로운 생활' 내용 체계표

기초 탐구활동	1학년				2학년			
	활동 주제	영역			활동 주제	영역		
		나	사회	자연		나	사회	자연
살펴보기	• 몸 살펴보기 • 주위의 동식물 찾아 살펴보기	✓		✓	• 우리 집 살펴보기	✓	✓	✓
무리짓기	• 물건 정리하기	✓	✓	✓	• 주위 살펴보기 • 주변의 물체 모으기 • 열매나 씨앗 모으기		✓	✓ ✓ ✓
재어 보기	• 키 비교해 보기 • 거리 알아보기	✓	✓	✓ ✓	• 몸무게 재어 보기 • 시간 재 보기	✓ ✓	✓	✓ ✓

구분	내용				내용			
조사·발표하기	• 우리집 행사 조사하기	✓	✓		• 우리 이웃 알아보기	✓	✓	
	• 우리를 위해 애쓰시는 분 알아보기		✓		• 시간의 흐름에 따른 변화 알아보기		✓	✓
	• 하루동안에 하는 일 알아보기		✓		• 동물이나 식물의 자라는 모습 관찰하기			✓
	• 가족 구성원 알아보기	✓	✓	✓				
만들기	• 도구 사용하기	✓		✓	• 장난감 만들기			✓
					• 그림 지도 그리기		✓	
					• 생활 계획 꾸미기	✓	✓	✓
놀이하기	• 안전하게 생활하기	✓	✓	✓	• 가게놀이하기		✓	
	• 놀이터 활동하기	✓	✓		• 물총놀이하기		✓	✓
	• 병원놀이하기	✓	✓		• 그림자놀이하기		✓	✓

학교에서 교육과정을 통합할 때도 공유를 위한 계획은 쉽게 이루어질 수 있다. 국가에서 만든 교과별 문서의 내용 체계(영역, 핵심 개념, 학습 기능 등)를 학년별로 펼쳐 놓으면 여러 교과 사이에 공유할 부분이 쉽게 눈에 띈다. 공유는 대개 핵심 개념이나 학습 기능 등의 공통점과 유사성을 통하여 이루어진다. 앞에서 말한 변화 외에도 시간, 속도, 권리, 정의 등의 핵심 개념과 의사소통과 탐구 능력 등의 다양한 기능을 중심으로 통합할 수 있다. 문제는 이러한 핵심 개념과 학습 기능의 습득을 위한 통합이 실제적으로 교육적 성과가 이루어질 수 있도록, 관련 교과의 교사들이 통합의 취지를 정확히 알고 이를 달성하기 위한 체계적인 계획과 치밀한 실천이 있어야 한다는 점이다.

4) 주제나 문제를 중심으로 한 융합

융합이란 서로 다른 종류의 것들이 녹아서 서로 구별이 없게 하나로 합쳐지는 것을 의미하다. 이는 한자어 융(融: 녹다, 녹이다)과 합(合: 합치다)의 뜻 그대로이다. 물은 수소와 산소의 융합물로 수소와 산소가 각기 지닌 성질이 아니라 합쳐서 새로운 성질(물)이 만들어진 것이다. 교육과정통합에서 융합이란 주제나 문제를 중심으로 교육내용의 요소들이 결합되어 있지만, 요소들의 개별적 성격보다는 전체가 나타내는 특성이 중요하다는 것이다. 교육과정통합에서 해결하고자 하는 문제를 중심으로 한 통합에서 이러한 유형이 나타난다. 오늘날 학교에서는 사회적 불평등, 지구 온난화와 자원 보존, 테러리즘, 분권과 자치, 인권과 낙태, 학교폭력과 범죄, 인권과 안락사, 정보화와 사생활 보호 등의 여러 문제를 중심으로 교육과정통합을 설계하고 운영할 수 있다.

〈개발 사례〉 탈문학적 단원

최근 성지식의 무지에서 오는 성범죄의 증가와 이에 따른 학부모와 학생의 요구의 증가로 인해 성교육의 중요성이 더욱 부각되고 있다. 한편, 각종 연구 결과들은 아동이 정규적인 성교육에 의해 성지식을 얻기보다는 매스미디어, 친구, 책을 통해 성지식을 얻고 있다는 것을 보고하고 있다. 성지식에 대한 체계적인 교육의 부재로 인해 청소년의 성지식은 불확실할 뿐만 아니라, 성에 대한 부정적 태도를 갖게 되는 경우가 다반사이다. 적절하고 체계적인 성교육을 통해 건전한 성지식을 갖도록 할 때, 성적 호기심이 무시됨으로써, 왜곡된 성적 태도가 형성되는 것을 방지할 수 있다. 여기에 체계적인 성교육의 필요성이 있다. 본 코스는 이러한 필요성과 사회적 요구에 근거하여, 교과 학습만으로는 다루기 어려운 체계적인 성교육을 통해 바른 성지식과 건전한 성태도를 다루기 위해 설정되었다.

코스의 각 영역별 목표를 다음으로 확정하였다.

성생리 영역
목표 1: 남녀의 신체적, 정신적 특징에 대하여 체계적이고 과학적인 지식을 습득한다.
목표 2: 성의 성숙에 따른 올바른 기능을 습득한다.
목표 3: 출산의 과정을 이해한다.

성윤리 영역
목표 4: 성에 대한 건전한 태도를 함양한다.
목표 5: 성의 존엄성을 이해하며, 생명을 존중하는 태도를 함양한다.

성역할 영역

목표 6: 남녀의 역할과 특성을 이해하고, 이성을 존중하고 서로 협력하는 생활 태도를 기른다.

출처: 김대현 외(1997). 교과의 통합적 운영, 299-305.

이와 같은 통합의 목표, 요소, 중심, 방식을 축으로 교육과정통합의 모형을 다음과 같이 제시할 수 있다. 이들 축의 결합으로, 통합교과(과목), 통합단원, 차시통합 등의 교육과정통합의 결과물이 모습을 드러내게 된다.

예를 들어, 교육과정통합의 목표를 여러 교과의 목표를 달성하는 데 초점을 두고, 통합의 요소를 여러 교과의 내용(일반화된 지식, 즉 내용 요소와 기능, 태도와 가치 등)으로 삼으며, 통합의 중심을 이를 달성하는 데 도움을 주는 제재나 주제로 설정하고, 통합의 방식을 혼합으로 하여 20차시 전후의 통합단원을 만들 수 있다. 이와 달리, 교육과정통합의 목표를 '환경 파괴와 자원의 고갈'이라는 특정한 사회 문제를 해결하는 데 두고, 통합의 요소를 교과뿐만 아니라 교과 바깥의 지식, 기능, 태도와 가치 등을 제한 없이 가져오며, 통합의 중심을 '환경 파괴와 자원의 고갈'이라는 주제로 삼고, 통합의 방식을 융합으로 하여 20차시 전후의 통합단원을 만들 수 있다.

이와 같은 방식으로 통합프로그램을 만든다면, 통합의 요소(간단하게는 교육과정과 교과서 내용으로 구분하지만, 보다 구체적으로는 교과와 창의적 체험활동 그리고 더욱 상세하게는 교과 속에 포함된 핵심 개념, 일반화된 지식 등), X 통합의 중심(제재, 주제, 문제, 기초 기능, 사고 양식, 표현 활동, 흥미), X 통합의 방식(개별, 병렬, 혼합, 공유, 융합)의 수만큼 통합프로그램을 개발할 수 있다. 그리고 이때 통합프로그램 개발의 목적에 따라 통합교과나 통합과목, 통합단원, 차시통합 소단원 등의 다양한 크기의 통합프로그램을 만들 수 있다.

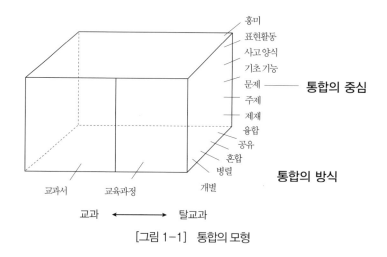

[그림 1-1] 통합의 모형

　이 모형은 그동안 여러 학자가 제시한 다양한 교과통합의 유형을 포괄하면서, 교과통합의 유형들 간의 특성을 파악하는 데 도움을 줄 수 있다. 예를 들어, Drake가 제시한 다학문적 설계는 교과내용을 통합의 요소로 하고, 제재나 주제를 통합의 중심으로 하며, 혼합을 통합의 방식으로 취한 것이다. 간학문적 설계는 교과내용을 통합의 요소로 하며, 통합의 중심을 핵심 개념이나 탐구 기능으로 하고, 공유를 통합의 방식으로 채택한 것이다. 또한 탈학문학적 설계는 교과는 물론이지만 교과를 넘어선 지식, 기능, 가치와 태도를 요소로 하고, 주제나 문제를 중심으로 하며, 융합을 통합의 방식으로 채택한 것이다.

　물론 여러 학자가 제시한 다수의 교과통합의 유형이 앞의 모형에 맞아 떨어지지 않는 경우도 있을 것이며, 많은 연구자가 언급한 바와 같이, 혼합과 융합의 방식을 엄격하게 구분하기 어려울 때도 있을 것이다. 그럼에도 불구하고 앞의 모형은 지금까지 각기 다른 차원이나 이름으로 불리는 교과통합의 제 유형들을 상호 비교하고 그 특성을 파악하는 데 도움을 줄 수 있다.

　결론적으로, 교육과정통합에서 통합이라는 말은 매우 포괄적인 의미를 지닌다. 그 속에는 관련 있는 내용들을 단순히 병렬(나란히 늘어놓는 것)하는 것에서

부터 구성 요소들이 독립성을 유지하는 혼합, 요소들 간의 공통점을 중심으로 하는 공유, 구성 요소들의 독립성은 약화되고 전체로 합치는 융합 등의 다양한 의미가 들어 있다. 이때 통합이라는 말이 반드시 구성 요소들이 갖지 못한 전체성(wholeness)을 가져야 한다고 보면, 병렬, 혼합, 공유 등은 통합에 속하지 않는다고 말할 수 있다. 이것은 통합이라는 말을 지나치게 엄격하게 사용하는 것으로 현실 세계에서 이루어지는 교육활동을 설명하기에는 적절하지 못한 것으로 보인다. 이런 점에서 나는 통합이라는 말보다 연계에 바탕을 둔 상호 관련성이라는 말을 사용하는 게 더 낫다고 생각한다. 병렬도 연계이며, 혼합, 공유, 융합도 모두 연계의 한 양식을 드러내기 때문이다.

 이와 함께 우리가 같이 생각해 보아야 할 점은 교육과정통합의 유형이 하나의 연속체인가 하는 점이다. Jacobs(1989), Burns(1995), Fogarty(1991) 등은 교육과정통합을 통합의 강도에 따라 분과-병렬-다학문-간학문-탈학문 등의 연속선 위에 있다고 보았으며, Drake(1993) 역시 자신의 교육과 연구의 경험에 따라 다학문-간학문-탈학문 방식으로 통합이 발전 형태를 보인다고 하였다. 다음 [그림 1-2]는 Jacobs가 제시한 교육과정통합의 설계 모형 연속체를 수정하여 만든 것이다.

[그림 1-2] 교육과정통합의 설계모형 연속체

　　교육과정통합을 처음으로 시도하는 교사들의 입장에서 보면, 처음부터 간학문이나 탈학문의 통합 방식을 사용하여 단원을 개발하고 운영하기가 쉽지 않다. 또한 분과 위주의 교육과정을 오랫동안 운영해 온 학교의 교육조직과 문화를 생각하면 섣불리 강도가 높은 통합을 계획하고 운영할 수 없는 것은 당연한 일이다.

　　하지만 여기서 분명히 해야 할 점은 교육과정통합의 강도가 높다고 해서 반드시 교육적으로 바람직한 것은 아니라는 것이다. 달성하고자 하는 교육목표, 학생들의 관심과 경험, 수업 참여의 열의와 능력, 교사와 학생 문화, 물리적 시간표 및 공간 그리고 예산 지원, 학교와 지역사회의 관계 등에 따라 적절한 교육과정통합의 유형을 선택해야 한다는 것이다. 특히 통합을 할 것인가 아니면 분과를 그대로 유지할 것인가, 통합을 하면 어떤 유형을 선택하는 것이 바람직한가를 결정할 때 가장 우선적으로 생각해야 할 점은 학생들에게 어떤 역량(지식, 기능, 가치와 태도 등)을 길러 주고자 하는가이다. 즉, 교육의 목표라고 할 수 있다.

제2장 국가 수준의 통합교과

우리나라에서는 국가 차원에서 통합교과를 개발하여 학교 현장에서 통합수업이 이루어지도록 하였다. 여기서는 국가 차원에서 제시한 통합교과의 개발과 운영에 한정하여 서술한다. 김순택(1983)은 국가 차원에서 통합교과 개발이 갖는 이점을 다음과 같이 제시하였다.

교육과정이 분과화되어 있더라도 교육과정 정신을 구현하기 위한 수업 계획은 통합적인 형태를 취하게 된다. 그러나 교육과정 자체가 이미 통합의 형태를 취하고 있다면 수업 계획에 소비하는 시간은 그만큼 감소되며 교사들의 수업 시간은 밀도 있는 내용으로 꾸며질 수 있다(김순택, 1983: 106).

제4차 교육과정 시기(1981. 12.) 이후 초등학교 저학년에서 운영되고 있는 학교적응활동(우리들은 1학년), 바른 생활, 슬기로운 생활, 즐거운 생활과 제6차 교육과정 시기에 고등학교에서 운영하였던 공통사회와 공통과학, 2015 교육과정에서 운영하고 있는 통합사회과 통합과학이 국가 수준에서 개발한 통합교과이다.

이 밖에도 국가에서 통합교과라고 이름을 붙이지는 않았지만, 엄밀한 의미에서 보면, 통합교과라고 부를 수 있는 교과가 더욱 많이 있다. 국어는 읽기, 쓰기, 말하기, 듣기, 문법, 문학 등으로 구성되는데, 이들 영역이 합쳐진 것으로 통합교과라고 할 수 있다. 중학교의 사회는 일반사회, 지리, 역사 등이 합쳐진 것이며, 과학은 물리, 화학, 생물, 지구과학을 합쳐 놓은 것으로 통합교과라고 부를 수 있다. 더 나아가 고등학교에서 가르치는 생물은 식물학, 동물학, 해부학 등을 바탕으로 구성한 것이며, 지구과학은 천문학, 지질학, 해양학, 기상학, 지구물리학 등을 합쳐 놓은 것으로 이 역시 통합과목이라고 할 수 있다.

여기서는 앞 장에서 제시한 병렬, 혼합, 공유, 융합 등의 혼합의 방식에 근거하여 국가 수준의 통합교과의 성격을 규정하고자 한다.

1. 초등학교의 통합교과

제4차 교육과정에서는 교과 간 연관성과 학생의 발달 단계를 고려하여, 1, 2학년에서 교과 간 통합 운영을 실시하였다. 이것은 우리나라 교육의 역사상 처음 있는 일이었다. 교육과정은 종래에 해 왔던 것과 마찬가지로 교과별(도덕, 국어, 사회, 산수, 자연, 음악, 미술, 체육)로 목표와 내용을 제시하고, 통합교과서만 개발하여 학교에서 사용하도록 하였다. 즉, 입학하는 한 달 동안 학생들의 적응활동을 돕기 위하여 '우리들은 1학년' 교과서를 개발하여 학교에 보급하고, '바른 생활' '슬기로운 생활' '즐거운 생활' 등 통합교과서를 제작하여 수업에서 사용하도록 하였다.

'바른 생활'은 도덕, 국어, 사회, '슬기로운 생활'은 산수, 자연, '즐거운 생활'은 음악, 미술, 체육 등의 통합교과서라는 점을 밝히고, 교과 간의 내용 및 활동의 통합성을 고려하여, 그 연계가 조화롭고 자연스럽게 이루어지도록 해야 한다는 점을 강조하였다. 통합교과의 운영에 대한 평가는 통합의 기본 정신을 살리면서 타당성 있는 평가가 되도록 하고, 1학년 1학기에는 지필 검사 등과 같은 수량적인 평가를 지양한다고 하였다.

　　제5차 교육과정(1987. 6.)에서는 국가교육과정 문서에 국민학교에서 운영되는 통합교과명을 제시하였다. 국민학교 1, 2학년에 '우리들은 1학년'과 '바른 생활' '슬기로운 생활' '즐거운 생활' 등 통합교과를 편성한다고 못을 박은 것이다.

　　이 중에서 '우리들은 1학년'은 입학 초기의 학교적응활동을 돕는 과목으로, 3월 한 달 동안 70시간을 운영하는데, 국가 수준의 문서에는 그 교육목표와 지도 중점을 다음과 같이 제시하였다.

교육목표

- 즐겁고 자유로운 가운데 새로운 학교생활에 잘 적응하게 한다.
- 학교 생활에 필요한 기본적인 생활 규범을 익히게 한다.
- 즐겁고 건강한 학교생활이 되게 한다.
- 학습에 필요한 기초적인 기능과 태도를 가지게 한다.

지도 중점

- '우리들은 1학년'의 지도는 학생들로 하여금 즐거운 놀이와 표현 활동을 통해 성취감을 가지도록 지도한다.
- 취학 전 생활 경험과 학교생활을 자연스럽게 연계하여 지도한다.
- 제1주는 '학교생활 환경에의 적응', 제2주는 '바른 생활 습관 형성', 제3주와 제4주는 '기초적인 학습 기능과 태도 육성'에 중점을 두고 제재별로 지도내용을 구성하였으므로, 이에 유의하여 지도한다.
- 교사와 학생이 함께 참여하여 즐거운 놀이 중심의 학습이 되도록 한다.
- 활동 제재별로 제시된 지도내용은 예시적인 성격을 띤 것이므로 날씨의 변화, 학생의 수준, 학교의 실정에 따라 재구성할 수 있다. 또한 입학 초기의 어린이들에게 알맞은 통합교육활동이 되도록 하여야 한다.
- 제재별 활동 시간의 길이는 제재의 특성, 활동의 효과와 학생의 흥미를 고려하여 융통성 있게 적절히 조정한다.

제5차 교육과정 시기에는 언어와 수리의 기초·기본 학습 기능을 강화하기 위하여 국어와 산수 교과를 '바른 생활' '슬기로운 생활' '즐거운 생활'의 교과에서 독립시켰다.

제5차 교육과정 시기에 국어와 산수를 '바른 생활'과 '슬기로운 생활'에서 각기 분리한 것은 기초 학습 기능의 학습에 있어서는 분과별 학습이 효과적이라고 판단한 것이다. 이것은 앞의 장에서 여러 번 강조한 바와 같이, 분과와 통합교육과정은 각기 다른 장점을 가진다는 것을 다시 한번 일깨워 준다. 기초 학습 기능의 체계적이고 반복적인 학습은 분과교육과정 체제가 더욱 효과적이라는 경험적 사실을 반영한 것이다.

이와 같이, 국어와 산수가 통합교과와 분리됨에 따라 '바른 생활'은 사회와 도덕, '슬기로운 생활'은 자연중심으로 구성되었으며, '즐거운 생활'은 음악, 미술, 체육의 통합이 아니라 신체 활동, 표현 활동, 감상 활동의 영역으로 구성하였다.

그중에서 '바른 생활'은 학생들의 환경을 중심으로 학교생활, 가정 생활, 고장 생활, 국가에 대한 이해(우리나라) 영역으로 구성하여, 삶의 여러 영역에 대한 이해(사회)와 윤리적 태도와 행동(도덕)으로 구성하였다.

'슬기로운 생활'은 우리 몸, 우리 학교, 여름, 물체, 생물과 무생물, 깊이와 넓이 등의 자연 교과에 속하는 영역으로 구성하였는데, 우리 몸, 우리 학교, 여름과 같은 '생활 주제'와 물체, 생물과 무생물, 깊이와 넓이 등의 '개념적 주제'로 구성하였다.

'즐거운 생활'은 신체 활동, 표현 활동, 감상 활동 등으로 구성하여 활동 중심임을 강조하고, 이 활동 영역이 체육, 음악, 미술 등의 교과와 각기 대응하는 것이 아니라 활동을 중심으로 이 교과들을 연계한다고 하였다. 이것은 실제 수업에서 체육, 음악, 미술이 별개로 가르치는 경우가 많았으며, 심지어 시간표에도 즐음(즐거운 생활에서 음악 시간), 즐미(즐거운 생활에서 미술 시간), 즐체(즐거운 생활에서 체육 시간) 등으로 구분 운영하여 학교 현장에서 통합의 취지를 살려서 운영되지 못했기 때문이다.

그리고 1, 2학년의 통합교과활동의 평가 결과는 학생의 활동 상황과 진보의 정도, 특징 등을 문장으로 기술하도록 하였다.

제6차 교육과정 시기(1992. 3.)에는 5차와 마찬가지로, 초등학교 1, 2학년의 교과를 국어, 수학, 바른 생활, 슬기로운 생활, 즐거운 생활로 구성하였다. 하지만 1990년대 이후 교육자치제의 실시에 따라 '우리들은 1학년'은 국가 수준에서는 입학 초기 학교적응활동을 위하여 1학년의 연간 수업 시간 수 790시간 중 70시간을 배정하고, 시·도교육청에서 교육과정을 개발하고 교과서를 제작하여 운영하도록 하였다. 또한 '산수'와 '자연'은 '수학'과 '과학'으로 과목명을 변경하였다.

바른 생활은 종전의 사회와 도덕 교과 중심에서 도덕 중심으로 구성하고, 슬기로운 생활은 종전의 자연 교과 중심에서 사회와 과학을 연계하는 방식으로 구성하였다. 슬기로운 생활은 자신, 사회, 자연과의 관계 이해를 목표로 자신의 이해와 성장, 사회와의 관계, 자연과의 관계, 편리한 생활과 궁리 등의 영역으로 구성하였다. 즐거운 생활은 제5차와 마찬가지로 신체, 표현, 감상 등의 영역으로 구성하였다.

제6차 교육과정 시기에서 가장 큰 변화는 슬기로운 생활을 과학 교과 중심에서 사회와 과학의 영역을 통합했다는 점이다. 제5차 교육과정 시기와 달리 슬기로운 생활을 이렇게 구성한 이유는 교과의 성격란에 잘 드러나 있다.

국민학교 저학년 학생들은 가정, 학교, 이웃, 마을 등 일상생활의 장(場)에서 사회 현상과 자연 현상을 하나의 환경으로 접근하게 된다. 슬기로운 생활은 자신의 이해와 성장, 사회와의 관계, 자연과의 관계, 편리한 생활과 궁리의 네 영역으로 구성한다. 이들 영역에서는 구체적인 경험과 활동을 중심으로 자신, 사회, 자연을 통합적으로 다루며, 이들의 상호관계를 깨닫게 한다. 나아가, 일상생활에서 부딪히는 문제를 여러 가지 방법으로 해결하며, 바르게 판단하고 행동하는 자주적 생활의 기본 능력과 태도를 길러 주는 데 강조점을 둔다. …… 또한 학생들이 사회와 자연 현상에 관심을 가지고, 주위에서 일어나는 여러 가지 구체적인 현상을 보고, 듣고, 느끼는 가운데 관찰, 분류, 측정, 토의, 만들기, 놀이 등 다양한 활동이 이루어지도록 한다.

국가교육과정 문서에 따르면, 사회와 과학 교과를 통합하여 슬기로운 생활을 구성한 것은 학생들이 접하는 일상생활의 장이 사회 현상과 자연 현상을 포함하는 하나의 장이므로 사회와 자연을 통합적으로 다룰 필요가 있고, 관찰, 분류, 측정, 토의, 만들기, 놀이 등이 두 현상을 이해하는 데 공통점이 있기 때문이라는 것이다. 하지만 내용 체계표를 보면 단원을 구분하여 사회와 자연 현상을 각기 독립적으로 취급한 것으로 나타나서, 사회와 자연 '현상'을 깊이 있게 관련지어 다룬 것으로 보이지 않는다(〈표 2-1〉 참조).

〈표 2-1〉 제6차 교육과정 시기 슬기로운 생활의 내용 체계

영역＼학년	1학년	2학년
자신의 이해와 성장 (사회 영역)	• 몸의 관찰과 성장 과정 • 스스로 할 수 있는 일 • 계절과 음식 • 놀이 기구와 시설의 이용 • 안전한 생활	• 내가 자라 온 모습과 장래 희망 • 나와 다른 사람의 생각 • 건강을 위해 할 일 • 위험한 놀이 • 교통 기관 이용
사회와의 관계 (사회 영역)	• 가족 구성원과 역할 • 가정의 내력과 행사 • 학교와 학교 주변의 모습 • 학교 구성원과 역할 • 집 주변의 모습과 방향 • 이웃 사람들이 하는 일과 상호 관계	• 학교 행사 • 마을의 모습과 방향 • 우리 마을과 이웃 마을의 관계 • 마을 사람들이 필요한 것을 얻고 쓰는 방법 • 국경일과 명절

자연과의 관계 (자연 영역)	• 산, 들, 바다. • 가정, 학교의 뜰과 놀이터 • 계절과 날씨 및 풍경의 변화 • 교실 안의 물체 • 생물과 무생물 • 동물과 식물 • 계절과 생물의 변화	• 낮과 밤 • 계절에 따른 의식주 생활 • 고체와 액체 • 곤충의 생김새와 생활 • 동물과 식물의 자람 • 빛의 성질과 그림자 • 소리 내기 • 공기의 성질
편리한 생활과 궁리	• 학교와 집 근처의 시설 • 학용품 및 자기 물건 • 물 아껴 쓰기 • 모양판놀이 • 여러 장난감 만들어 놀이하기 • 달력 보기(시간, 일, 주, 월, 계절, 연) • 시간의 흐름 • 하루의 일과 • 물체의 분류	• 마을의 공공 시설과 이용 • 생활에 필요한 물건 얻기 • 전기 아껴 쓰기 • 소리 전하기와 실 전화 만들기 • 공기 옮기기와 주사기놀이 • 바늘 자석 만들기와 놀이 • 움직이는 것 만들기 • 편리해진 학용품과 도구 • 여러 가지 방식의 문제 해결

오히려 제6차 시기의 슬기로운 생활은 사회와 자연 현상을 '접근하는 방법'의 공통점과 유사성을 가지고 통합한 것으로 생각된다. 국가교육과정 문서에도 "이 교과는 사회와 자연 분야 중 국민학교 1, 2학년 수준에서 주로 다루어질 수 있는 주요 개념과 탐구 과정, 생활 규범, 노작, 공작 등과 관련된 요소를 통합적으로 다루어, 3학년부터의 자연, 사회, 실과 등의 교과와 연계성을 가지도록 지도한다."는 내용이 들어 있다. 즉, 사회와 자연 '현상'을 관련짓기보다는 사회와 자연 '현상에 접근하는 방법'에서의 공통점(개념과 탐구 과정 등)에 초점을 맞춘 통합이라고 할 수 있다. 다시 말하면, 제6차 교육과정 시기의 슬기로운 생활은 교과 간의 공통 개념이나 탐구 방법을 중심으로 연계하는 간학문적 통합 방식을 따랐다고 할 수 있다.

통합교과의 평가는 종전과 마찬가지로 학생의 활동 상황과 특징, 진보의 정도 등을 파악하여, 그 결과를 문장으로 기술하도록 하였다.

제7차(1997. 12.) 교육과정 시기의 초등학교 저학년 교과는 국어, 수학, 바른 생활, 슬기로운 생활, 즐거운 생활 및 '우리들은 1학년'으로 구성하였다. 제6차 교육과정에서는 교육과정 문서에서 사라진 '우리들은 1학년'이 다시 등장하였으며, 수업 시수가 연간 70시간에서 80시간으로 소폭 늘어났다.

'우리들은 1학년'은 학교생활 환경, 기본 생활 규범, 사회적 관계, 기초 학습 기능의 습득을 목표로 하여, 우리 반 알기, 학교 모습 알기, 놀이기구 이용하기, 시설물 사용하기 등의 영역으로 구성하여 학교생활 적응을 돕는 활동에 초점을 맞추었다.

바른 생활은 내 일 스스로 하기, 예절 지키기, 다른 사람 생각하기, 질서 지키기, 나라 사랑하기 등을 목표(내용 요소)로 하되, 제재 속에서 내용 요소의 통합이 이루어지도록 하였다. 예를 들면, '친구들과 함께 견학할 때'라는 제재 속에서 친구들과 약속을 잘 지키기 · 약속을 할 때 주의할 일 알기 · 정해진 시간에 만나기 · 차례를 지켜 안전하게 타고 내리기 · 육교, 지하도, 횡단보도 바르게 건너기 · 차를 타고 내릴 때 먼저 온 차례대로 줄 서기 · 다른 사람에게 피해를 주지 않기 · 조용히 감상하기 · 작품에 손대지 않기 · 뛰어다니지 않기 등을 학습하도록 하고 있다. 통합교과가 주제를 중심으로 구성되고 운영된다는 점을 명시한 것이다.

통합교과의 평가 기준도 더욱 명확하게 제시하고 있다. 다음은 바른 생활의 평가와 관련된 내용이다.

- 바른 생활은 기본적인 예절과 규범에 대한 지식, 초보적인 판단 능력, 태도, 행동 성향 등을 종합적으로 평가한다.
- 평가의 대상과 내용의 특성을 고려하여 누가된 관찰 기록, 자기 보고, 학생 상호 평가, 학생의 작품 평가, 면담, 가정의 의견 등 다양한 방법을 활용한다.
- 상대 기준 평가보다는 절대 기준 평가를 중심으로 한다.
- 평가의 결과는 학생의 서열화가 아니라 교수 · 학습 방법 개선을 위한 자

료로 활용한다.

• 평가의 결과를 가정에 알려 주어 가정과 학교의 연계를 통한 학생의 인격
적 성장을 도모한다.

슬기로운 생활은 제6차 교육과정 시기와 마찬가지로 자신, 사회, 자연과의 관
계를 파악하는 데 목표를 둔다는 점을 밝혔다. 다음과 같은 6개의 기초 탐구활
동을 제시한 다음, 학년별로 이를 탐구활동에 대응하는 활동주제를 제시하였다.
그리고 이를 활동 주제가 자신, 사회, 자연과 어떻게 연관되는지를 〈표 2-2〉로
제시하였다.

〈표 2-2〉 제7차 교육과정 시기 슬기로운 생활의 내용 체계

기초 탐구활동	1학년				2학년			
	활동 주제	영역			활동 주제	영역		
		나	사회	자연		나	사회	자연
살펴보기	몸 살펴보기	✓			우리 집 살펴보기	✓	✓	✓
	주위의 동식물 찾아 살펴보기			✓				
무리 짓기	물건 정리하기	✓	✓	✓	주위 살펴보기		✓	✓
					주변의 물체 모으기			✓
					열매나 씨앗 모으기			✓
재어 보기	키 비교해 보기	✓		✓	몸무게 재어 보기	✓		✓
	거리 알아보기		✓	✓	시간 재어 보기	✓	✓	✓
조사 · 발표하기	우리 집 행사 조사하기	✓	✓		우리 이웃 알아보기	✓	✓	
	우리를 위해 애쓰시는 분 알아보기		✓		시간의 흐름에 따른 변화 알아보기		✓	✓
	하루 동안에 하는 일 알아보기		✓	✓	동물이나 식물의 자라는 모습 관찰하기			✓
	가족구성원 알아보기	✓	✓					

만들기	도구 사용하기	✓		✓	장난감 만들기			✓
					그림 지도 그리기		✓	
					생활 계획 꾸미기	✓	✓	✓
놀이하기	안전하게 생활하기	✓	✓	✓	가게놀이하기		✓	
	놀이터 활동하기	✓	✓		물총놀이하기		✓	✓
	병원놀이하기	✓	✓		그림자놀이하기		✓	✓

즐거운 생활은 제6차 교육과정 시기에는 신체, 표현, 감상의 영역으로 구성되었는데, 놀이와 표현, 감상, 이해의 영역으로 변화가 있었다. 신체 활동이 놀이 중심으로 이루어져야 한다는 것과 예술분야에서의 학문기초예술교육(Discipline Based Art Education)의 영향으로 인하여 '이해' 영역이 강조된 것으로 보인다. 슬기로운 생활의 교육과정의 구성은 바른 생활과 마찬가지로 제재를 중심으로 개별 영역들을 학습하는 것을 강조하였다. 예를 들면, 표현하기는 동물원이라는 제재를 통하여 학습할 수 있다는 것을 사례로 제시하였다.

제재 구성 〈동물원〉

- 동물원에 갔던 경험 이야기하기
- 좋아하는 동물에 대하여 말하기
- 동물의 특징 살피기
- 영상 매체를 통해 동물의 모양과 색, 소리, 움직임 등 살펴보기
- 동물 흉내 내기
- 동물 가면을 쓰고 동물의 움직임과 소리를 흉내 내며 걷거나 달리기
- 동물을 주제로 한 음악 감상하기
- 음악 속에서 동물의 특징이 나타나는 부분 찾아 흉내 내기
- 음색의 차이점을 찾아보기
- 동물원 꾸미기
- 찰흙이나 지점토, 고무 찰흙 같은 여러 가지 재료로 표현하기
- 재료의 특성을 살려 만들기
- 서로의 작품을 보고 재미있는 점 찾아보기

2007 교육과정 시기(2007. 2.)에도 제7차와 마찬가지로 초등학교 1학년과 2학년은 우리들은 1학년, 국어, 수학, 바른 생활, 슬기로운 생활, 즐거운 생활로 구성하였다. 제7차 교육과정 시기와 다른 점은 통합교과의 성격란을 '신설'하였다는 점이다. 이러한 조치는 통합교과가 교과 간의 통합이 아니라 학생들의 생활 경험과 관련한 주제 중심의 통합이라는 점을 더욱 명확하게 하기 위해서라고 할 수 있다.

초등학교 1, 2학년의 통합교과 교육과정은 학생들의 발달 특성과 교육적 필요를 고려하여 '교과와 교과 간의 통합 개념에서 벗어나' 학생들의 생활 경험을 바탕으로 '주제 중심의 통합적 운영'이 이루어질 수 있도록 구성한다. 초등학교 1, 2학년 통합교과 교육과정의 내용 체계는 대주제와 활동 주제로 구분되어 제시된다. 대주제는 학생들의 생활 경험을 바탕으로 설정하고 그 주제 아래 활동 주제를 선정하여 제시한다.

우리들은 1학년의 경우에도 교육목표를 "친숙하고 바르고 슬기롭고 즐거운 학교생활을 돕는 것"으로 두고, 학교와 교사의 자율적 재구성을 강조하였다.

- 활동 주제별 세부 내용은 지역의 특수성, 학교와 학급의 실정, 학생의 학습경험과 요구, 성장 발달 상황 등을 고려하여 재구성할 수 있다.
- 세부 내용별 활동 시간의 길이는 제재의 특성과 활동의 효과, 학생의 흥미를 고려하여 융통성 있게 계획한다.
- 학생들이 새로운 학교 환경과 생활에서 다양한 경험을 할 수 있도록 학급의 실정과 학생의 요구에 따라 창의적인 교육활동 계획을 수립한다.
- 학생 개인에게 풍부한 활동과 표현의 기회를 제공할 수 있도록 교수 · 학습 계획을 수립한다.

우리들은 1학년의 수업 운영 방법과 평가에 관한 지침은 다음과 같다.

- 놀이, 표현, 조작, 탐구활동 등 다양한 활동을 통하여 즐거운 수업이 이루 어지도록 한다.
- 학생 개인의 학교생활 적응을 돕는 차원에서 평가 계획을 수립한다.
- 학교생활 적응, 바른 생활 습관 형성, 바르고 원만한 인간 관계 형성, 기초 학습 기능 습득과 관련하여 학생 개인의 발달 정도를 파악한다.
- 학교생활 전반에 나타나는 학생의 행동과 학습 결과물을 주의 깊게 관찰 하고 학생과 자연스러운 대화 등을 통해 학생들의 성장을 돕기 위한 학습 과정 평가를 실시한다. 평가 결과를 서술식으로 기록한다.

'바른생활'은 대주제와 활동주제로 구성되는데, 대주제는 1학년과 2학년 모두 내 일 스스로 하기, 예절 지키기, 다른 사람 생각하기, 질서 지키기, 나라 사랑하 기 등 5개로 구성되고, 학년에 따라 활동주제를 달리하였다. 예를 들어, 1학년의 예절 지키기는 바르게 인사하기, 바르게 식사하기 등으로 구성되며, 2학년의 경 우에는 바르고 고운 말 쓰기, 가족끼리 서로 돕고 화목하게 지내기 등으로 제시 하였다. 활동주제는 1학년과 2학년을 합하여 모두 23개로 구성하였다.

'슬기로운 생활'은 대주제와 활동 주제를 제시하고 이와 연결지어 기초 탐구활 동(살펴보기, 무리 짓기, 재어 보기, 조사 발표하기, 놀이하기 등)을 표시하도록 하였 다. 1학년 대주제 6개(나의 몸, 봄나들이, 즐거운 여름, 우리 가족, 가을마당, 신나는 겨울), 2학년 대주제 6개(자라는 우리들, 살기 좋은 집, 우리 마을, 알찬 하루, 가게놀 이, 우리들의 한 해)로 대주제는 모두 12개이며, 활동 주제는 대주제별로 각각 2개 씩 편성하여 24개로 구성하였다.

'즐거운 생활' 역시 대주제와 활동 주제를 제시하였는데, 1학년 4개(가족과 친 구, 동물과 식물, 산과 들, 하늘과 바다), 2학년 4개(봄, 여름, 가을, 겨울)로 모두 8개의 대주제를 제시하고, 대주제별로 활동 주제 3개 내지 4개를 설정하여 모두 30개 의 활동 주제를 제시하였다. 예를 들어, '봄'이라는 대주제는 봄 동산 표현하기 ·

여러 가지 소리로 표현하기 · 여러 가지 방법으로 걷고 달리기 · 친구들과 꽃밭 꾸미기 등의 활동 주제로 구성되었다.

2009 교육과정 시기(2011. 8.)에는 '우리들은 1학년'을 국가교육과정 문서에 통합교과 영역으로 표시하지 않고, 창의적 체험활동의 시수를 활용하여 자율적으로 입학 초기 적응 프로그램 등을 편성 · 운영할 수 있도록 하였다.

2009 교육과정에서의 특색은 바른 생활, 슬기로운 생활, 즐거운 생활을 대주제를 중심으로 연계한 것이다. 2009 교육과정 개발자들은 학생의 흥미와 관심을 중심으로 '탈학문적인 통합의 접근'을 취하며, 이를 위하여 주제학습이 이루어질 수 있게 교육과정을 구성하였다. 이것은 바른 생활, 슬기로운 생활, 즐거운 생활 시간을 '교과서를 하나씩 가르치는 수업'에서 '테마가 있는 주제 중심 통합수업으로 전환하기 위한 것이라고 하였다(정광순, 박채영, 2015). 강충열(2011)은 종전까지 세 가지 별책으로 편찬되던 통합교과 교과용 도서를 한 권의 주제별 교과서 및 교사용 지도서 편찬의 의미를 다음 세 가지로 제시하였다.

첫째, 초등통합교육과정에 탈학문적 접근이 도입됨을 의미한다. 둘째, 초등학교 1~2학년 아동들의 발달적 특징에 적합한 통합교육과정 유형이 도입됨을 의미한다. 셋째, 초등학교 1~2학년에 교과교육과정과 통합교육과정 간의 상호 보완적 관계가 바르게 정립하게 된다는 것을 의미한다. 이런 변화는 우리나라 초등 통합교육과정을 아동의 발달에 중점을 두고 이전과 다른 방식으로 재구조화한 것이다.

2009 교육과정에서 대주제는 학교와 나, 봄, 가족, 여름, 이웃, 가을, 우리나라, 겨울 8개이며, 소주제는 대주제별로 4~5개씩 모두 33개를 제시하였다. 대주제 및 소주제와 통합교과의 연계성을 정리하면 〈표 2-3〉과 같다.

〈표 2-3〉 2009 교육과정 시기의 대주제 및 소주제와 통합교과의 연계성

대주제	소주제	교과별 활동 주제		
		바른 생활	슬기로운 생활	즐거운 생활
학교와 나	• 학교생활 • 나와 친구 • 몸 • 나의 꿈	• 안전하게 등·하교 하기 • 친구와 서로 도우며 공부하기 • 몸 소중히 다루기 • 나의 꿈 가꾸기	• 학교 둘러보기 • 친구에게 관심 갖기 • 몸 살펴보기 • 나의 꿈 찾아보기	• 학교 놀이하기 • 친구와 놀이하기 • 몸 표현하기 • 나의 꿈 표현하기
봄	• 봄맞이 • 새싹 • 봄 날씨와 생활 • 봄나들이	• 봄맞이 청소하기 • 새싹 보호하기 • 봄철 건강 관리하기 • 자연환경 보호하기	• 봄의 모습 찾아보기 • 싹 틔우기 • 봄 날씨와 생활 알아 보기 • 봄나들이 계획하기	• 봄 교실 꾸미기 • 새싹 표현하기 • 봄 날씨를 주제로 놀 이하기 • 봄나들이 가기
가족	• 집 • 가족 • 친척 • 다양한 가족	• 집에서 스스로 공부하기 • 가족 간의 예절 지키기 • 가족이나 친척의 소중 함 알기 • 다양한 가족 존중하기	• 우리 집 살펴보기 • 집안일 조사하기 • 가족과 친척 알아보기 • 다양한 가족 이해하기	• 우리 집 표현하기 • 가족과 함께하기 • 가족 소개하기 • 다양한 가족 문화 표 현하기
여름	• 여름 풍경 • 곤충 • 여름 날씨와 생활 • 여름 방학	• 건강한 여름 나기 • 안전한 여름 나기 • 에너지를 절약하는 생 활하기 • 여름 방학 생활 스스로 준비하기	• 여름 풍경 찾기 • 곤충이나 식물 조사하기 • 여름 날씨와 생활 살 펴보기 • 여름 방학 생활 계획 하기	• 여름 느끼기 • 곤충과 식물 표현하기 • 여름 축제 열기 • 물놀이하기
이웃	• 이웃 • 가게 • 우리 마을 • 직업	• 이웃과 인사하기 • 물건 소중히 하기 • 공공시설과 물건아끼기 • 일의 소중함 알기	• 나의 이웃 살펴보기 • 생활에 필요한 물건 알아보기 • 우리 마을 둘러보기 • 마을 사람들이 하는 일 조사히기	• 이웃 생활 표현하기 • 가게 놀이하기 • 우리 마을 자랑하기 • 직업 놀이하기
가을	• 추석 • 낙엽과 열매 • 가을 날씨와 생활 • 가을 행사	• 조상에게 감사하는 마 음 갖기 • 자연에 감사하는 생활 하기 • 서로 돕는 생활하기 • 질서 지키기	• 추석 알아보기 • 가을 낙엽과 열매 관 찰하기 • 가을 날씨와 생활 살 펴보기 • 가을행사 조사하기	• 민속놀이하기 • 낙엽과 열매로 표현 하기 • 가을 풍경 표현하기 • 가을 행사에 참여하기

우리나라	• 우리나라의 상징 • 전통문화 • 이웃나라 • 남북통일	• 우리나라의 상징 알기 • 전통문화 소중히 여기기 • 외국인을 대하는 바른 태도 갖기 • 통일을 위한 노력 알아 보기	• 우리나라 소개하기 • 전통문화 살펴보기 • 이웃나라 조사 · 발표하기 • 남북한에 대해 알아보기	• 우리나라 상징 표현하기 • 전통문화 체험하기 • 문화 알리미 놀이하기 • 통일 전시회 열기
겨울	• 겨울 맞이 • 동물 • 겨울 날씨와 생활 • 겨울 방학 • 한 해를 보내며	• 나누는 생활 실천하기 • 동물 보호하기 • 겨울철 건강하고 안전하게 생활하기 • 겨울 방학 생활 스스로 준비하기 • 한해 생활 반성하기	• 나누는 생활 찾아보기 • 동물의 세계 탐구하기 • 겨울 날씨와 생활 살펴보기 • 겨울 방학 생활 계획하기 • 내년 생활 준비하기	• 따뜻한 겨울 보내기 • 동물 표현하기 • 겨울 풍경 표현하기 • 겨울놀이하기 • 나의 한 해 표현하기

앞의 표에서 보는 바와 같이 소주제는 통합교과별로 활동 주제로 구체화하고 있다. 예를 들어, '이웃'이라는 대주제는 이웃, 가게, 우리 마을, 직업 등의 소주제로 구성되고, 이들은 바른 생활, 슬기로운 생활, 즐거운 생활에서의 각기 구체적인 활동 주제로 나타난다.

대주제: 이웃

이 주제는 이웃과 소통하고 배려하며 더불어 살아갈 수 있도록 돕기 위한 것이다. 학생은 이웃과 일상적으로 소통하는 경험을 통해서 자연스럽게 이웃에 대해 감사하고 이웃을 아끼는 마음을 갖는다.

소주제: 이웃

바른 생활 활동 주제: 이웃과 인사하기

슬기로운 생활 활동 주제: 나의 이웃 살펴보기

즐거운 생활 활동 주제: 이웃 생활 표현하기

이와 같이 대주제 속의 소주제와 교과별 활동 주제는 학생들의 생활경험을 바탕으로 하고 있다. 하지만 '이웃'이라는 대주제 속에서 '이웃과 인사하기'(바른 생활)와 달리 '이웃 살펴보기'(슬기로운 생활)와 '이웃 생활 표현하기'(즐거운 생활)이 어떤 활동을 가리키는지 분명하지 못하고, 이러한 활동이 어떤 교육목표를 지향하는지 알기 어렵다.

또한 '즐거운 생활'에서는 이웃과 관련하여 다음과 같은 4개의 교과활동 주제를 제시하고 있다. 이 주제는 이웃과 마을을 소재로 놀이하고 표현하는 것과 관련이 있다. 학생들이 보거나 경험한 주변의 이웃과 마을 생활을 여러 가지 놀이와 다양한 방식으로 표현한다.

- 이웃의 생활 표현하기: 이웃의 다양한 생활 모습을 여러 가지 방법으로 표현한다.
- 가게 놀이하기: 가게 놀이를 하면서 가게, 물건, 물건을 사고파는 모습을 여러 가지로 표현한다.
- 우리 마을 자랑하기: 우리 마을을 여러 가지 방법으로 표현하며, 우리 마을에 있는 여러 가지 시설과 도구를 활용하여 놀이를 한다.
- 직업 놀이하기: 마을에서 볼 수 있는 여러 일터를 소재로 다양한 직업 관련 놀이를 한다.

'즐거운 생활'의 활동 주제는 표현과 놀이 능력을 기르는 데 초점이 있다. 하지만, 단순히 이러저러한 방법으로 표현하거나 놀이를 한다고 해서, 표현 능력과 놀이 능력이 개발될 수 있는지는 의문이 든다. 또한 이웃이라는 대주제와 가게 놀이와 직업놀이의 연관성도 부족해 보인다. 또한 '즐거운 생활'에서 강조하는 감상과 이해는 활동 주제에 따라 중요하게 고려하지 않아도 되는지도 궁금하다.

이와 같이 대주제와 소주제를 중심으로 세 교과를 통합하려는 취지에는 공감하지만, 다소 억지스러운 무리한 통합이 아닌가 하는 생각도 든다. 김은주와 김대현(2014)은 학교에서의 주제별 교과서의 사용에 대한 교사들의 반응을 심층 면담을 통해 알아보고 다음과 같은 결과를 얻었다.

첫째, 주제별 교과서 개발은 교사들에게 통합교과에 대한 총체적인 이해를 갖게 하고 수업에서 실질적인 통합의 가능성을 높이는 계기가 되고 있다. 둘째, 교사들은 '완전 통합(주제 통합)에 대한 기대와 세 통합교과(교육과정에 표시된 바른 생활, 슬기로운 생활, 즐거운 생활)에 있어서의 가르치기' 사이에서 혼란을 느끼고 있다. 셋째, 주제별 교과서가 학생의 생활 세계와 밀접한 관련이 있고 그들의 흥미를 고려한 활동 중심으로 구성된 것을 환영하지만, 학습자의 수준에 맞지 않는 내용이나 활동이 포함되어 있으며, 교과 내 그리고 교과 간에 내용과 활동이 중복되는 문제점이 있다.

2009 교육과정 시기에는 통합교과의 운영과 관련해서도 이전보다는 매우 구체적인 제안을 하고 있다.

- 대주제를 중심으로 세 통합교과를 통합할 뿐만 아니라 국어, 수학과와 연계하여 학습의 효율성을 극대화하도록 계획한다.
- 교수 · 학습 순서 및 차시 배열은 세 교과를 통합하여 계획할 수 있다.
- 학년군 범위 안에서는 소주제의 실행 순서와 내용을 재구성할 수 있다.
- 단위 수업의 시간은 융통성 있게 계획하여 탄력적으로 운영할 수 있다.
- 계획-실행-평가에 이르는 교수 · 학습 전 과정에 학생을 참여시켜 상호 협의한다.

주제 학습의 주제는 일반적으로 교육과정으로 보면 소주제이고, 교과서로 보면 단원 학습 주제이다. 주제 학습은 주제 학습 시작하기-주제 학습 실행하기-

주제 학습 마무리하기 3단계로 진행한다.

- 주제 학습 시작하기: 학생들이 학습할 주제를 다양한 방식으로 공유하도록 하고, 교사와 학생은 함께 학습목표, 활동, 순서 등을 계획한다.
- 주제 학습 실행하기: 계획한 것을 하나씩 실행하며, 실행과정에서 물리적 · 심리적 돌발 상황에 융통성 있게 대처 · 조정하면서 실행한다.
- 주제 학습 마무리하기: 일정 시간 동안의 주제를 중심으로 진행해 온 학습을 한 단락 매듭짓는다. 통합의 날을 운영하거나 다양한 종합적인 활동으로 통합 학습을 최고조로 만드는 마무리활동, 학습한 것 요약 · 정리하기, 학습 결과와 과정 평가하기 등을 한다.

2009 교육과정 시기에 통합교과 운영과 관련해서는 다음과 같은 평가 지침을 제시하고 있다.

- 학습의 결과뿐만 아니라 학습의 과정도 평가한다.
- 다면적인 평가 기준을 마련하여 평가할 수 있다.
- 학생 개인의 노력과 진보 정도를 평가하기 위해 자기 평가를 활용한다.
- 수행평가, 체크리스트, 일화 기록, 포트폴리오 등 다양한 평가 방법을 활용한다.
- 실제 교수 · 학습 상황에서 평가 장면이나 상황을 설정하여 수업과 평가를 동시에 하며, 평가를 학습 촉진의 계기로 활용한다.
- 실천활동 중에 실천 기능을 평가한다.

2015 교육과정 시기(2015. 9.)의 통합교과 구성은 2009 교육과정 시기와 크게 다르지 않다. '우리들은 1학년'은 국가 차원에서 목표와 내용을 제시하지는 않지

만, 창의적 체험활동 시간을 활용하여 입학 초기 적응 프로그램 등을 편성·운영할 수 있도록 하고 있다.

통합교과는 2009 교육과정과 마찬가지로 '바른 생활' '슬기로운 생활' '즐거운 생활'을 대주제와 소주제를 중심으로 묶었다. 대주제와 소주제에 맞추어 교과별로 내용 요소(2009 교육과정 시기에는 활동 주제)를 선정하여 통합하고 있다. 대주제는 모두 8개로, 학교, 봄, 가족, 여름, 마을, 가을, 나라, 겨울이며, 이웃이 마을로, 우리나라가 나라로 바뀌었으며, 소주제에도 조금 변동이 있으나 이전과 크게 달라진 것은 없어 보인다.

2009 교육과정 시기에 비하여 많이 달라진 점은 대주제와 소주제의 교육적 의미를 '일반화된 지식'으로 표현하고, 교과별 활동 주제라는 표현보다 '내용 요소'라는 표현을 사용함으로써 학습에서 초점이 무엇인지를 명확히 하였다. 이와 함께 역량과 성취 기준을 제시하여 통합교과를 통하여 도달해야 할 학습목표를 명확히 하고 교과별로 습득해야 할 기능을 제시하였다. 이와 함께 소주제의 수를 절반으로 줄이고, 한 주제를 깊이 있게 학습할 수 있도록 하였다. 정광순과 박채형(2017)은 이러한 개정 지침에 기반을 두고 통합교과서의 개발 방향을 다음과 같이 제시하였다.

첫째, 국정도서로서 통합교과서 개발은 2015 개정 교육과정의 취지 반영과 통합교과를 발전시키는 데 기여하는 요구를 반영하였다. 2015 개정 교육과정에서 요청한 핵심역량 함양의 취지를 통합교과서에서는 단원별 1개의 교과 역량을 중점 함양하도록 하고, 소주제를 33개에서 16개로 줄이며 한 주제를 1단원으로 개발하여 한 달 동안 집중학습을 할 수 있게 했다. 현장의 요구를 반영하여, 주제별 교과서 체제를 유지하고, 책의 수는 4권에서 2권으로 줄이고, 주제 학습 기간은 2주에서 4주로 늘이고, 학생 참여형 수업 여건을 위해서 80분 단위의 차시 수업을 개발하는 등 현행 교과서의 약점들을 해소, 완화하였다. 둘째, 새 통합교과서는 기존의 주제별 교과서를 유지함으로써 주제 중심 통합 학습이 현장에 안착하도록 의도하였고, 구성 차시를 도입하여 학생의 수업 참여 방식을 전환하고 참여 정도를 강화했다.

2015 교육과정에서의 통합교과구성 체계를 정리하면 〈표 2-4〉와 같다.

〈표 2-4〉 2015 교육과정 시기의 통합교과구성 체계

영역 (대주제)	핵심 개념 (소주제)	일반화된 지식	내용 요소			기능
			바른 생활	슬기로운 생활	즐거운 생활	
1. 학교	1.1 학교와 친구	학교는 여러 친구와 함께 생활하는 곳이다.	• 학교 생활과 규칙	• 학교 둘러보기 • 친구 관계	• 친구와의 놀이 • 교실 꾸미기	[바른 생활] 되돌아보기, 스스로 하기, 내면화하기, 관계 맺기, 습관화하기
	1.2 나	나는 몸과 마음으로 이루어져 있다.	• 몸과 마음의 건강	• 몸의 각 부분 알기 • 나의 재능, 흥미 탐색	• 나의 몸, 감각, 느낌 표현 • 나에 대한 공연·전시	
2. 봄	2.1 봄맞이	사람들은 봄의 자연 환경에 어울리는 생활을 한다.	• 건강 수칙과 위생	• 봄 날씨와 생활 이해 • 봄철 생활 도구	• 봄 느낌 표현 • 집 꾸미기	[슬기로운 생활] 관찰하기, 무리 짓기, 조사하기, 예상하기, 관계망 그리기
	2.2 봄 동산	봄에 볼 수 있는 동식물은 다양하며, 봄에 할 수 있는 활동과 놀이가 있다.	• 생명 존중	• 봄 동산 • 식물의 자람	• 동식물 표현 • 봄나들이	
3. 가족	3.1 가족과 친척	사람들은 가족과 친척의 관계 속에서 살아간다.	• 가정 예절	• 가족의 특징 • 가족·친척의 관계, 가족 행사	• 가족에 대한 마음 표현 • 가족 활동 및 행사 표현	[즐거운 생활] 놀이하기, 표현하기, 감상하기
	3.2 다양한 가족	가족의 형태는 다양하며, 구성원마다 역할이 있다.	• 배려와 존중	• 다양한 형태의 가족 • 가족 구성원의 역할	• 집의 모습 표현 • 가족 역할놀이	

4. 여름	4.1 여름 맞이	사람들은 여름의 자연 환경에 어울리는 생활을 한다.	• 절약	• 여름 날씨와 생활 이해 • 여름철 생활 도구	• 여름 느낌 표현 • 생활 도구 장식·제작
	4.2 여름 생활	여름에 볼 수 있는 동식물은 다양하며 여름에 할 수 있는 활동과 놀이가 있다.	• 여름 생활 및 학습 계획	• 여름 동식물 표현 • 여름 방학 동안 하는 일	• 여름 동식물 표현 • 여름철놀이
5. 마을	5.1 우리 이웃	이웃은 서로의 생활에 영향을 미친다.	• 공중도덕	• 이웃의 생활 모습 • 공공장소, 시설물	• 이웃 모습과 생활 표현 • 공공장소 시설물 활용놀이
	5.2 우리 동네	내가 생활하는 동네에는 서로 다른 일을 하는 사람들이 있다.	• 일의 소중함	• 동네에 있는 것들 • 동네 사람들이 하는 일, 직업	• 동네 모습 표현 • 직업놀이
6. 가을	6.1 가을 맞이	사람들은 가을의 자연 환경에 어울리는 생활을 한다.	• 질서	• 가을 날씨와 생활 이해 • 가을의 특징 알기	• 가을의 모습과 느낌 표현 • 가을 놀이
	6.2 가을 모습	명절은 사람들의 생활과 관계가 있다.	• 감사	• 추석, 세시 풍속 • 낙엽, 열매	• 민속놀이 • 낙엽, 열매 표현
7. 나라	7.1 우리 나라	우리나라에는 아름다운 전통이 있고, 우리나라만의 특별한 상황이 있다.	• 나라 사랑	• 우리나라의 상징과 문화 • 남북한의 생활 모습과 문화	• 우리나라의 상징 표현 • 남북한의 놀이, 통일에 대한 관심 표현
	7.2 다른 나라	각 나라는 독특한 문화를 가지고 있다.	• 타문화 공감	• 다른 나라 문화 • 다른 나라 노래, 춤, 놀이	• 다른 나라의 노래, 춤, 놀이 즐기기 • 문화 작품, 공연 감상

8. 겨울	8.1 겨울 맞이	사람들은 겨울의 자연 환경에 어울리는 생활을 한다.	• 나눔과 봉사	• 겨울 날씨와 생활 이해 • 겨울철 생활 도구	• 겨울 느낌 표현 • 놀이 도구 제작
	8.2 겨울 나기	사람과 동식물은 겨울 환경에 적응하며 생활한다.	• 동식물 보호 • 겨울 생활 및 학습 계획	• 동식물 탐구 • 겨울에 하는 일	• 동물 흉내 내기 • 겨울철 신체 활동

2. 고등학교에서의 통합교과

국가교육과정에서 고등학교 통합교과는 제6차 교육과정 시기의 '공통사회'와 '공통과학'과 2015 교육과정 시기의 '통합사회'와 '통합과학'이 해당된다.

1) 공통사회와 통합사회

제6차 교육과정 시기 공통사회의 성격은 '교과의 성격'란에 잘 드러나 있다. 국가 수준 교육과정 문서에는 공통사회의 성격을 다음과 같이 제시한다.

'공통사회'는 사회 영역과 지리 영역으로 구성되며, 사회 영역에서는 사회 현상과 사회 문제에 대한 탐구 및 합리적 의사결정 과정의 이해와 이를 통하여 사회, 문화, 정치, 법, 경제의 문제를 해결하게 하고, 지리 영역에서는 우리 국토에 대한 종합적 이해와 국토 공간의 유지·보전 및 이와 관련한 문제들의 해결 방법을 모색하는 데 중점을 둔다.

내용 체계와 내용을 보면, 공통사회는 일반사회와 지리 영역으로 구성되며, 일반사회는 시민사회의 형성과 발전, 사회적 쟁점과 문제의 해결방법, 사회·문화 생활의 문제와 해결, 정치·법·경제생활의 문제와 해결 등의 영역을 가지며,

지리는 우리나라 국토의 이해와 자연환경, 우리나라의 인문 환경, 우리나라의 여러 지역, 국토 통일과 국제화 시대의 한국으로 구성된다.

〈표 2-5〉   제6차 교육과정 시기 공통사회의 구성 체계

영역		내용
일반 사회	시민 사회의 형성과 발전	• 시민 사회의 형성 • 민주주의의 전개 • 경제 체제의 변화 • 현대 사회의 변동
	사회적 쟁점과 문제의 해결 방법	• 현대 사회의 특징 • 사회적 쟁점의 성격 • 과학적 탐구 과정 • 합리적 의사결정 과정
	사회 · 문화 생활의 문제와 해결	• 사회 · 문화 현상의 인식 • 사회의 발전과 사회 문제 • 문화의 다양성과 교류 • 사회 문제 해결을 위한 노력
	정치 · 법 · 경제 생활의 문제와 해결	• 정치 · 경제 현상의 인식 • 법 생활의 이해 • 생산과 소비 활동 • 한국 민주 정치의 시련과 발전 • 한국 정치, 법, 경제의 문제와 해결
지리	우리나라 국토의 이해와 자연환경	• 국토의 지리적 정보 • 위치와 영역 • 기후와 식생 • 지형과 해양
	우리나라의 인문 환경	• 촌락과 도시 • 인구와 인구 문제 • 자원과 산업 • 국토 개발과 환경 보전
	우리나라의 여러 지역	• 서울~인천 지역 • 군산~장항 지역 • 영남 북부 산지 지역 • 평양~남포 지역

국토 통일과 국제화 시대의 한국	• 남북 간의 지리적 교류 확대 • 지역 간의 협력 • 통일된 국토의 미래상 • 21세기의 한국

이와 같이 공통사회는 '일반사회'와 '한국지리'만으로 구성되어, 역사 영역이 빠졌다. 교수학습방법 지침에서도 "단위 배당은 사회 영역 4단위와 지리 영역 4단위를 기준으로 배당하고, 효율적인 학습을 위하여 별도의 교과용 도서를 편찬하여 사용하도록 한다."라고 되어 있다. 하지만 교수학습방법에서는 "사회 현상과 지리적 현상, 역사적 흐름은 서로 관련되어 있으므로, 여러 사회 문제를 통합적 시각에서 접근하고, 학습자가 주체적으로 자신의 삶과 관련지어 생각하도록 지도한다."는 지침을 제시하고 있다.

그런데 교육과정이 일반사회와 한국지리만으로 구성되어 있는데, 수업 차원에서 사회와 지리 현상과 역사적 흐름을 관련짓고, 여러 사회 문제를 통합적 시각에서 접근하는 것이 가능한지에 대해서 의문이 간다. 역사 영역이 빠진 공통사회는 통합사회로서의 기능을 수행하기에는 한계를 가진 것으로 보인다. 평가 부분에도 통합교과에 적합한 지침이 제시되지 않았다.

제6차 교육과정 시기 전반적으로 교육과정통합을 지향하는 움직임(공통수학, 공통사회, 공통과학 등) 속에서 '공통사회'가 탄생하자, 이를 가르치는 교사를 양성하기 위해 사범대학 내 일반사회, 지리, 역사교육 전공 학과에서는 사회과 속 이웃 전공을 연계하여 이수할 경우 '공통사회'라는 자격증을 부여하도록 교과과정을 개편하였다. 또한 자신의 전공 외에 '공통사회 전공'을 이수할 경우 임용고사에서 가산점이 부여되었다. 이러한 이점 때문에, 많은 학생이 연계전공으로 공통사회를 이수했으며, 공통사회 자격증을 소지하여 학교 현장에 나가게 되었다.

하지만 자신의 전공중심적 사고 속에서 다른 사회과의 영역을 몇 강좌 더 이수하는 방식으로 진행되어, 공통사회 과목 교사라는 정체성을 어느 정도 가졌는지에 대해서는 확신하기 어렵다. 황상주(2004: 153)는 공통사회 전공 이수 과정에서 통합의 성격이 드러나지 않고 단순히 역사, 지리, 일반사회 영역을 모아 둔 것으로 생각하는 경향이 많았다고 보았다.

제7차 교육과정 시기에서는 '공통사회'라는 명칭은 사라지고 이전과 마찬가지로 교과의 이름을 사회과로 되돌렸다. 하지만 교육목표는 "사회의 여러 현상과 특성을 그 사회의 지리적 환경, 역사적 발전, 정치 · 경제 · 사회적 제도 등과 관련시켜 이해한다."로 규정하고 있다. 하지만 내용 체계를 보면 국사 영역이 독립되어 사회과의 교육목표에 부합하는 방식으로 교육과정이 운영되었다고 보기는 어렵다. 교육과정 편제상으로 사회와 국사 영역이(사회 170 시수, 그중에서 국사 68 시수로) 독립되어 있는데, 통합에 대한 관심이 높은 학교가 아니면, 단위 학교 차원에서 사회과를 교육목표에 맞게 통합적으로 운영했을 것 같지는 않다. 2007 교육과정 시기는 제7차 교육과정 시기와 달라진 것이 거의 없다.

2009 교육과정 시기(2012. 3.)에는 사회과를 지리와 일반사회 간의 학문적 계통성보다는 통합적인 주제 중심으로 구성하였다. 사회과의 내용 체계는 다음과 같다.

〈표 2-6〉 사회과 내용 체계

영역	내용 요소
공정성과 삶의 질	• 개인과 공동체 • 다양성과 관용 • 삶의 질과 복지
합리적 선택과 삶	• 고령화와 생애 설계 • 일과 여가 • 금융 환경과 합리적 소비

환경 변화와 인간	• 과학 기술의 발달과 정보화 • 공간 변화와 대응 • 세계화와 상호 의존
미래를 바라보는 창	• 인구, 식량 그리고 자원 • 지구촌과 지속 가능한 발전 • 인류 미래를 위한 선택

〈표 2-6〉을 바탕으로 영역 및 학습내용 성취 기준을 두어, 영역별 학습목표, 이슈 또는 문제 예시, 탐구활동 및 논술 예시 등을 제시하였다. 예를 들면, 다음과 같다.

[금융 환경과 합리적 소비]

글로벌 시대를 맞아 급변하는 금융 환경 속에서 경제 생활과 관련된 합리적인 선택을 할 수 있도록 소비와 저축, 신용과 부채 문제 등을 장단기적으로 계획하고 실천하는 방법을 알게 한다.

① 국경을 초월한 경제활동과 금융거래가 개인의 경제 생활 및 국민 경제에 미치는 영향을 파악한다.
② 급변하는 금융 환경에서 소득을 소비와 저축에 적절히 배분하고, 합리적인 소비를 통하여 안정적인 경제 생활을 할 수 있는 방안을 모색한다.
③ 경제 생활에서 다양한 지불 방법(현금, 신용카드, 전자결제 등)과 저축 수단(예금, 채권, 주식 등)의 장단점을 파악하고, 과도한 소비의 문제점과 신용이나 부채 관리의 필요성을 이해한다.

[이슈 또는 문제 예시]

① 금융자본의 국제 이동은 우리 생활에 어떤 영향을 미치는가?
② 합리적 소비란 무엇인가?
③ 신용과 부채 관리는 왜 필요한가?
④ 국제적 투기 자본(핫머니)의 유입과 유출은 한 국가에 경제적 · 사회적으로 어떤 영향을 미치는가?

[탐구활동 및 논술 예시]

① 최근의 금융위기(2008년 미국의 금융위기 혹은 2011년 유럽의 재정위기)가 국가, 사회와 개인의 경제활동에 미치는 영향을 조사하고, 이를 극복하는 방안에 대해서 발표한다.

② 각 가정의 통신료, 인터넷 사용료 등 IT 관련 소비 지출이 합리적으로 이루어지고 있는지 발표한다.

③ 개인 신용 관리의 중요성을 파악하고, 과도한 신용카드 사용에 따른 문제점을 알아본다.

④ 다양한 금융상품에 대하여 조사한 후 모둠별로 가장 적합하다고 생각되는 하나의 금융상품을 선택하여 그 이유를 발표한다.

⑤ 과소비와 관련된 통계자료 및 과소비를 설명하는 다양한 이론(예: 베블렌 효과, 밴드왜건효과 등)을 찾아보고, 이를 바탕으로 과소비의 문제점과 해결 방안을 제시한다.

⑥ 우리나라 기업들의 해외 직접투자(공장 설립 등)에 대한 사례를 조사하고, 이런 해외 직접투자가 개인 및 국민 경제에 어떤 영향을 미치는지 토론한다.

⑦ 우리 금융시장에서 외국인들의 금융자산(주식, 채권 등) 매입 규모에 대한 통계를 조사해 보고, 이와 같은 외국인들의 간접투자가 우리나라 주가, 환율 등에 어떤 영향을 미쳤는지 구체적 사례를 통해 알아본다.

이와 같이, 2009 교육과정 시기에는 사회 교과의 명칭이 공통사회가 아닌 사회이며, 일반사회, 지리, 역사 등의 영역 통합의 성격이 나타나지 않았다고 하더라도, 대주제를 통하여 교육과정을 구성하려고 했다는 점에서 2015 교육과정 시기의 통합사회의 구성에 기반을 형성하였다고 할 수 있다.

2015 교육과정 시기에는 '통합사회'라는 교과를 설치하였다. 국가교육과정 문서에는 '통합사회'의 성격을 다음과 같이 제시하고 있다.

통합사회는 인간, 사회, 국가, 지구 공동체 및 환경을 개별 학문의 경계를 넘어 통합적인 관점에서 이해하고, 이를 기반으로 기초 소양과 미래 사회의 대비에 필요한 역량을 함양하는 과목이다. 통합사회는 단순히 지식 중심의 교육에 머무르는 것이 아니라 다양한 활동을 통해 지식, 기능, 가치, 태도, 행동을 통합적으로 학습하는 것을 지향한다.

통합사회의 목표에서는 이러한 통합의 성격을 다시 한번 강조하며, 주요 영역과 학습해야 할 개념들을 다음과 같이 제시하였다.

통합사회는 중학교 사회(역사 포함)/도덕 교과(군) 및 고등학교 선택 과목과 긴밀한 연계를 갖도록 구성하며, 시간적 · 공간적 · 사회적 · 윤리적 관점이 조화와 균형을 이루면서 '삶의 이해와 환경' '인간과 공동체' '사회 변화와 공존'의 영역 안에서 행복, 자연환경, 생활공간, 인권, 시장, 정의, 문화, 세계화, 지속가능한 삶과 같은 주요 핵심 개념을 다룬다.

내용은 크게 3개의 대주제(영역)와 9개의 소주제(핵심 개념)로 구성되며, 이들의 교육적 의미를 밝혀 놓은 일반화된 지식으로 제시되고, 소주제는 다시 25개의 하위 주제(학습요소)로 구성되고, 익혀야 할 탐구 기능을 포함하고 있다. 소주제별로 성취 기준이 제시되고, 교수 · 학습 방법에서는 사회 현상을 통합적 시각으로 보는 학습 기회의 제공을 강조하고 있다.

〈표 2-7〉 2015 교육과정 시기 통합사회의 구성 체계

영역	핵심 개념	일반화된 지식	내용 요소	기능
삶의 이해와 환경	행복	질 높은 정주 환경의 조성, 경제적 안정, 민주주의의 발전 그리고 도덕적 실천 등을 통해 인간 삶의 목적으로서 행복을 실현한다.	• 통합적 관점 • 행복의 조건	
	자연환경	자연환경은 인간의 삶의 방식과 자연에 대한 인간의 대응 방식에 영향을 미친다.	• 자연환경과 인간 생활 • 자연관 • 환경 문제	
	생활공간	생활공간 및 생활양식의 변화로 나타난 문제에 대한 적절한 대응이 필요하다.	• 도시화 • 산업화 • 정보화	
인간과 공동체	인권	근대 시민 혁명 이후 확립된 인권이 사회제도적 장치와 의식적 노력으로 확장되고 있다.	• 시민 혁명 • 인권 보장 • 인권 문제	

	시장	시장경제 운영 과정에서 나타난 문제 해결을 위해서는 다양한 주체가 윤리 의식을 가져야 하며, 경제 문제에 대해 합리적인 선택을 해야 한다.	• 합리적 선택 • 국제 분업 • 금융 설계	파악하기 설명하기 조사하기
	정의	정의의 실현과 불평등 현상 완화를 위해서는 다양한 제도와 실천 방안이 요구된다.	• 정의의 의미 • 정의관 • 사회 및 공간 불평등	비교하기 분석하기 제안하기 적용하기
사회 변화와 공존	문화	문화의 형성과 교류를 통해 나타나는 다양한 문화권과 다문화 사회를 이해하기 위해서는 바람직한 문화 인식 태도가 필요하다.	• 문화권 • 문화 변동 • 다문화 사회	추론하기 분류하기 예측하기
	세계화	세계화로 인한 문제와 국제 분쟁을 해결하기 위해서는 국제 사회의 협력과 세계시민의식이 필요하다.	• 세계화 • 평화	탐구하기 평가하기 비판하기
	지속 가능한 삶	미래 지구촌이 당면할 문제를 예상하고 이의 해결을 통해 지속가능한 발전을 추구한다.	• 인구 문제 • 지속가능한 발전 • 미래 삶의 방향	종합하기 판단하기 성찰하기 표현하기

〈표 2-7〉에서 보는 바와 같이, 통합사회의 전체 구성을 보면 크게 3개의 대주제(영역)와 9개의 핵심 개념으로 구성되는데, 이 핵심 개념들을 중심으로 9개의 대단원이 구성된다. 이러한 대단원의 주제를 시간(역사), 공간(지리), 사회(일반사회), 윤리(윤리)의 네 가지 관점으로 녹여서 통합적으로 살펴볼 수 있게 제시하였다.

예를 들어, 4단원 '인권 보장과 헌법'을 살펴보면, 인권 운동의 역사와 인권의 지역별 차이를 지구적 관점에서 비교하여 살펴보고, 인권 보장을 위한 제도적 장치를 사회적 관점에서 찾아보며, 보편적 가치인 인권의 윤리적 관점을 분석하여 인권 보장에 관하여 네 가지 관점을 통합적으로 결합하여 생각해 볼 수 있게 하였다.

이런 점에서, 2015 교육과정 시기의 통합사회는 제6차 교육과정 시기의 공통사회와 큰 차이점이 있다. 사회 교과를 통합적으로 구성하고자 하는 목적 면에서는 공통점이 있으나, 공통사회가 일반사회와 지리의 통합에 머무른 반면에, 통합사회는 역사, 지리, 일반사회, 윤리 네 영역의 통합을 이루었다는 점이다. 또한 내용 구성 면에서 공통사회가 일반사회와 지리 영역을 병렬적으로 제시한 반면에, 통합사회는 대단원의 주제를 네 가지 관점에서 살펴볼 수 있도록 융합적 접근을 했다는 점에서 차이가 있다.

국가교육과정 문서의 교수 · 학습의 방향에서도 사회 교과의 통합적 지도를 강조하고 있다.

- 통합사회는 단순 사실의 암기나 특정 영역의 지식보다는 일상생활의 시공간을 통해 나타나는 다양한 사회적 현상과 그와 관련된 가치 · 태도를 통합적으로 연계하고, 학습자가 습득한 기존 지식 체계를 토대로 시공간적 인식, 사회 · 도덕적 사고를 통합할 수 있도록 지도한다.
- 통합사회는 일상생활과 관련된 적절한 문제 상황을 설정하고 사회 현상을 통합적 관점에서 이해하고 종합할 수 있는 능력을 신장할 수 있는 협동 학습 방안을 모색하여 지도한다.

또한 국가 수준 교육과정 문서의 평가 방향에서도 통합교과에 적합한 방안을 제시하고 있다. 국가 수준 교육과정에는 통합사회의 교과 역량, 일반화된 지식, 내용 요소를 중심으로 다양한 평가를 강조하고 있다. 이를 위해서 사회 현상에 대한 종합적 이해 정도와 사회 현상을 통합적으로 탐구하는 데 필요한 각종 정보와 자료를 획득, 조직, 활용하는 능력을 평가한다. 또한 이러한 평가의 영역을 지식, 기능, 태도와 가치 등으로 나누어 다음과 같이 구체적으로 기술하고 있다.

- 지식 영역에서는 시공간적인 현상의 설명과 사회 문제 해결에 필요한 기본 및 핵심 개념의 이해와 적용을 바탕으로 일상생활의 창의적 문제 해결 능력 등을 평가한다.
- 기능 영역에서는 사회 현상을 이해하는 데 필요한 각종 자료와 정보를 수집, 비교, 분석, 종합하는 '인지적' 기능, 지도, 도표, 사진, 컴퓨터 등을 이용하여 표현할 수 있는 '실제적' 기능, 의사소통, 토론, 역할 수행 등을 통해 상호 협력하는 '사회적' 기능을 다면적으로 평가한다.
- 가치 · 태도 영역에서 통합적 사회 현상과 관련된 다양한 가치 및 관점에 대한 이해와 공감의 기회를 제공하고, 바람직한 가치와 합리적 가치의 내면화 정도, 가치에 대한 분석 및 판단 능력 등을 평가한다.

2015 교육과정은 2018년부터 학교 현장에서 운영되고 있다. 고등학교 통합사회도 2018년부터 학교에서 수업이 이루어지고 있다. 허수미(2017)는 2015 개정 교육과정 통합사회에 대한 교사들의 인식 조사 결과를 다음과 같이 요약하였다.

첫째, 통합의 의미를 전통적인 사회과 세 영역(역사, 지리, 일반사회) 내용 통합을 기준으로 인식하는 경향이 있다. 둘째, 주제 중심의 통합이 가장 이상적인 '통합사회'의 형태라고 응답하지만, 현실적으로는 내용 중심의 통합이 될 수밖에 없다고 인식하고 있다. 셋째, 사회과 통합의 목적, 형태, 문제점에 대해서는 일관성이 없는 태도를 보이고 있다. 넷째, 사회과 통합이라는 변화를 국가 수준 교육과정 혹은 교과목 편재상의 변화로만 인식하며 수업 수준의 통합에 대한 책무성이 약하다. 다섯째, 다양한 학문 분야의 지식이 부족하다는 것을 근거로 자신의 통합사회 수업 담당 능력을 부정적으로 평가하고 있다. 여섯째, 다양한 형태의 통합수업을 시도하지만 성공했다고 인식하는 사례는 거의 없다. 일곱째, 통합수업의 특징을 활동 중심 수업으로 인식하지만, 학습자와 교과가 통합된 활동, 교과내용과 방법이 통합된 활동에는 미치지 못하고 있다.

허수미(2017)의 연구에서 보는 바와 같이, 학교 현장에서는 통합사회 과목을 가르칠 교사의 문제를 안착과 실패를 가름짓는 가장 중요한 잣대로 보고 있다. 일반사회, 지리, 역사를 연계한 '공통사회' 이수자가 교원양성기관을 통하여 배출되었지만, 지금까지 주로 자신의 주 전공에 따라 수업을 배정받기 때문에 통합사회라는 새로운 형태의 교육과정과 교과서를 이해하고 취지에 맞게 운영하는 데는 시간이 필요하고, 윤리 영역까지 결합해야 하는 '가 보지 못한' 길을 걸어가야 하는 어려움이 있다. 또한 기존의 일반사회, 지리, 역사, 윤리 교사를 대상으로 하는 단기 연수를 통하여 통합사회 교과를 운영하는 것은 필요한 일이기는 하지만, 교육의 성과를 내기 위해서는 인내를 갖고 기다려야 한다. 이와 함께 교원양성기관에서의 통합사회 전담 교사의 양성과 교육청에서의 임용과 배치, 통합사회 평가에 대한 구체적인 방안 마련, 통합사회와 수능과의 연계 문제 등의 해결도 필요할 것으로 보인다.

2) 공통과학과 통합과학

제6차 교육과정 시기의 공통과학의 성격은 '교과의 성격'란에 잘 드러나 있다. 이 교과는 "실생활 문제를 과학적으로 해결하는 데 필요한 탐구 방법의 습득을 강조하며, 이를 통하여 과학의 기본 개념을 이해하도록 하는 과목"이다.

공통과학의 내용은 크게 지식과 탐구의 두 영역으로 제시되는데, 지식은 물질, 힘, 에너지, 생명, 지구, 환경, 과학의 탐구, 현대 과학과 기술 등 8개의 영역으로 구성하고, 탐구는 분류, 측정, 예상, 실험, 조사, 토의, 자료 해석 등 7개의 기본적인 영역으로 구성하였다.

목표 영역에서 눈에 띄는 부분은 과학이 기술의 발달과 사회의 발전에 미치는 영향을 인식하게 한다는 것으로, 당시의 STS 교육(science, technology, society를 융합하여 이루어지는 교육)의 실시 동향에 영향을 받은 것으로 보인다. 또한 과학의 지식 영역과 탐구 과정의 학습에서는 기존의 개념 체계보다 '소재' 중심으로 구성하며, 실생활 문제와 기술적 응용 문제를 도입하여 가르치도록 하였다.

이규석(1993)은 공통과학 과목의 신설은 지금까지 학문 중심적이며 지식 위주의 교육으로 일관해 왔던 우리나라의 과학 교육에 일대 전기를 이룩할 수 있는 좋은 기회를 준 것으로 보았다. 그는 공통과학의 성격을 다음과 같이 규정하였다.

> 공통과학은 모든 학생에게 과학의 핵심을 경험할 수 있도록 구성
>
> 과목 안배나 개념 위주에서 탈피하되 어느 정도의 개념은 들어가게 함
>
> 경험 중심·생활 중심 소재를 많이 도입하고 실험과 관찰 및 활동 중심으로 학습이 이루어지도록 구성
>
> 과학의 탐구 능력 및 문제 해결력 강조
>
> 과학의 본성, 과학-기술-사회, 실생활과 관련된 내용 포함(이규석, 1993: 203)

하지만 국가교육과정 문서에 드러난 공통과학의 성격과 이규석의 주장에도 불구하고, 공통과학은 통합교과로서의 역할을 하기에는 부족한 점이 많았다.

첫째, 공통과학을 구성하고 있는 지식 영역은 물질, 힘, 에너지, 생명, 지구, 환경, 과학의 탐구, 현대 과학과 기술 등으로 기존의 화학(에너지), 물리(물질, 힘), 생물(생명), 지구과학(지구, 환경) 등의 영역을 독립적으로 그대로 수용하고 있다는 점에서 통합의 강도가 높지 않다. 교수·학습 방법의 지도 지침에 "수업 시에는 주로 생활 주변의 소재를 활용함으로써 과학과 생활과의 관계를 인식하게 하고, 과학 시간에 학습한 것을 일상생활에 활용할 수 있도록 한다."는 문구로 과학 교과와 일상생활의 관련성은 강조하고 있지만, 화학, 물리, 생물, 지구과학 영역 간의 통합에 대해서는 언급이 없다. 평가의 측면에서도 교과통합과 관련된 지침은 보이지 않는다.

둘째, 실제 수업에서는 공통과학을 과목(여기서는 영역)별로 나누어 지도하는

경향이 높았다. 또한 교사들이 공통과학 지도를 선호한다는 비율은 매우 낮은 것(응답자의 4.6%)으로 나타났다(김용복, 김준태, 1997). 이 외에도 이진호와 최호영(1999)은 공통과학의 교육이 지니는 문제점을 다음과 같이 지적하였다.

첫째, 우리의 현실과는 상당히 거리감이 있는 교과구성이다. 실제로 1년에 몇 차례의 탐구활동조차 하기 힘든 현실 여건에서, 각 교과서들은 평균 117.6회라는 방대한 분량의 탐구활동을 제시하고 있다.

둘째, 교과내용이다. 공통과학은 그 목적에서 실생활과 관련된 소재로 학생들의 흥미를 유발한다고 하였지만, 실제로 설문 조사 결과 학생들은 내용에 별 흥미를 못 느끼고 실생활에도 도움을 못 느낀다고 답하였다.

셋째, 교사의 전문성이다. 고등학교 공통과학 교과를 가르치는 데는 다분히 전문적인 지식이 요구된다. 문제는 대부분의 고등학교 과학 교사가 오랫동안 전공 교과만을 다루어 와 여러 전공 분야에 대한 탐구 수업을 할 수 있는 역량을 육성받지 못했다는 것이다.

제7차 교육과정 시기에는 공통과학이라는 이름을 쓰지 않고 이전과 마찬가지로 '과학'이라고 하였다. 이 시기의 과학 교과의 성격, 목표, 내용 체계 및 학년별 내용은 제6차 시기와 크게 달라진 것은 없어 보인다. 지식 영역은 에너지, 물질, 생물, 지구 4개의 영역으로 구성되었는데, 화학(에너지), 물리(물질), 생물(생물), 지구과학(지구) 등과 일대일 대응관계로 나타나서 통합을 추구한 것으로 보기는 어렵다. 2007 교육과정 시기는 전반적으로 제7차 교육과정을 계승한 것으로, 과학도 운동과 에너지, 물질, 생물, 지구와 우주 등 기존 학문 영역의 독립성을 강조한 것으로 보인다.

2009 교육과정 시기(2009. 12.)에는 과학 교과의 성격을 다음과 같이 제시하였다. "'과학'에서는 물리, 화학, 생물, 지구과학의 기본 개념들이 적절하게 균형을

이루면서 자연스럽게 융합되도록 구성한다." 과학 교과의 목표는 2007 시기와 크게 달라지지 않았지만, 내용 영역은 적지 않은 변화가 있었다. 내용은 크게 '우주와 생명'과 '과학과 문명'의 두 영역으로 구성하고, '우주와 생명'은 우주의 기원과 진화, 태양계와 지구, 생명의 진화로 구성하고, '과학과 문명'은 정보통신과 신소재, 인류의 건강과 과학기술, 에너지와 환경 등으로 구성하여 2007 시기와 큰 차이가 있었다.

〈표 2-8〉 2009 개정 시기 고등학교 과학 교과내용 체계

영역			내용 요소
우주와 생명	우주의 기원과 진화	우주의 기원	우주의 팽창, 허블의 법칙, 선스펙트럼, 우주의 나이
		빅뱅과 기본입자	기본입자, 양성자, 중성자, 원자핵의 형성
		원자의 형성	수소와 헬륨 원자, 우주배경복사
		별과 은하	별의 탄생과 진화, 무거운 원소의 합성, 은하의 구조, 성간 화합물, 공유 결합, 반응속도
	태양계와 지구	태양계의 형성	태양계 형성 과정, 태양 에너지, 지구형 행성, 목성형 행성
		태양계의 역학	케플러의 법칙, 뉴턴의 운동법칙, 행성의 운동, 지구와 달의 운동, 자전, 공전
		행성의 대기	탈출 속도, 행성 대기의 차이, 분자 구조와 성질
		지구	지구의 진화, 지구계, 지구의 원소 분포, 지자기
	생명의 진화	생명의 탄생	원시 지구, 화학 반응과 화학적 진화, 탄소 화합물, 생명의 기본 요소, DNA, 단백질, 세포막의 구조
		생명의 진화	원시 생명체의 탄생, 광합성과 대기의 산소, 화석, 지질 시대, 원핵세포, 진핵세포, 생물의 다양성
		생명의 연속성	유전자와 염색체, 유전 암호, 세포 분열, 유전자의 복제와 분배, 생식을 통한 유전자 전달
과학과 문명	정보통신과 신소재	정보의 발생과 처리	정보의 발생, 센서, 디지털 정보처리
		정보의 저장과 활용	저장 매체, 디스플레이, 정보 처리의 응용
		반도체와 신소재	반도체 특성, 반도체 소자, 고분자 소재
		광물 자원	광물의 유형, 생성 과정, 탐사, 활용

	식량 자원	육종, 비료, 식품 안전, 생태계와 생물 다양성
인류의 건강과 과학 기술	과학적 건강관리	영양, 물질대사, 질병과 면역, 물의 소독, 세제, 천연 및 합성 의약품, 건강검진
	첨단 과학과 질병치료	첨단 영상 진단, 암의 발생과 진단, 치료
에너지 와 환경	에너지와 문명	에너지의 종류 · 보존 · 전환, 에너지보존 법칙, 에너지 효율, 화석 연료
	탄소 순환과 기후변화	지구 에너지의 균형, 온실 효과와 기후 변화, 탄소 순환, 광합성과 이산화탄소의 환원
	에너지 문제와 미래	에너지 자원의 생성과 고갈, 신재생에너지, 핵에너지, 지속가능 발전과 에너지

2009 교육과정 시기의 과학은 화학, 물리, 생물, 지구과학이라는 독립된 영역을 물리적으로 합친 것이 아니라 과학에 대한 흥미를 느끼고 자연을 통합적으로 이해할 수 있도록 대주제를 중심으로 구성한 것으로 보인다.

2015 교육과정 시기에는 '통합과학' 교과를 설치하였다. 통합과학의 성격은 국가교육과정 문서에 다음과 같이 제시하고 있다.

'통합과학'은 자연 현상을 통합적으로 이해하고, 이를 기반으로 자연 현상과 인간의 관계에 대한 이해, 과학기술의 발달에 따른 미래 생활 예측과 적응, 사회 문제에 대한 합리적 판단 능력 등 미래 사회에 필요한 과학적 소양 함양을 위한 과목이다. '통합과학'의 초점은 우리 주변의 자연 현상과 현대 사회의 문제에 대한 통합적 이해를 추구하고 합리적 판단을 할 수 있는 민주 시민으로서의 기초 소양을 기르는 데 둔다.

통합과학은 다음과 같이 물질과 규칙성, 시스템과 상호작용, 변화와 다양성, 환경과 에너지의 영역(대주제)로 구성되고, 영역별로 핵심 개념(소주제)을 제시한 다음, 소주제 속에서 학습해야 할 주요 개념(학습요소)들을 제시하는 방안으로 구성하였다. 이와 함께 영역과 핵심 개념이 갖는 교육적 의미를 일반화된 지식이라는 이름으로 제시하고, 통합교과를 통하여 습득해야 할 탐구 기능들을 제시하고 있다.

2015 교육과정 시기 통합과학의 내용 구성 체계는 〈표 2-9〉와 같다.

〈표 2-9〉 2015 교육과정 시기 통합과학의 내용 구성 체계

영역	핵심 개념	일반화된 지식	내용 요소 통합과학	기능
물질과 규칙성	물질의 규칙성과 결합	지구 구성 물질의 원소는 빅뱅과 별의 진화 과정을 통해 만들어졌으며, 원자에서 방출되는 전자기파를 활용하여 자연 현상에 대한 다양한 정보를 수집한다.	• 우주 초기의 원소 (생성) • 태양계에서 원소 생성 • 지구의 고체 물질 형성	• 문제 인식 • 탐구 설계와 수행 • 자료의 수집·분석 및 해석 • 수학적 사고와 컴퓨터 활용 • 모형의 개발과 사용 • 증거에 기초한 토론과 논증 • 결론 도출 및 평가 • 의사소통
		원소의 주기율 등을 통해 자연의 규칙성을 확인한다.	• 금속과 비금속 • 최외각 전자	
		원소는 이온 결합과 공유 결합을 통해 다양한 화합물을 형성한다.	• 이온 결합 • 공유 결합	
	자연의 구성 물질	생명체와 지각을 구성하는 단백질, 광물 등의 물질은 원소들 간의 규칙적인 화학 결합을 통해 만들어지며, 기존 물질의 물리적 성질을 변화시켜 다양한 신소재가 개발된다.	• 지각과 생명체 구성 물질의 규칙성 • 생명체 주요 구성 물질 • 신소재의 활용 • 전자기적 성질	
시스템과 상호 작용	역학적 시스템	지구 시스템은 역학적 상호작용에 의해 유지된다.	• 중력 • 자유낙하 • 운동량 • 충격량	
	지구 시스템	지구 시스템은 지권, 수권, 기권, 생물권, 외권으로 구성되고, 각 권은 상호작용한다.	• 지구 시스템의 에너지와 물질 순환 • 기권과 수권의 상호 작용	

	생명 시스템	세포 등과 같은 시스템에서 이루어지는 물질의 순환과 에너지의 흐름의 결과로 다양한 (자연) 현상이 나타난다.	• 세포막의 기능 • 세포 소기관 • 물질대사, 효소 • 유전자(DNA)와 단백질
변화와 다양성	화학 변화	물질 사이에서 일어나는 대표적인 화학 반응인 산화·환원 반응은 전자의 이동으로 일어난다.	• 산화와 환원
		중화 반응은 산성 물질과 염기성 물질이 반응할 때 일어나며, 생명 현상을 가능케 하는 물질들이 끊임없는 화학 반응을 통해 다양한 기능들을 수행한다.	• 산성과 염기성 • 중화 반응
	생물 다양성 과 유지	지구의 환경은 지질 시대를 통해 변해 왔으며, 생물은 환경에 적응하여 진화해 왔다.	• 지질 시대 • 화석, 대멸종 • 진화와 생물다양성
환경과 에너지	생태계 와 환경	생태계의 구성 요소는 서로 밀접한 관계를 맺고 있으며, 지구 환경 변화는 인간 생활에 다양한 영향을 미친다.	• 생태계 구성 요소와 환경 • 생태계 평형 • 지구 온난화와 지구 환경 변화
		환경문제를 해결하기 위해 에너지의 효율적 활용이 필요하다.	• 에너지 전환과 보존 • 열효율
	발전과 신재생 에너지	발전기를 이용하여 생산된 전기 에너지가 가정에 공급된다.	• 발전기 • 전기 에너지 • 전력 수송
		화석 연료를 대체하기 위하여 다양한 신재생 에너지를 개발하고 있다.	• 태양 에너지 • 핵발전 • 태양광 발전 • 신재생 에너지

그리고 핵심 개념에 해당하는 소영역을 중심으로 성취 기준을 제시하며, 교수·학습과 평가의 방향을 탐구 및 실험 학습을 통하여 과학의 핵심 개념 이해

와 과학과의 핵심 역량(과학적 사고력, 과학적 탐구 능력, 과학적 문제 해결력, 과학적 의사소통 능력, 과학적 참여와 평생 학습 능력)을 균형 있게 지도하고 평가하는 데 두고 있다.

그러나 현재 구성되어 있는 '통합과학'의 핵심 개념을 살펴보면 일부가 기존의 화학, 물리, 생물, 지구과학에 대응하고 있어서 소영역에서 학문 영역의 통합이 제대로 이루어졌는지에 대해서 의문이 생기기도 한다. 송진웅과 나지연(2015)이 우려하는 바와 같이, 고등학교 '통합과학'은 분야별 전공 교사들이 단원 구성을 해체하여 자신의 전공에 일치하는 내용을 중심으로 분철하여 가르칠 가능성이 없지 않다는 것이다. 그들은 이를 2015 개정 교육과정의 통합과학적 접근과 운영에 위배되는 실천으로 보고 있다.

이와 함께 학교에서의 통합과학의 안정적 운영에 대한 연구들을 살펴보면, 통합과학에 대한 교사의 인식, 태도, 실천의지, 능력 등을 해결해야 할 과제로 꼽고 있다. 윤지현과 강성주(2016)는 고등학교 과학 교사를 대상으로 하는 설문조사를 통하여 다음과 같은 사실을 밝혀내었다. 첫째, 교사들은 미래 사회의 변화된 상황에 맞추어 창의 · 융합형 인재 양성의 필요성에 관해서는 동의하고 있다. 둘째, 개정교육과정과 입시제도 간의 불명확한 연계, 학교 현장의 여건에 대한 고려 없이 이루어졌다는 측면에서 실효성이 낮은 교육과정이라고 보고 있다. 셋째, 대부분의 교사가 통합교육의 방법이나 효과성, 통합과학의 내용 체계에서 수준과 양의 적절성 등에 관해 부정적인 입장을 취하고 있다. 넷째, 교사들은 통합과학과 과학탐구실험 교과를 가르치는 데 요구되는 교사의 수업 전문성 측면에서 많은 우려를 나타냈다.

통합과학이 성공적으로 운영되기 위해서는 이 과목의 성격, 목표, 내용 체계, 구성 방식, 운영 및 평가 방향 등에 대한 전문성을 지닌 교사가 필요하다는 점은 모든 연구자가 같이 인식하고 있다. 이 문제를 해결하기 위하여 교원양성기관에서는 통합과학의 개설 취지에 적합한 교원양성시스템을 가동할 필요가 있다.

이와 함께 고등학교에서 화학, 물리, 생물, 지구과학 등의 세부 전공별 전문성을 지나치게 중시하는 풍토도 개선될 필요가 있다. 곽영순와 신영주(2019)은 한 학급의 통합과학 수업을 여러 명의 교사가 담당하는 경우가 2/3 정도에 이르고 있으며, 그 이유를 77%에 달하는 과학 교사가 통합과학을 지도할 수 있는 자격증을 가지고 있음에도 불구하고 전공배경별 분과별 전문성을 더 중시하기 때문이라고 하였다. 따라서 통합과학을 성공적으로 운영하기 위해서는 교사들이 이를 가르칠 전문성을 가져야 할 뿐만 아니라 학교의 수업 문화 역시 변화가 필요한 것으로 보인다. 이와 함께, 통합과학 지도에 필요한 양질의 교수·학습 및 평가 자료를 개발하여 배포하고, 과학 교과를 담당하는 교사들의 연구 모임을 활성화할 필요도 있다.

| 제3장 | 학교에서의 교육과정통합 |

1. 학교에서의 교육과정통합의 의미

학교에서의 교육과정 개발이란 학습자를 구성원으로 하는 교육기관에서 학습자들의 학습 프로그램을 계획, 설계, 실행, 평가하는 과정을 말한다(Skilbeck, 1984: 2-3). 이를 풀어 쓰면 다음과 같다.

첫째, 여기서 교육기관이라 함은 당연히 개별 학교를 가리킨다. 하지만 학교에서 내리는 어떤 결정도 학교 바깥세계와 분리될 수 없다는 점에서, 학교에서의 교육과정 개발이란 교육과정이 학교 차원에서 결정되기는 하지만, 학교의 결정은 학교 바깥의 환경과 밀접한 관계를 통하여 이루어진다는 것을 의미한다. 즉, 교육과정이 학교 차원에서 결정된다 하더라도 그러한 결정이 학교와 지역사회 그리고 국가사회의 상호 관계의 산물임을 결코 잊지 말아야 한다는 뜻을 담고 있다.

둘째, 교육과정 개발이 학교 차원에서 이루어진다 함은, 교사들의 역할이 교육과정 개발의 모든 단계에서 중요하다 할지라도, 전적으로 교사에 의해서만 주도되는 교육과정 개발은 아니라는 것을 뜻한다. 즉, 학교에서의 교육과정 개발이란 학교 교육에 관련된 모든 사람(교사, 학생, 학부모, 학교 행정가, 지역사회 등)이 참여하여 교육과정을 개발하는 과정을 의미한다.

셋째, 교육과정 개발이란 학습 프로그램의 계획, 설계, 실행, 평가의 과정을 뜻하며, 이것은 교육과정을 계획하는 곳과 실행하는 곳이 분리되지 않고, 학교라는 곳에서 이 모든 과정이 일어난다는 것을 강조한다. 또한, 여기서 개발이란 계획과 설계 단계에 한정되지 않고 실행, 평가 등을 포함하는 활동을 가리킨다.

따라서 학교에서의 교육과정 개발의 의미와 앞에서 밝힌 바 있는 통합교육과정의 의미를 결부하면, 학교에서의 통합교육과정 개발이란 학습자를 구성원으로 하는 교육기관에서 '통합적인' 학습 프로그램을 계획, 설계, 실행, 평가하는 과정으로 규정할 수 있다. 즉, 학교에서의 통합교육과정 개발은 다음과 같다. 첫째, 학교 차원에서 통합적인 학습 프로그램을 개발하는 것을 말한다. 하지만 지역사회와 국가사회가 이에 미치는 영향력을 간과할 수 없다는 점에서 이 문제를 둘러싼 학교, 지역사회, 국가사회와의 역학적 관계를 살펴야 한다.

둘째, 학교에서의 통합교육과정 개발이란 교사, 학습자, 학교 행정가, 학부모, 지역사회 시민 등으로 대표되는 학교 내외의 집단이 통합적인 학습 프로그램의 개발에 참여하여 내리는 의사결정 과정을 가리킨다. 즉, 교육과정 혁신 작업의 하나로서, 국가 수준의 교육과정을 토대로 학교에서 통합프로그램을 개발하는 것이므로, 학교 내외 집단의 성격과 역할이 이전과 달라지게 된다.

셋째, 학교에서의 통합교육과정 개발은 통합적인 학습 프로그램의 계획, 설계, 실행, 평가의 과정으로 이루어진다.

2. 학교에서의 교육과정통합의 필요성과 가치

제1장에서 교육과정통합이 필요한 이유와 가치를 살펴보았다. 이러한 필요성과 가치는 학교에서 교육과정통합을 해야 하는 이유를 상당 부분 설명한다. 왜냐하면 교육과정통합이 교육적으로 의미 있는 가치를 지닌다면, 국가 수준에서 통합교과를 개발하고 제시하는 것을 넘어서서, 학교 차원에서 더 많이 교육과정통합을 할 필요가 있기 때문이다.

그러나 학교에서의 통합교육과정 개발은 통합교육과정의 개발 장소가 왜 하필 단위 학교여야 하는가에 대한 답변을 필요로 한다. 이 말은 교육과정통합이 여러 가치를 지니고 있다 하더라도, '학교에서' 교육과정을 통합적으로 운영해야 하는 이유는 별도로 제시되어야 한다는 것이다. 그 이유를 제시하면 다음과 같다.

첫째, 국가 수준의 교육과정은 국가가 이름을 붙인 통합교과(초등학교 저학년의 주제 중심 교과와 고등학교의 통합사회와 통합과학)를 제외하고는 교과별로 목표와 내용 체계를 제시하고 있다. 이를 달성하는 방법은 교과별 내용 체계에 따라 (대개 교과서를 이용하여) 수업을 진행하는 것과, 학교에서 자체로 교육과정을 통합하여 운영하는 방법, 두 가지로 생각할 수 있다. 학교에서 교육과정을 통합적으로 운영하는 것은 학습자, 학교, 지역사회의 특성을 더욱 잘 반영할 수 있다는 장점이 있다.

둘째, 학교에서의 통합교육과정 개발은 학교 현장에 있는 학습자들의 다양한 요구와 필요를 충족하는 데 유리하다. 동일한 교육과정의 목표를 달성하는 수업일지라도 토픽이나 프로젝트 형태의 통합교육과정 수업은 학생들의 다양한 요구를 충족할 뿐 아니라 새로운 요구를 불러일으키는 촉진제로서의 역할을 한다.

셋째, 학교에서의 통합교육과정 개발은 학교와 지역사회의 연대를 강화한다. 통합교육과정의 개발 과정에 지역사회의 실정과 요구가 반영되고, 학부모를 비롯한 지역사회의 협력과 지원이 이루어진다. 학교에서의 통합교육과정 개발은 학교와 지역사회 간에 동반자적 협력 관계를 형성하는 데 기여한다.

넷째, 교사들 간의 협력이 증가하고 교직의 전문성이 신장된다. 학교에서의 통합교육과정은 교사들의 협력 작업이 없이는 불가능하다(Aschbacher, 1991: 17-18). 개발의 과정에서 동료 의식이 높아지며 교직의 전문성도 신장된다. 특히 중등학교에서는 자신의 전공에 집착하여 자신이 가르치는 과목만이 중요한 것으로 여기는 '과목 우선주의'를 넘어서는 데 기여한다.

다섯째, 학교에서의 통합교육과정 개발은 교사와 학생의 관계를 변화시킨다. 교사와 학생의 관계가 기존의 권위에 입각한 종속적 관계가 아니라 상호협력적 관계로 바뀐다. 즉, 교사와 학생은 지식의 전달자와 수용자의 관계나 권위를 가진 자와 가지지 못한 자의 관계가 아니라 함께 배우는 관계로 나타난다.

여섯째, 학교에서의 통합교육과정 개발은 학교 교육의 모든 관여 집단을 활동적으로 만든다. 학교에 관련된 모든 인사(교사, 학생, 학부모, 학교 행정가, 지역사회 인사 등)가 통합교육과정의 개발에 참여함으로써 교육에 보다 적극적인 자세로 임하게 된다.

이와 같이, 학교에서의 통합교육과정 개발은 통합교육과정이 지니는 교육적 가치와 함께, 학교에서 이를 개발할 때 얻을 수 있는 여러 가지의 장점으로 인하여 그 필요성이 있다.

3. 학교에서의 교과 간 연계교육의 의미와 필요성

학교 교육과정은 교과와 창의적 체험활동으로 구성되지만, 교과에 배정된 시수가 절대적으로 높다는 점에서 교과 교육이 중심이 될 수밖에 없다. 여기서는 학교에서의 교육과정통합의 '일환'으로서 교과 간 연계교육의 의미와 필요성을 제시한다.

교과 간 연계교육은 국가 수준의 교육과정에서 구분된 교과들과 교과서의 내용을 수업 현장에서 상호 관련지어 가르치기 위하여 계획하고 실행하고 평가하는 활동을 가리킨다.

국가 수준의 교육과정은 대개 교과별 목표와 내용 체계로 되어 있으며, 이를 운영하는 데 가장 큰 영향을 미치는 교과서도 교과별 체제를 갖추고 있다. 이와 같은 교과별 조직 구조는 교과를 통하여 배워야 할 주요 개념, 원리, 방법론 등을 익히는 데 효과적이지만, 교육과 생활이 유리되기 쉬워 교과 학습을 통하여 얻게 되는 개념과 원리들을 실생활과 연관지어 이해하거나 적용하는 데 한계가 있으며, 학생들의 학습 동기를 유발하고 지속시키는 데도 어려움이 있다. 이것은 학생들이 학습의 과정에 자발적 · 주체적으로 참여하는 것을 방해한다. 또한 교과 간에 깊은 관련성이 있음에도 연관지어서 생각하게 하는 기회를 빼앗는다.

더욱이 학교 교육의 궁극적인 목표가 전인(全人)을 개발하는 것이라고 할 때, 교과별 교육과정은 대개 지적인 능력을 개발하는 데는 효과적이지만, 지적인 능력과 함께 정의적 · 신체적 · 사회적 · 도덕적 영역의 능력을 '상호 연관지어 개발'하는 데는 일정한 한계를 지닐 수밖에 없다.

따라서 국가교육과정의 교육적 의도를 보다 효과적으로 달성하고, 교육과정의 지역적 적합성을 높이며, 학생들의 전인적 발달을 도모하기 위해서는, 국가 수준의 교육과정과 교과서가 교과별로 개발되어 있다고 하더라도, 교육과정의 운영 면에서는 학교의 특성, 학습자의 요구, 사회의 필요 등에 부응하여 학습자의 적극적인 참여를 보장하는 교과 간 연계교육이 필요하다.

여러 학자가 다양한 이점을 들어 교과 간 연계교육의 필요성을 주장하고 있는데, 교과 간 연계교육은 교과 간에 중복되는 내용을 줄이며, 교과 간의 관련성을 파악하여 이해하게 하고, 정보를 유형화하여 저장하는 두뇌의 기능과 학습의 방법이 일치하므로 학습이 보다 효과적으로 이루어지게 되는 장점이 있다(김대현, 1998; 김재복; 1987; Drake, 1993; Frazee & Rudnitski, 1995; Jacobs, 1989; Glasgow, 1997; Kain, 1996; Martin-Kniep et. al., 1995; Mason, 1996; Olson, 2003; Wolfinger &d Stockard, 1997).

이와 같은 교육적 필요성에도 불구하고, 우리나라 중등학교에서 교과 간 연계교육에 대한 관심과 실행 수준은 그리 높지 않은 편이다. 제5차 국가교육과정 개정 이후에 사회와 과학 등의 교과에서 교과 내 연계교육에 대한 학위 논문과 연구물이 발표되고 있지만, 교과 간 연계교육이 활발하다고 보기는 어렵다.

이는 중등학교 교과가 초등학교 교과와 달리 교과 고유의 개념이나 원리, 방법론을 강조하기 때문이라고 생각할 수도 있지만, 외국의 중등학교에서 교과 간 연계교육에 대하여 지속적으로 많은 관심을 가지고 연구와 실천을 하고 있다는 점에서 교과의 학문적 성격만으로 그 이유를 설명할 수는 없다.

미국의 경우에는 중등학교에서 교과 간 연계교육으로 얻을 수 있는 교육적 가치에 관한 연구(Ackerman, 1989; Beane, 1990, 1995; Bean, 1994; Carnegie, 1989; Davies, 1992; Mason, 1996; NAASP, 1985; NMSA, 1982), 교과 간 연계를 통한 수업의 효율적 운영 방안에 관한 연구(Jacobs, 1989, 1991; McBride et al., 1994; McDonald & Czerniak, 1994; Pate et al., 1997; Howes et al., 2003; Morin, 2003), 교과 간 연계교육의 원칙, 과정, 난점에 관한 연구(Beane, 1997; Cohen, 1994; Martin-Kniep, 1995; Kain, 1996; Gunn & King, 2003; Lovell et al., 2003; Pearce et. al., 2003), 교과 간 연계교육을 위한 팀 구성과 의사결정에 관한 연구(Hartoonian, 1992; Spies, 1999; Eisenwine, 2000; Glista & Petersons, 2003), 특정 교과 간의 연계교육의 구체적 방안에 관한 연구(Greenberg & Hinda, 1999; Nowacek, 2001; Werner, 2001; Blase et al., 2003; Anderson, 2003; Olson, 2003), 교사들을 대상으로 하는 교과간 연계교육을 위한 연수 프로그램 개발(Cook & DeHart, 1996; Howe & Bell, 1998; Lipman, 1991) 등에 관한 많은 연구가 축적되어 왔다.

이와 같이, 교과 간 연계교육이 지닌 교육의 본질적 가치와 외국의 활성화 동향을 살펴볼 때, 우리나라 중등학교에서도 교과 간 연계교육에 대한 관심과 강도 높은 실행이 요구된다고 말할 수 있다.

교과 연계교육은 앞에서 말한 바와 같이 여러 장점이 있다. 하지만 교과 연계교육이 실패한 사례도 없지 않다. 이러한 실패는 교육과정통합 팀 구성의 문제나 팀원들의 열의와 능력 부족, 통합을 위하여 갖추어야 할 학교 안과 밖의 조직구조 및 문화 그리고 지원 체계의 한계 때문이기도 하지만, 교과 연계교육에 대한 이해 부족이 원인일 수도 있다.

교과 연계교육은 교육과정통합 팀이 주도면밀하게 계획을 세우지 않으면 분과 교과에서 배워야 할 주요한 개념이나 원리, 기능과 가치들을 학습할 기회를 놓칠 수 있다. 특히 교육내용을 순차적으로 배워야 이해하거나 따라할 수 있는 지식이나 기능과 같은 경우, 부주의한 교과 연계교육은 기본이 되는 지식이나 기능 학습을 저해한다.

우리나라에서 열린교육이 한창일 무렵, 교과 연계학습이 교육적으로 바람직하다고 생각하고 열린교육을 선도했던 서울의 어느 초등학교에서 전 학년 전 교과를 통합하여 교육과정을 편성하고 운영한 적이 있다. 이 학교의 주간 시간표는 차시별로 교과가 표시되기보다는 교과 간 통합 주제만을 제시하였다.

그 초등학교는 '연구과제 접근법'이라는 이름으로 1학년은 전체 교과를 통합하여 지도하고, 2, 3학년은 수학 교과를 제외한 전 교과 그리고 4~6학년의 경우는 수학과 자연 교과를 제외한 전 교과를 통합하여 운영하였다(2~6학년의 경우, 수학 혹은 자연 교과의 내용은 부분 통합을 하여 다루는 것을 원칙으로 하고 있다).

대체로 한 달 단위로 다룰 수 있는 수준으로 주제를 선정하고, 각 주제는 다시 일주일을 단위로 하여 다룰 수 있는 4개의 하위 소주제로 구성하였다. 이해를 돕기 위해 초등학교 1학년 1학기 4월의 주제로 선정된 '나'라는 주제와 그 하위 주제 '다른 사람과의 관계'를 중심으로 한 관계망을 제시하면 다음과 같다(한국열린교육협의회 편, 1997: 178-179).

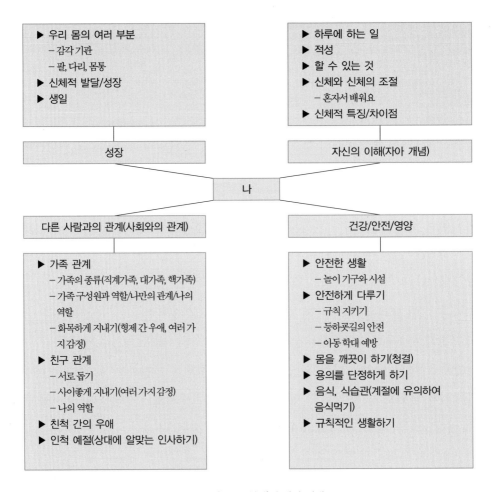

[그림 3-1] 주제 '나'의 개념 전개

초등학교 시기에는 학생의 사회생활에 필요한 기능을 익히고 흥미와 관심을 중심으로 학습하는 것이 효율적일 수 있지만, 학문의 기초와 기본 지식과 기능을 익히는 시기이기도 하다. 초등학교에서는 각 교과 속에 붙박여 있는 기본적인 지식과 탐구 기능을 체계적으로 익히는 중요한 시기이다. 이런 점에서, 이 학교는 전 학년 전 교과를 주제 중심의 교과 연계교육으로 교육과정을 편성함으로써 기본 개념과 기능의 계통적 학습에 어려움이 생길 수 있는 여지가 있었다. 이듬해 이 학교는 다시 분과형과 교과통합을 절충하는 교육과정을 편성하고 운영한 것으로 알고 있다.

이런 점에서, 교과 연계교육과 관련하여 나의 제안은 다음 〈표 3-1〉과 같다. 1주 내내 또는 2~3주 동안 이루어지는 특별한 주제나 제재 중심의 수업이 아니라면, 1주에 특정 요일과 시간을 지정하여 교과 연계수업을 일정한 시간에 운영하는 방안이 바람직할 것이다.

〈표 3-1〉 중학교의 1주 시간표(예시)

시간＼요일	월	화	수	목	금
1	교과별 수업				
2					
3					
4					
5~7	예체능 활동	동아리활동	교과 연계수업	교과 연계수업	연구과제 학습

4. 학교에서의 교육과정통합 운영의 지침

교과통합의 과정은 Posner와 Rudnitsky(1997)가 제시한 코스 개발의 과정과 크게 다르지 않다. 교과의 통합단원 개발도 개발 집단의 조직, 기본 가정의 설정, 교육 목표 혹은 주제의 선정, 내용과 활동 계획 구안, 수업 전략 수립, 전체 과정에서의 평가 실시 등으로 이루어진다.

또한 이러한 과정이 선형적(linear)으로 이루어지는 것이 아니라, Carr(황문수, 1993)가 역사의 전개 과정을 설명하듯이, 전진과 후퇴 그리고 비약 등의 과정이 반복되면서 교과의 통합과정이 진행된다.

Drake(1993)는 교과통합의 과정을 손에 잡힐듯이 생생하게 표현한다. 그는 교과통합의 과정을 신화에 나오는 영웅이 미지의 세계에서 겪는 모험의 과정으로

비유한다. 영웅이 모험의 세계로 들어가 갖가지의 실패를 겪고 좌절하지만 마침
내 난관을 극복하고 귀환하듯이, 교과를 통합적으로 운영하고자 하는 교사들은
교과통합에 대한 잘못된 신념을 버리고, 학교 안팎의 장애물도 극복하며, 점진
적으로 강도 높은 교과의 통합적 운영을 실행하고, 마지막으로 자신이 얻은 이
러한 체험을 다른 교사와 함께 나눔으로써 교과통합을 완성한다는 것이다.

　교과통합의 과정이 Drake의 표현대로 '모험의 과정'이고, 이러한 모험이 결실
을 거두기 위해서 개발자의 의식 변화와 노력이 필요한 것은 사실이다. 하지만
교과의 통합적 운영은 개발자의 의지만으로 성공하는 것은 아니다. 개발의 과정
에서 따라야 할 몇 가지 원칙을 지키고 개발을 위한 여건을 마련할 필요가 있다.
그중에서 가장 먼저 해야 할 일은 교육과정통합을 위하여 개발팀을 구성하는 일
이다.

1) 팀의 구성

　학교에서 교육과정통합이 이루어지려면 학년별로, 교과 간에, 때로는 학년을
가로질러서 통합단원을 개발할 팀을 구성해야 한다. 초등학교는 동 학년을 활용
한 팀을 만들기 쉽고, 중학교와 고등학교는 동 학년 내에서 여러 교과를 담당하
는 교사들이 모여 팀을 구성할 수 있다. 그리고 잦지는 않지만, 한 학년이나 학
교 전체 학생이 참여하는 대형 프로젝트나 특수한 주제에 관심 있는 학생들을
모아서 학년 간을 가로지르는 통합수업을 하기 위한 팀 구성도 가능하다.

　팀 구성에 있어서 중요한 것은 교육과정통합 운영에 대한 신념과 열의, 공동의
비전과 책임감을 가진 교사들을 모으는 일이다. 팀의 구성원 가운데 교육과정통
합에 대하여 회의적이거나 열의가 없거나 개발과 운영에 대한 책임감이 없는 사
람이 많으면 그 학교에서 교육과정통합 운영은 어렵다. 실제로 학교의 모든 교
사가 또는 동 학년의 전체 교사가, 때로는 동 학년에 속하는 대부분의 교과 담당

교사가 교육과정통합에 호의적이거나 모험을 해 보고 싶다거나 해야 한다고 생각하지는 않는다. 이런 점에서 교육과정통합은 관심과 열의, 공동의 비전과 책임감을 가진 교사들끼리 먼저 시작할 필요가 있다.

이것은 학교에서의 교육과정통합 작업에 준비모형(preparatory model)보다는 대화모형(dialogue model)이 더욱 적합하다는 것을 의미한다. Bradely(1985)는 교육과정에서 준비모형과 대화모형을 구별했다. 준비모형은 참여자가 개별적으로 연구하고 자신의 연구 성과를 바탕으로 교육과정 개발에 참여하는 것을 의미하고, 대화모형은 개인적인 준비보다는 다른 참여자와 함께 대화를 통하여 교육과정에 대한 의사결정을 하는 것을 가리킨다. 이 모형의 장점은 참여자들이 고정된 입장에서 출발하지 않으므로 합의 도출이 용이하다.

한편, 학교 교육과정 개발을 위한 팀 구성에 대하여 Maeroff가 제시한 지침은 교육과정통합의 팀 구성에 주요한 시사점을 준다(김대현, 강태용 역, 2001: 67).

- 팀원의 선정은 강제적으로 이루어져서는 안 된다.
- 팀 구성에 있어서 기존의 지도자나 지도자가 될 가능성이 높은 사람을 포함하도록 노력해야 한다.
- 팀의 연속성을 유지하고자 노력해야 한다. 수년 동안 팀에 잔류하지 않을 사람을 선택하는 것은 적절하지 않다.

교육과정통합에서 팀 구성은 시작일 뿐이다. 실제로 팀이 교육과정통합을 위한 항해를 시작하면, 팀 개발(staff development)이 뒤따를 필요가 있다. 팀원이 교육과정통합을 하고자 하는 열의가 있고 의지가 강하다고 하더라도, 팀 작업은 생각처럼 쉬운 일이 아니다. Pleming은 팀 개발의 9단계 모형을 다음과 같이 제시하였다(김대현, 강태용 역, 2001: 74-75).

- 역할과 책임 명료화

- 집단과 개별 역할의 탐색
- 절차에 대한 변화
- 의사결정 방법에 대한 교육
- 결정 사항에 대한 책무 증진
- 갈등의 관리와 해결
- 팀의 장점과 단점의 확인
- 수행목표 설정
- 협동에 대한 인정과 보상

학교에서 교육과정통합 운영이 이루어지려면 통합 팀을 구성하고 팀원들이 교육과정통합에 대한 전문성을 갖도록 학습 기회를 제공할 필요가 있다. 교육과정통합에 대한 팀원들의 전문성은 참여하는 교사에 따라 차이가 있다. 교육과정통합에 지식과 경험이 있는 교사의 역할이 매우 중요한데, 해당 교사가 리더가 되어 팀을 잘 이끄는 것은 교육과정통합의 성패를 좌우한다.

하지만 리더의 역할 못지않게 팀원들의 교육과정통합에 대한 전문성이 중요하다. 이를 위하여 팀원들은 지속적으로 내부와 외부의 지원을 받아서 전문성을 더욱 높일 필요가 있다. 방학 중에 개최되는 교육청이나 교육연수원의 연수에 참석하거나 관련 학회에 발간하는 문헌을 읽고 개최하는 워크숍에 참여하는 것도 방안이 된다. 또한 자신이 속한 학교 현장에서 외부 전문가를 강사로 모시거나 내부의 리더 교사를 중심으로 펼치는 워크숍도 팀원들의 전문성 신장에 도움을 준다. 최근에 학교마다 운영되고 있는 교사들의 '전문적 학습공동체'가 이러한 역할을 할 수도 있다.

교육과정통합은 한 번에 의도한 교육적 성과를 볼 수 있는 것이 아니라, 여러 번 추진하는 과정에서 얻는 성공과 실패의 경험을 통하여 학생과의 협력 및 지역사회의 연계수업으로 발전한다. 이런 측면에서 교육과정통합은 완벽하게 준비한 이후에 비로소 시작하는 것이 아니라, Fullan이 말한 바와 같이 '준비-출발-목표(ready, fire, aim)' 등으로 나아가는 것이 현실적이다(김대현, 강태용 역, 2001: 65). 일반적으로 혁신은 목표를 세우고 준비하고 실행에 옮기는 방식(목표-준비-출발)으로 진행되지만, 교육과정통합 운영은 복잡하고 시행착오 과정을 거쳐서 정착된다는 점에서, 준비가 되었으면 곧바로 실행에 들어가는 것이 좋다는 것을 강조하는 말이다. 즉, 교육과정통합은 학교 안팎의 문화적·조직적·심리적 환경 속에서 이루어지므로 지나치게 상세한 계획을 세우고 꼭 그대로 추진하겠다고 고집하기보다는, 어느 정도 준비가 되면 시작하고 그 과정에서 목표를 세워 실천하고 지속적으로 수정해 가는 유연한 교육활동이라는 것이다.

2) 교육과정통합 운영의 지침

교육과정통합 운영은 개별 교과의 중요한 학습 요소(지식, 기능, 가치 및 태도 등)를 학습하는 데 도움을 줄 수 있으며, 교과들 간의 연관성을 파악할 수 있고, 가치 있는 주요한 주제를 심도 있게 학습할 기회를 제공해 준다. 학교에서 교육과정통합을 계획하고 운영하는 교사들은 그들이 도달하고자 하는 통합의 목표가 무엇인지를 명확히 하고 통합의 주제와 유형을 선택해야 한다. 이와 함께 통합단원의 기획과 운영 과정에서는 교과 속에 포함된 통합의 요소나 주제를 넘어서서, 이 시기의 학생들의 성장에 꼭 필요한 요소(교과 바깥의 지식, 기능, 가치와 태도 등)를 더욱 적극적으로 찾아서 반영할 필요도 있다. 다음은 학교에서 교육과정통합 운영을 할 때 염두에 두어야 할 지침들이다.

첫째, 교육과정통합 운영의 목적에 관한 문제이다. 교과를 통합적으로 운영하고자 하는 근본적인 이유는 교육의 목적을 효과적으로 달성하는 데 있다. Hopkins(1937)는 "통합은 기계적 과정이라기보다는 유기적 과정이다. 유기적 목적을 달성하기 위하여 주제 중심의 수업이나 교과 병렬과 같은 수단을 사용한다 하더라도, 이러한 수단의 사용은 유기적 목적, 즉 진리, 의미, 목적, 가치와 같은 인간 존재의 질적 차원에 도움을 줄 때만 효과적이다."라고 말한 바 있다. 이와 같이 교육과정의 통합 운영은 궁극적으로는 학생 개인의 인간적 삶과 사회의 유지와 변혁의 목적 달성을 위하여 필요한 것이다.

그러나 그동안 우리나라의 교육과정이 중앙집권적인 방식으로 운영되어서 교사들이 무엇을(교육내용) 왜(교육목적) 가르쳐야 하는가는 이미 결정되어 있다고 믿어 왔던 것처럼, 교과의 통합 운영도 상부 기관이나 학교 행정가의 요청으로 교과서 내용이나 교육과정의 내용을 연관짓는 기능적인 일로 생각한다면, 교과와 삶의 통합이나 학교와 사회의 통합과 같은 교육과정통합 운영의 궁극적인 목적이 간과될 수도 있다. 특히 교육과정의 통합 운영을 교육과정이나 수업 혁신의 최근 동향이나 흐름으로 파악하여 심각한 고민 없이 추진한다면, 교육과정 통합 운영에 대한 근본적인 목적을 멀리하고, 교육과정통합에 대한 각종 처방전(recipes)을 믿고 따르는 '흉내 내기'에 그칠 가능성이 있다. 이와 같은 교육과정 통합 운영의 기술적이고 도구적인 관점에서 벗어나기 위해서는 교사들이 교육과정통합 운영의 근본적인 목적을 바로 세울 필요가 있다(Kain, 1996).

둘째, 교육과정의 통합 운영은 체계적으로 계획되어야 한다. 아직까지 많은 학교가 이에 익숙하지 않으므로 간단한 차시별 통합이나 단기간 운영되는 통합단원의 개발에 머무는 경우가 많다. 교육과정에서 포괄성과 균형성을 확보하는 유일한 방법이 장기, 중기, 단기의 계획을 구체적으로 세우는 것(Hughes, Wade & Wilson, 1993)이라는 점에서 교육과정통합 운영에도 장기, 중기, 단기 계획을 마련해야 한다. 장기 계획과 중기 계획의 수립은 교과 학습과 교과통합 학습 그리고 교과통합 학습들 간의 스코프와 시퀀스를 조정하고 결정해 주며, 부족한 교수 · 학습 자료, 장비, 학습 공간을 효율적으로 사용하는 데 도움을 준다(김대현, 1997b).

또한 교육과정통합 운영은 단순히 교과내용들을 통합하는 데 한정되어서는 안

되며, 학습 집단의 조직, 학습 활동의 구안, 교수 · 학습 자료의 구비와 활용, 학습 평가의 방법 등과 연계되어야 한다. 즉, 교육과정통합 운영의 교육 효과를 기대하기 위해서는 계획 단계에서 교과내용의 조직 방식-학습 집단의 조직 방식-학습 활동의 선택과 조직 방식-학습 자료의 구비와 활용 방식-학습 평가의 방식 등 유기적인 조직 방안을 체계적으로 마련해야 한다.

셋째, 교육과정의 통합 운영이 제대로 이루어지기 위해서는 이를 위한 여건을 조성해야 한다. 김대현(1996)은 오래전에 문헌 연구, 설문 조사, 학교 교육계획서를 분석하여 다음과 같은 결과를 제시한 바 있다. "교육과정통합 운영에 관한 교사들의 관심은 높으나 이를 수행하는 데 필요한 지식, 기능, 가치를 제공하는 연수 기회가 부족하고 연수 방식이 적절하지 않은 것으로 나타났으며, 행정 업무의 폭주와 교수 · 학습 자료, 기구, 시설물의 부족이 성공적인 실행을 가로막는다. 또한 교육과정통합 운영을 계획하고 운영하는 데 주도적인 역할을 담당하는 부서나 요원이 부족하며, 학내 연수도 이와 관련된 내용이 별로 없다." 이러한 실태는 최근에도 크게 달라지지 않았다. 그러므로 다음과 같은 여건이 마련될 필요가 있다.

우선, 교사들이 교과통합수업을 계획하고 운영하는 데 필요한 전문적 자질을 갖추도록 양성과정과 현직연수를 강화해야 한다. 또한 교과통합수업에는 아무리 익숙한 교육내용이라 하더라도 이들을 통합의 관점에서 새롭게 조명하고 관련짓기 위한 계획, 운영, 평가를 위한 '시간'이 필요하다. 그리고 강도 높은 교과통합수업을 계획하고 운영하기 위해서는 교사들이 팀을 만들어 작업하고 필요한 자료를 구입해야 하며 작업에 필요한 안락한 환경도 마련되어야 하므로 적정한 '예산'이 뒷받침되어야 한다.

또한 교과의 통합 운영은 교과별 학습에 비하여 학습자에게 학습 자발성과 주체성을 많이 요구하므로, 이와 관련된 학습 태도를 훈련할 기회를 제공해야 한다. 학부모들은 교과통합수업을 받은 경험이 없기 때문에 그 가치와 효과에 의

구심을 갖고 교육과정의 통합 운영을 반기지 않을 수 있다. 학교는 이에 대비하여 학부모의 인식을 바꾸기 위하여 연수를 포함하여 다각도의 노력을 할 필요가 있다.[1]

그리고 교장이나 교감과 같은 학교관리자는 교육과정통합 운영의 가치를 인식하고 교사들이 이를 계획하고 운영하도록 유인체제를 구축하며, 필요한 시간, 자료, 비용 등을 마련하여 제공해야 한다. 교육청에서는 현재 공급된 대부분의 교수 · 학습 자료가 교과별로 개발되어 있으므로 교과의 통합적 운영을 위하여 필요한 교수 · 학습 자료를 대규모로 개발하여 보급할 필요가 있다. 이와 같이 교과 통합 운영이 학교에서 성공적으로 추진되기 위해서는, Goodlad(1987)가 말한 바와 같이, 학교 관계자 모두에게 교육에 대한 생태학적인 사고가 필요할 것이다.

넷째, 교육과정통합 운영의 평가에 관한 문제이다. 교과통합 운영의 결과를 사정하기 위해서는 종전과는 다른 평가 방식이 요구된다. 학습자 평가는 수업의 다양한 장면에서 학생들이 실제로 수행하는 일에 평가의 초점을 둔다. 이런 점에서 포트폴리오식 평가는 교과를 통합적으로 운영하는 학급에 적합한 평가방법이다(Seely, 1995; Wolfinger & Stockard, 1997). 왜냐하면 포트폴리오는 학습자 개인의 성장과 발달에 관한 기록이기 때문이다. 포트폴리오식 평가와 함께 자기성찰의 방법도 중요시된다. 자기성찰은 교과의 통합적 운영을 통하여 무엇을 배웠나, 무엇을 배우지 못했는가, 어떤 것들을 서로 연결지었나, 배운 내용과 자신의 삶의 관련성 등을 멈추어서 되돌아보는 것을 말한다(Seely, 1995). 이와 같이 교과의 통합 운영에서 학습자 평가는 포트폴리오식 방식과 자기성찰 등이 이용될 수 있다.

이와 함께, 교육과정통합 운영 전반에 대한 체계적인 평가가 요구된다. 실제로

---

1) 현재 교과통합적 수업을 억제하는 근본적인 원인 가운데 하나는 국가 수준 교육과정과 교과서 제도에서 찾을 수 있다. 국가 수준 교육과정이 지나치게 상세화되어 있고, 초등학교의 경우에 영어를 제외한 모든 교과서가 1종 도서라 교사들이 어떤 형태로든 수정이 힘들다고 생각하기 때문에 교과서 수준의 통합이나 교육과정의 통합이 어려울 수밖에 없다.

교과의 통합 운영에 대한 다양한 처방이 검증을 거치지 않고 제시되고 있다. 의사가 진단 없이 처방전을 쓰는 것이 수용되기 어려운 것처럼, 교과의 통합 운영에 대한 다양한 처방도 그 효과성에 대한 검증 과정을 거치지 않는다면 학교 수업의 개선에 도움을 주기보다 해악을 끼칠 수 있다. 즉, 교과통합 운영의 개발, 설계, 운영, 효과와 영향 등에 관한 과학적이고도 객관적인 평가 작업이 수반되어야 한다. 그러나 교과통합적 운영이 계획과 실험을 거쳐 현장의 정착에 이르는 데에는 적어도 수 년의 기간이 필요하다는 점에서, 몇몇의 양적인 지표만을 보고 섣불리 교과통합의 성과를 재단하려고 해서는 안 되며, 연구학교와 시범학교의 운영도 단기 운영을 통한 결과 보고에 매달리지 말아야 한다.

5. 학교에서의 교육과정통합의 개발 영역

교과통합의 절차는 교과통합의 유형에 따라 차이가 있기 마련이다. 예를 들어, Drake(1993)가 제시한 교과통합 유형 구분에 따르더라도, 교과 간 통합과 탈교과통합이 동일한 절차에 의하여 개발되지는 않는다. 또한 같은 유형의 교과통합이라 하더라도 통합의 절차가 달라질 수 있는데, 예컨대 학생 관심 중심의 탈교과통합과 사회 문제 중심의 탈교과통합은 개발 과정에서 차이가 있을 수 있다.

이것은, 학교에서 교육과정을 통합 운영하는 데 일반적 절차가 없다는 뜻이 아니며, 교과통합의 절차가 개발자들이 따라야 할 기계적인 순서라기보다는 개발자들의 예지를 필요로 하는 '예술적인 활동'에 가깝다는 것을 의미한다.

일반적으로 국내에는 주제 중심의 교과통합 절차와 프로젝트나 문제 중심의 탈교과통합 절차가 많이 소개되어 있다. 주제 중심의 교과통합 절차는 대개 주제(조직 중심)의 선정, 주제의 확장(주제와 관련된 아이디어들의 제시와 결합), 통합 단원의 범위와 계열성을 결정하기 위한 주요 질문의 확정, 자원과 자료의 수집, 학습 활동의 설계와 실행 등으로 이루어진다(김대현, 1995, 1996; 조연순, 김경자,

1996; Jacobs, 1989; Krogh, 1990; Drake, 1993; McNeil, 1995; Palmer, 1995; Seely, 1995; Wolfinger & Stockard, 1997). 프로젝트나 문제 중심의 탈교과통합의 경우, 주제 중심의 교과통합 절차와 유사하나, 주제 선정에서 학습자의 관심이나 사회적 쟁점이 되는 문제가 선정되며, 학습자의 참여도가 높아 계획과 실행의 과정에 유연성이 더 있고, 마지막 단계에서 수행이나 전시 등의 극적 활동이 강조된다는 데 차이가 있다(김대현, 1996, 1997a; 지옥정 역, 1995; Drake, 1993; Radnor, 1994; Hartman & Eckerty, 1995; McNeil, 1995; Wolfinger & Stockard, 1997).

이와 같이 주제 중심의 교과통합 절차와 프로젝트 중심의 탈교과통합 절차는 교육과정통합 운영에 관심이 있고 이를 현장에서 실행하고자 하는 교사들이 걸어가야 할 길을 보여 주지만, 우리나라와 같이 국가 수준의 교육과정이 상세화되어 있고, 교과서 중심의 수업 관행이 강하게 뿌리내린 상황에서는 적용에 한계가 많은 것이 사실이다.

따라서 교과통합의 절차는 유형별로 규명되기도 해야 하지만, 우리 교육의 현실에 비추어 영역별로 구체화하는 것도 유용성이 있다. 이런 점에서 나는 교육과정통합 운영의 영역을 교과서, 교육과정(국가 수준), 학교 재량 시간으로 나누어 제시한 적이 있다(필자가 집필한『교과의 통합적 운영』은 영역별 통합단원 개발에 대한 상세한 지침과 매뉴얼을 담고 있다). 즉, 교과서에 근거한 통합, 국가 수준의 교과별 교육과정에 근거한 통합, 교과에서 비교적 자유롭게 수업 시간을 사용할 수 있는 학교 재량 시간을 위한 통합으로 구분하고, 이들 각각의 영역 속에서 활용 가능한 교과통합의 유형과 개발 절차들을 제시하였다.

여기서는 학교 수준의 통합교육과정 개발을 교과서, 교육과정, 범교과 학습 주제(자유학년제에서는 주제 선택 활동 포함)의 영역으로 나누어, 영역별 통합의 의미와 일반적인 절차를 제시하고자 한다.

첫째, 교과서를 이용한 통합교육과정의 개발이다. 교과서는 교육과정을 구현하는 가장 영향력이 있는 교수 · 학습 자료로서, 현재 많은 수업이 교과서를 중심으로 이루어지고, 학생과 학부모는 교과서의 모든 내용이 수업 시간에 다루어지기를 기대하고 있다. 따라서 학교 수준의 통합교육과정 개발에서 첫 출발점은 교과서를 통합적으로 재구성해 보는 것이 된다.

- 교과서 통합 학습은 교과별 교과서 학습과 비교하여 보다 다양한 활동을 포함하므로, 학습자들이 보다 재미있게 학습하도록 하면서 교과서의 내용을 충실하게 가르칠 수 있다.
- 교과서의 내용을 중심으로 통합단원을 구성하기 때문에, 통합단원으로 인해 교과서의 내용을 충실히 다루지 못한다는 의구심을 가진 학부모, 학생 그리고 교사에게 심리적 안정감을 줄 수 있다.
- 교사들은 통합의 대상이 되는 각 교과의 교과서 내용에 익숙해져 있으므로, 통합에 대한 경험이 없는 교사들도 쉽게 접근할 수 있다.
- 그러나 교과서가 교과별 체계로 구성되어 각 교과의 구조를 반영하도록 만들어져 있기 때문에, 둘 이상의 교과를 통합하여 새로운 체계를 잡는 작업은 쉽지 않은 일이다. 또한 통합단원이 만들어질 경우, 통합단원의 계열성은 물론이고 각 교과의 계열을 재조정해야 하는 어려움도 있다. 따라서 교과서를 재구성하기 위해서는 새로운 통합단원의 계획뿐만 아니라, 학교 교육과정 조정도 고려해야 한다.

　둘째, 교육과정을 이용한 통합교육과정의 개발이다. 교육과정의 통합적 재구성은 교과서 내용을 다루어야 하는 한계에서 벗어날 수 있다는 이점이 있다. 여기서는 국가 수준 교육과정의 교과별 내용을 분석하여 관련 있는 내용을 찾아 통합하고, 그에 따라 교수 · 학습 자료와 평가 자료를 새롭게 만들어 보게 된다. 국가는 제6차 교육과정 개정 시기 이후에 교육과정 운영과 관련하여 교육청과 학교의 역할을 강조하였으며, 이후 지속적으로 교육과정 운영과 관련하여 학교의 자율성을 확대해 왔다. 특히, 2012년 교육부에서 교과별로 성취 기준을 발표하고 2013년 핵심 성취 기준을 제시하면서, 교육부와 교육청이 교과서가 아니라 성취 기준 도달을 향한 수업을 강조함에 따라 단위 학교에서 교육과정통합 운영의 필요성에 대한 인식이 높아지고 개발과 운영 여건이 개선되었다. 그 결과 경기도 혁신학교를 중심으로 학교에서의 교육과정통합 운영이 활발히 이루어지고 '교육과정 재구성이라는 이름으로' 전국적으로 빠른 속도로 확대되고 있다. 국가 수준 교육과정을 이용한 학교에서의 교육과정통합 운영은 다음 절 '학교에서의 교육과정통합 절차'에서 상세하게 다룬다.

셋째, 2015 교육과정에는 범교과 학습에 관한 내용이 제시되어 있다. 다음은 국가 수준 교육과정 문서에 제시된 범교과 학습 주제이다.

안전 · 건강 교육, 인성 교육, 진로 교육, 민주 시민 교육, 인권 교육, 다문화 교육, 통일 교육, 독도 교육, 경제 · 금융 교육, 환경 · 지속가능발전 교육

각 학교는 범교과 주제 학습이 충실히 이루어질 수 있도록 프로그램을 개발하고 운영 여건을 조성한다. 학교에서 개발하여 운영할 수 있는 범교과 학습의 주제는 매우 다양하다. 학생과 사회의 요구 및 학교의 특성은 범교과 학습의 주제를 선택하는 데 가장 우선적으로 고려해야 할 사항이다. 교육부(2015)는 범교과 학습에서의 학교의 역할을 "범교과 학습 주제를 교과와 창의적 체험활동 등 교육활동 전반에 걸쳐 통합적으로 다루도록 하고, 지역사회 및 가정과 연계하여 지도하는 것"으로 규정하고 있다.

범교과 학습 코스는 특정 교과나 활동에 구애받지 않고 교육과정 편제상의 모든 영역을 자유롭게 포함할 수 있으므로, 교과서 재구성이나 교육과정 재구성에 비하여 코스의 내용 선정에 대한 제약이 적다. 또한 범교과 학습은 개발과 운영

에 있어서 교과에 배당된 시간 수와 교과서를 덜 활용해도 되는 이점이 있다.

그러나 학교에서 범교과 학습 코스를 계획하고 운영하는 데 필요한 구체적인 운영 방안의 예시나 자료 보급은 대단히 미흡한 실정이다. 그리고 교사들도 범교과 학습을 위한 계획을 수립하거나 운영을 한 경험이 그다지 많지 않다. 범교과 학습을 코스로 개발하여 운영할 때 예상할 수 있는 한계점은 다음과 같다. 첫째, 코스는 미리 계획되어야 하므로, 학생들의 발달 정도, 흥미, 요구의 변화에 즉각적으로 대응하지 못할 우려가 있다. 둘째, 코스에 포함된 주제들은 서로 밀접한 관련을 갖도록 선정되고 계열성 있게 배열되므로, 코스를 운영할 때 융통성을 발휘하는 것을 방해할 수 있다.

이러한 코스 개발의 한계점을 보완하기 위해 코스를 몇 개의 '모듈'로 구분하여 개발하는 방법을 이용할 수 있다. 즉, 모듈 형태의 코스 개발을 통하여 학습자의 수준이나 과제의 성격에 적합한 학습 활동을 통해 코스목표를 달성하는 것을 가능하게 한다. 결과적으로 학습자들이 코스 개발에 영향을 행사할 수 있으며, 학습자의 학습 속도에 따라 코스 운영에 융통성을 발휘할 수 있게 된다.

범교과 학습 코스를 개발할 때 일반적 지침으로 삼아야 할 원리는 크게 타당성, 심리적 적합성, 논리적 계열성, 실행 가능성 등의 네 가지로 나뉜다.

첫째, 타당성의 원리는 코스가 지향하는 일정한 목표를 달성할 수 있도록 개발하는 것을 의미한다. 코스 개발이 타당성의 원리를 만족하기 위해서는 코스 목표를 달성할 수 있는 내용과 활동을 선정해야 하며, 목표 달성을 확인할 수 있는 평가 방법을 포함하여야 한다.

둘째, 심리적 적합성의 원리는 코스가 학습자의 심리적 특성에 맞도록 개발하는 것을 의미한다. 코스 개발이 학습자의 심리적 적절성을 만족하기 위해서는 먼저, 코스의 학습내용을 선정함에 있어 지적 수준, 요구, 흥미, 관심 등 학습자의 특성을 반영하여야 한다. 또한 코스는 학습자의 개인차에 따라 학습의 내용과 순서를 선택할 수 있도록 개발되어야 한다.

셋째, 논리적 계열성의 원리는 코스의 내용과 순서가 코스 주제의 특성에 적합하도록 개발하는 것을 의미한다. 이를 위해서는 코스 주제에 대한 철저한 논리적 분석과 계열화가 필요하다.

넷째, 실행 가능성은 계획된 코스를 현장에서 운영할 수 있어야 함을 의미한다. 이를 위해 코스의 계획을 실제 운영할 때 필요한 지역사회와 학교행정가의 재정적 행정적 지원과 학교시설 및 활용 가능한 자원을 구비해야 한다. 학생의 관심이나 사회의 문제를 반영하는 교육과정이 현저히 부족하다는 점에서 탈교과 통합 운영이 더욱 유용하다고 볼 수 있다.

일반적인 상황에서 범교과 학습을 위한 통합코스나 통합단원의 개발은 〈표 3-2〉와 같은 단계를 밟아서 마련하는 것이 좋다.

〈표 3-2〉 단계별 범교과 학습 코스의 개발

단계	유형		범교과 학습 코스의 개발
예비 단계	팀 구성 및 실태조사, 코스 유형 결정		코스의 운영에 관한 학교, 학생, 학부모의 요구를 수렴하고 코스의 유형을 결정함
1단계	코스 학습 내용 결정	중심 주제 결정	학생, 학부모, 교사의 의견을 수렴하여 주제를 결정함
		코스 설정 근거	코스의 주제를 학습해야 하는 이유, 코스 조직 방식 등이 표현되도록 코스 설정 근거를 작성함
		코스 일반 목표 결정	코스 설정 근거를 기초로 하여 결정함
		단원 구분 및 단원명 결정	코스 학습내용 간의 상호 연관성을 고려하여 단원을 구분함, 각 단원의 학습내용을 고려하여 단원명을 결정함
2단계	단원 계획	개관 작성	코스 내의 단원의 설정 근거가 표현되도록 단원 개관 작성
		목표 설정	코스의 일반적 목표를 구체화하여 단원 목표 결정
		전개도 작성	코스의 단원 운영 순서와 학습내용을 한눈에 알아볼 수 있도록 작성
		단시 수업안 작성	개략적인 단원 계획을 단시별로 상세한 수업 계획을 세움

다음은 지금까지 논의한 학교에서의 교육과정통합 운영 방안을 교육과정의 영역을 중심으로 정리한 내용이다. 〈표 3-3〉은 통합교육과정 개발의 영역과 유형을 일목요연하게 나타내기 위하여 만든 것이다.

〈표 3-3〉 학교 수준 통합교육과정 개발의 영역별 특성

영역 특성	교과서 재구성	교육과정 재구성	범교과 학습
의미	가장 일반적인 교수·학습 자료인 교과서의 내용을 재구성(국가에서 제시하는 교수·학습 자료를 수정·보완하는 수준)	국가교육과정 문서에 근거하여 각 교과의 학습내용을 적절하게 재구성하고, 그에 따라 교수·학습 자료를 새롭게 만듦(국가에서 제시하는 국가교육과정의 각 교과내용을 수정·보완하는 수준)	교과와 직접적인 관계없이 학생들에게 필요한 코스를 만듦(국가에서 제시하는 국가교육과정과는 별도로 학생들의 필요에 맞는 적절한 과목을 개설하고, 그에 따른 학습내용을 결정하며, 교수·학습 자료를 개발함) 학생들 스스로 자신의 학습과제를 선택하여 학습
(통합 방식에 따른) 유형	① 한 교과서의 특정 단원을 중심으로 하여 다른 교과서에서 관련된 내용을 끌어오는 경우(다학문) ② 각 교과서에서 다루는 공통된 소재를 중심으로, 여러 교과서의 내용을 관련짓는 경우(다학문, 간학문)	① 사회나 자연 등과 같은 교과내용을 중심으로 다른 교과의 내용을 끌어오는 경우(다학문) ② 각 교과 간의 공통된 개념, 원리(법칙), 탐구 방법 등을 중심으로 여러 교과의 내용을 관련짓는 경우(간학문) ③ 학습자의 흥미를 끌 수 있는 새로운 소재를 중심으로 여러 교과의 내용을 연관짓는 경우(다학문, 간학문)	① 범교과 학습 코스: 교과의 구분 없이 주제 중심 학습(민주 시민 교육, 성교육, 경제 교육, 인성 교육, 보건 교육, 대중매체 교육 등)을 위해서 개발(탈학문) ② 프로젝트 접근법: 학습자가 자신의 흥미와 수준에 맞는 학습과제를 스스로 선택하여 학습하는 경우(다학문, 탈학문)

6. 학교에서의 교육과정통합 절차

학교에서 교육과정통합을 계획할 때, 특정한 문제 중심의 탈교과통합이 아니라면, 대체로 여러 교과의 내용 체계표를 보면서 관련 있는 영역, 핵심 개념, 내용 요소를 참고로 하여 통합단원을 개발하게 된다. 이 경우에 도달하고자 하는 학습목표, 학습자의 관심과 흥미, 준비도와 수준, 교사의 경험과 전문성, 학교의 시간표 편성과 공간 활용, 학교 바깥의 자원 인사 및 시설 사용 등의 맥락에 따라 통합의 요소와 중심을 정하고 통합의 방식을 결정한다.

첫째, 개별 교과 속에 있는 영역, 핵심 개념, 내용 요소(통합의 요소) 등을 참고하여 창의적 체험활동을 포함하여 어떤 교과들을 연계할 것인가를 결정한다. 둘째, 통합을 제재 중심으로 할 것인지, 주제 중심으로 할 것인지, 아니면 특정한 개념이나 기능 습득을 가장 중요한 중심으로 둘 것인지를 결정한다. 셋째, 통합의 방식을 병렬, 혼합, 공유, 융합 등의 어떤 방식으로 할 것인지를 논의를 통하여 결정한다.

이러한 결정을 위하여 국가교육과정 속에 제시된 교과별 내용 체계와 이를 바탕으로 작성된 성취 기준이 모두 한 장의 큰 표 속에 잘 드러나도록 교육과정 지도 그리기(curriculum mapping)를 한다. 지도 그리기를 하면 어떤 교과의 어떤 요소들을 함께 묶을 수 있는지를 파악하는 데 도움이 된다.

그러나 교육과정통합을 구체적으로 기획할 때는 내용 체계표를 넘어서서 요소별 성취 기준을 확인해야 한다. 성취 기준은 국가 차원에서 교과별로 학생들이 최소한 달성해야 할 지식, 기능, 가치 및 태도 등으로 구성되어 있기 때문에 무시해서는 안 된다. 물론 이러한 성취 기준도 절대적인 것은 아니어서 시대와 사회의 요구에 따라 생겼다가 없어지기도 하고 강조되기도 하고 단순히 권장될 수도 있다. 최종적으로 교사들이 성취 기준의 타당성을 평가하고 이를 근거로 교육과정통합을 계획해야 하지만, 현재는 법적인 측면이나 관행적인 면에서 이러한 교사의 전문성이나 단위 학교의 자율성은 크게 허용하는 것 같지는 않다.

하지만 근본적인 면에서는, 국가의 요구를 수용하되 자신의 교육적 전문성을 발휘하여, 성취 기준의 내용과 수준에 대한 타당성을 판단하고 이를 토대로 교육과정통합 운영 계획을 세워야 한다. 교육과정통합 절차는 다음과 같다.

1) 국가 수준 교육과정의 분석

학교에서 교육과정을 통합하여 운영할 때 국가 수준 교육과정의 내용 체계와 성취 기준을 바탕으로 계획을 하게 된다. 국가교육과정은 교과별로 내용 체계와 성취 기준을 구체적으로 제시하고 있다. 학교에서 가르치는 1개의 교과를 선택하여 초등학교부터 고등학교까지의 내용 체계표를 살펴보면 내용들의 수직적 연계성을 파악할 수 있다. 이러한 연계성을 바탕으로 이전에 배운 내용과 지금 배우는 내용 그리고 앞으로 배울 내용을 관련지으면서 학습 계획을 짜는 것을 '종적 차원의 통합성'이라고 부른다.

이와 달리, 동 학년에서 배우는 교과들을 모아서 내용 체계와 성취 기준을 살피고 연관성을 토대로 학습 계획을 수립하는 것을 '횡적 차원의 통합성'이라고 일컫는다. 학교에서의 교육과정통합 운영은 주로 동 학년에서 교과들 간의 연계나 교과와 창의적 체험활동과의 연계를 의미하는 경우가 많지만, 학년군제를 운영하는 현재의 교육과정에서는 종적인 차원과 횡적인 차원의 통합이 동시에 고려되기도 한다.

이와 같이 학교에서 교육과정을 통합적으로 운영하기 위해서는 국가 수준의 교육과정 문서를 세밀히 살피는 것이 필요하다. 이를 교육과정 분야에서는 스캔(scan)을 한다고 말한다. 스캔이라는 말은 '대충 훑어보다' '무엇을 찾느라고 유심히 살피다'는 뜻이다. 사전에서는 스캔을 다음과 같이 규정하고 있다.

- You scan written material, you look through it quickly in order to find important or interesting information.
- When you scan a place or group of people, you look at it carefully, usually because you are looking for something or someone.

나는 교육과정통합에서는 스캔이라는 말을 '대충 훑어보다'가 아니라 '어떤 것을 찾아내기 위하여 주의 깊게 살핀다'의 의미로 받아들여야 한다고 생각한다. 교육과정통합은 대충 계획해서는 교육적 성과를 거두기 어렵기 때문이다. 앞에서 말한 바와 같이, 스캔은 1개의 교과를 두고 할 수도 있으며, 2개 이상의 교과나 창의적 체험활동을 포함하여 수평적이거나 수직적으로 할 수도 있다. 우리나라 국가 수준 교육과정의 교과별 내용 체계표를 바탕으로 동 학년에서 배울 교과와 창의적 활동의 내용들을 하나의 표로 가로로 연결하면 수평적 스캔이 가능하다. 또한 가로표를 해당 학년을 중심으로 앞뒤의 여러 학년을 묶으면 수직적 스캔을 할 수 있다.

교육과정통합을 할 때 초등학교와 중등학교 교사는 수평적 그리고 수직적 스캔을 한 다음 통합단원의 목표와 요소, 중심, 방식, 운영 기간 등을 결정한다. 이러한 작업은 대체로 동 학년 교사들의 협의를 통하여 이루어지지만, 여러 학년에 걸친 교육과정통합은 여러 학년의 교사들이 함께 참여한다. 교과 병렬과 같은 비교적 단순한 형태의 교육과정통합은 한 교과 내에서 통합이 이루어지는 경우 교사 혼자서 할 수 있으며, 두세 교과가 관련되는 경우에는 해당 과목의 교사들이 협의를 거쳐 계획할 수 있다.

2) 교육과정통합의 목표, 요소, 중심, 방식, 단위 결정하기

교육과정통합은 국가의 교육과정 정책과 교육과정 분야에서 이루어진 학교 현장의 실천과 연구의 영향을 받는다. 교육과정통합 분야에서 꾸준히 활동해 온 Drake와 Burns(2004)의 경우에도 미국에서 일어난 성취 기준중심 운동과 Wiggins와 McTighe가 제안한 '학생의 이해를 목표로 하는 교사들에 의한 단원 개발(Understanding by Design)'이라는 백워드 설계 방식을 자신의 교육과정통합 이론에 접목하고 있다.

그들에 따르면, 학교 차원에서 교육과정통합을 계획할 때는 먼저 교과의 성취 기준을 확인하면서 시작해야 한다. 이를 위하여 여러 교과의 성취 기준들을 한 눈에 알아볼 수 있도록 종합적인 그림을 그리는 것(스캔과 클러스트)이 필요하다. 교육과정통합의 목적에 따라 다학문, 간학문, 탈학문 등의 통합 유형을 결정하고 나면, 단원 계획은 백워드 설계 방식을 따라 목표 설정-평가계획 수립-학습 경험 계획 순으로 이어 간다. 이러한 방식을 따라 통합단원을 설계하고 운영하면, 교육과정(학습목표)-수업-평가-기록의 일관성이 생긴다. 그들은 이에 덧붙여 통합단원이 지식(know)-기능(do)-인성(be)으로 연결되도록 개발할 것을 제안하였다.

나는 국가 수준에서 통합교과로 제시된 것이나 분과별로 제시된 교과들을 학교차원에서 통합 운영하고자 할 때는 우선 그것을 통하여 도달하고자 하는 교육목표를 분명히 해야 한다고 생각한다. 교과 내 통합이나 교과 간 통합 그리고 문제 중심 통합을 할 때는 반드시 그 이유가 있기 마련이다. 단지 교과 간에 중복된 내용을 줄이는 성과를 넘어서서, 통합을 했을 때 교과의 내용(핵심 개념, 지식 요소와 기능 요소)을 더욱 깊게 이해할 수 있게 된다든지, 보다 쉽게 이해할 수 있게 된다든지, 또는 내용 간의 연관성을 새로이 알게 된다든지 하는 교육적 성과를 기대한다. 이와 더불어, 학생이 관심을 갖는 주제나 알아야 할 사회 문제 등을 깊이 있게 파악하고 종합적으로 판단하며 대안을 창출하는 능력을 갖출 것을 기대한다. 이러한 기대를 '교육과정통합 운영의 목표'라고 부른다.

    교육과정통합의 목표를 찾을 때는 국가 수준 교육과정의 '일반화된 지식'을 먼저 살펴볼 것을 제안한다. 일반화된 지식은 대개 핵심 개념을 풀어 설명하고 있으며 내용 요소들을 포함하고 있기 때문이다. 학교에서 교육과정을 통합할 때 교과별 성취 기준에서 출발하는 것은 통합의 큰 목표를 설정하고 교과별 관계를 파악하기에는 지나치게 구체적이고 지엽적이며 번잡한 일이다.

    따라서 교육과정통합의 시작을 일반화된 지식을 살펴보는 데서 출발하는 것이 좋다. 다음으로 일반화된 지식 속에 포함된 내용 요소와 별도로 제시된 기능에 관심을 가져야 한다. 그리고 우리나라 교과 교육과정이 대개 내용 요소(지식)와 기능 중심으로 편성되어 있어서 '가치와 태도 요소'에도 개발자들은 주목해야 한다.

    다시 말하면, 교사들은 학교에서 통합교육과정을 개발할 때 먼저 동 학년이나 학년 군 단위의 여러 교과의 일반화된 지식을 살펴본 다음, 그것을 구성하고 있는 내용 요소와 기능을 확인하고 가치와 태도 요소를 추가하여 목표를 설정하는 것이 바람직하다는 것이다.

    Drake와 Burns(2004) 또한 교육과정통합에서 가치와 태도 요소의 중요성을 강조하였다. 그들은 교육과정통합 모형으로 K(knowledge)-D(do)-B(be) 설계모형을 제안하였다. 이 설계모형은 교육과정통합 운영을 하고자 하는 집단은 다음 세 질문에 대답하도록 유도한다(박영무 외 역, 2006: 68).

  • 학생들이 알아야 할 가장 중요한 것은 무엇인가?(지식)
  • 학생들이 할 수 있어야 할 가장 중요한 것은 무엇인가?(기능)
  • 학생들은 어떤 인성을 갖추어야 하는가?(인성)

    학교에서 교육과정을 통합적으로 운영하기 위하여 코스나 단원을 개발할 때는 어떤 지식과 기능과 인성을 기를 것인가를 정하고, 이들이 서로 연관성을 가지고 개발되도록 해야 한다는 것이다. 학교에서 개발하는 통합단원의 목표가 설혹 지식이나 기능 영역에 주안점을 두는 경우라 하더라도, 교육은 학생의 총체적인 성장을 목표로 한다는 점에서 지식과 기능과 인성이 서로 연관이 되면서 운영되도록 세심히 주의해야 하고 실천이 따라야 한다. 특히, 학교 교육에서 상대적으로 기르기 어려운 인성 측면이 소홀히 되지 않도록 더욱 유의할 필요가 있다.

  그들이 지식, 기능, 인성의 다리 만들기를 제안한 것은 교육적으로 매우 의미 있는 주장이다. 교육과정통합 운영도 분과별 운영과 마찬가지로 지식과 기능의 학습에 치중할 가능성이 높기 때문이다. 특히, 그들이 제시한 '다리 만들기'라는 말은 고립된 상태로 개별적으로 존재하던 것을 연결짓는다는 것을 상징적으로 나타내는 매우 적절한 표현이라고 생각한다. 지식, 기능, 인성의 다리 만들기를 표현하면 [그림 3-2]와 같다.

  결론적으로, 학교에서 통합교육과정을 개발하고 운영할 때 가장 먼저 해야 할 일은 통합의 목적이 무엇인가를 결정하는 일이다. 통합의 일차적인 목적이 개별 교과 속의 일반화된 지식과 기능의 습득에 있고, 제재나 주제를 통하여 이들을

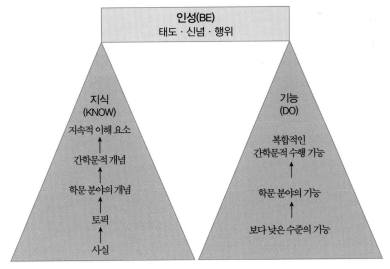

[그림 3-2] '지식 · 기능 · 인성' 다리의 구성 요소

출처: 박영무 외 역, 2006: 96.

관련지어 학습할 때 교육의 성과가 높다고 판단하면, 다학문적 통합의 유형에 맞는 절차를 따라 교육과정을 재구성하게 된다. 이와 달리, 통합의 목적이 교과 간에 공통되는 핵심 개념과 일반화된 지식, 기능과 가치와 태도의 습득에 있다면, 간학문적 통합의 유형에 맞는 절차를 따를 필요가 있다. 반면에, 통합의 목적이 교육적으로 가치 있는 주제나 문제의 이해와 해결에 있고 교과의 견고한 틀에 얽매이지 않아도 된다면 탈학문적 통합의 유형에 맞는 절차를 따르게 된다. 요약하면, 통합의 목적에 따라 적합한 유형에 차이가 있으며, 유형에 따라 통합의 과정에 다소 차이가 있다는 것이다. 다음은 통합 유형에 따른 절차이다.

(1) 다학문적 통합의 절차

① 통합의 목적 결정

통합의 일차적인 목적이 개별 교과 속의 일반화된 지식과 기능의 습득에 있고, 제재나 주제를 통하여 이들을 관련지어 학습할 때 교육의 성과가 높다고 판단하면, 다학문적 통합을 하게 된다.

② 국가 수준 교육과정의 분석

다학문적 통합의 경우에는 특히 국가교육과정의 분석이 출발점이 된다. 앞에서 언급한 바와 같이, 동 학년 또는 학년군의 여러 교과의 내용 체계표를 모아서 하나의 큰 표로 만들고, 스캔을 통하여 교과 속에 들어 있는 핵심 개념과 일반화된 지식, 기능과 가치와 태도를 살펴보는 일이다. 다음에 적절한 시기에 관련지어서 가르칠 때 교육적 성과가 커질 수 있는 대상을 찾는다. 이때, 보다 손쉬운 방법은 교과 하나를 중심에 두고 스캔을 하는 것이다.

③ 브레인스토밍을 통한 통합 중심의 선택

스캔을 통하여 어떤 교과의 어떤 내용(핵심 개념, 일반화된 지식, 기능, 가치와 태도 등)을 어떤 시기에 관련지어서 학습하는 것이 교육의 성과를 높일 수 있겠다는 판단이 서면, 교과를 묶어 주는 제재나 주제를 선택한다. 다시 말하면, 조직요소를 묶어 줄 조직의 중심을 선택해야 한다.

예를 들어, 올림픽 경기가 열리는 해에 어느 초등학교에서 '올림픽'을 주제로하는 통합단원을 만들어 운영할 수 있다. '올림픽 경기'라는 주제(사실 제재에 가깝다)를 가지고 미술에서는 국가별 기를 그리고, 사회과에서는 해당 국가의 인구수, 지리적 위치, 정치제도를 배우고, 음악에서는 올림픽에 사용된 음악을 감상하고, 체육에서는 올림픽의 종목에 대해서 배우도록 할 수 있다. 그러나 이러한통합은 올림픽에 대한 상식을 넓힌다는 점에서 의미가 있을지 모르지만, 매우한정된 시간에 교육적으로 중요한 내용을 배우기도 바쁜 학생들에게 적절한 주제로 보이지는 않는다. 교육과정통합은 단지 제재나 주제를 중심으로 교과를 모으는 것 이상의 교육목표를 가지고 있어야 한다. Jacobs(1989)는 이와 같이 초점이 없는 교과들의 단순한 집합을 '혼합(potpourri) 때문에 일어나는 문제'라고 불렀다.

Ackerman(1989)은 통합의 중심이 되는 주제와 통합 요소의 관계에 대한 기준을 제시했다. 교육과정통합 운영을 할 때 통합의 '중요한' 요소들이 학습되었는가가 중요하다. 예를 들어, 어떤 중학교에서 '연(kite)'이라는 통합 주제를 설정하고 통합단원을 개발 운영하였다. 과학 교과에서는 연이 날아오르는 공기 역학을학습하고, 사회 교과에서는 연날리기 역사의 사회적 중요성을 탐구하며, 국어과에서는 연이라는 주제로 시를 짓게 하였다. 하지만 연과 관련된 공기역학, 연날리기의 역사, 연이라는 주제로 시 짓기 등을 하는 것이 과학, 사회, 국어 교과의중요한 내용 요소들인가 하는 점에 의문이 든다. 학생들이 학교 교육을 통하여학습할 수 있는 시간은 제한이 있기 때문에, 교사들은 학생들이 지엽적인 잡다한 내용을 배우기보다는 교과의 중요한 요소를 학습하는 데 집중하도록 하고 있다. 이런 점에서 '연'이라는 주제를 중심으로 하는 통합단원은 교과의 중요한 요소들을 학습하는 데 그다지 큰 도움을 주지 못할 수 있다. 필자는 다학문(다교과) 방식으로 교육과정통합을 설계하고 운영할 때, 특히 이 점에 유의해야 한다고 생각한다.

④ 브레인스토밍을 통한 통합 요소의 선택과 결합 방식 선택

제재나 주제를 중심으로 하여 관련되는 교과들의 내용 요소들을 찾고 어떻게 결합될 수 있는지를 브레인스토밍을 통해서 결정한다. 통합의 중심, 즉 주제가 선정되면 다음 단계는 주제에 관련된 아이디어를 브레인스토밍으로 수집하고 정리하며, 이렇게 정리한 아이디어를 질문의 형태로 옮겨 놓는 일이다. 만일 이러한 아이디어를 곧바로 학습의 내용으로 보고 수업을 계획한다면 수업은 산만하여 초점 없는 산발적인 활동들로 이루어지고 교육과정의 목표 달성과는 무관하게 진행될 수 있다.

따라서 질문의 형태로 제시된 아이디어들을 교육과정목표의 내용 영역과 연관 지어야 한다. 교육과정목표의 내용 영역은 국가별 교육과정의 교과별 내용 체계로 제시되어 있다. 따라서 질문의 형태로 제시된 아이디어들을 교육과정목표의 내용 영역과 관련짓는다는 것은 아이디어들을 교과별 내용 체계와 관련짓는다는 뜻이 된다.

Osborn(1963)은 브레인스토밍 활동을 통하여 많은 양의 아이디어를 산출할 수 있으며, 또 그중에서 더 훌륭한 아이디어들을 선택할 수 있다고 하였다. 그는 브레인스토밍을 하는 데 있어서 네 가지 기본 원리를 제안했다(김대현, 이영만, 1995: 169-170).

- 브레인스토밍 활동 중에는 비판을 금한다.

- 자유로운 분위기를 조성한다. 자발적이고 비일상적인 반응들이 창의성을 촉진한다.
- 아이디어의 양이 중요하다. 아이디어에 대한 평가는 그 다음이다.
- 아이디어들의 결합과 개선을 추구한다. 참여자들은 둘 이상의 아이디어를 결합하여 다른 새롭거나 더 훌륭한 아이디어를 만들려고 노력해야 한다.

다학문적 통합 유형에서는 일반적으로 병렬, 광역, 혼합 등의 방식으로 통합 요소들을 결합하게 된다. 간단한 통합의 경우에는 병렬도 가능하며, 상관의 정도는 약하지만 함께 묶어 놓은 광역도 선택할 수 있지만, 혼합의 방식이 가장 많이 활용된다.

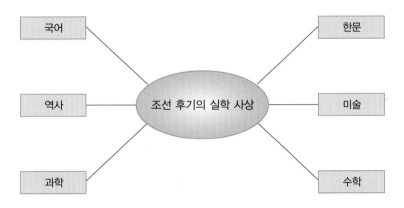

[그림 3-3] 예시: 조선 후기의 실학 사상

⑤ 통합단원의 스코프와 시퀀스의 결정

단원에서 스코프는 단원 속에서 배워야 할 내용의 폭과 깊이를 가리킨다. 다학문적 통합 유형에서 스코프는 관련되는 교과 속에 들어 있는 내용 요소(핵심 개념, 일반화된 지식, 기능, 가치와 태도 등)이다. 특히 이 단계에 들어가면, 여러 교과의 해당 영역 속에 포함된 성취 기준을 바탕으로 하여 스코프를 구성한다고 할 수 있다. 이때, 앞에서 말한 바와 같이, 교과별 성취 기준 속에서 소홀히 되기 쉬운 기능이나 빠져 있는 가치나 태도 요소를 추가하여 단원의 스코프를 만드는 것이 좋다. 또한 다학문적 통합의 유형 일차적 목적이 통합의 대상이 되는 개별 교과의 내용 요소의 습득에 있지만, 교과와의 연계를 통하여 얻게 되는 제재나 주제의 교육적 가치를 습득하는 것도 중요한 의미가 있는 만큼 무시되어서는 안 된다. 스코프가 결정되면, 학교의 학사 일정, 교사의 준비 상태, 지역사회의 여건 등 다양한 요인을 고려하여 배우는 순서와 시기(시퀀스)를 결정한다.

〈표 3-4〉 예시: 조선 후기의 실학 사상

교과	교육과정 목표	관련 단원	통합수업 반영 내용
국어	• 실학의 시대 읽기 1, 2, 3 – 박제가의 「북학의」 감상 – 박지원의 「양반전」 감상과 풍자 이해 – 시대 속의 지식인의 모습 이해하기 – '이 시대의 실학과 나의 삶'에 대한 토론 → 글쓰기	「북학의」, 「양반전」, 「미스터 방」 문학작품 「북학의」 관련 동영상	'이 시대의 실학과 나의 삶'에 대한 토론 및 글쓰기
역사	• 역사: 조선 후기 실학의 등장 및 개념 – 실학과 실학자들 이야기: 중농학파와 중상학파의 개혁론 이해 – 과거와 현재의 대화: 오늘의 문제 짚어 보기	영화 영상 자료 〈광해〉 정약용의 한시 「애절양」 박지원의 「양반전」 신문 기사 자료 읽기 자료 '사료' 제시	조선 후기 실학을 이해하고 신문을 통해 현대 우리 사회의 문제점을 찾아 그 대안을 제시
	• 세계사: 실학의 개념 알기 실학의 등장 배경인 중국의 양명학과 고증학에 대한 이해와 자료 읽기		
한문 + 수학	• 실학과 관련된 용어 이해하기 • 수학과 공동협력 수업: 실학 사상에서 나온 한자성어 및 계산법 읽고 해석하기, 한자에 담긴 수학의 원리 이해하기, 현대의 수학과 비교해 보기	자전〈鷄兎算〉	실학 용어 해석하기

미술	• 조선 후기 풍속화 감상을 통한 시대 변화 읽기(김홍도, 신윤복) 및 비평활동 • 이 시대의 풍속화(민화) 그리기	풍속화, 민화, 진경산수화 등 그림 자료	이 시대의 풍속화 (민화) 제작
과학	* 실학과 과학의 만남 '홍대용' – 홍대용의 천문학에 대한 열정을 본받고 당시 주장했던 이론과 현대 천문학 이론을 비교하며 이해	지식채널e 영상 자료 홍대용의 「담헌서」	

출처: 박현숙 · 이정숙(2014). 94-91.

(2) 간학문적 통합의 절차

① 통합의 목적 결정

통합의 목적이 교과 간에 공통되는 핵심 개념과 일반화된 지식, 기능과 가치와 태도의 습득에 있다면 간학문적 통합을 하게 된다.

② 국가 수준 교육과정의 분석

간학문적 통합의 경우에는 국가교육과정의 분석이 출발점이 된다. 앞에서 언급한 바와 같이, 동 학년의 여러 교과나 학년군의 여러 교과의 내용 체계표를 모아서 하나의 큰 표로 만들고, 스캔을 통하여 교과 간에 '공통되는' 핵심 개념과 일반화된 지식, 기능과 가치와 태도를 살펴보는 일이다. 다음에 적절한 시기에 관련지어서 가르칠 때 교육적 성과가 커질 수 있는 대상을 찾는다.

③ 브레인스토밍을 통한 통합 중심의 선택

스캔을 통하여 어떤 교과의 어떤 내용(핵심 개념, 일반화된 지식, 기능, 가치와 태도 등)을 어떤 시기에 관련지어서 학습하는 것이 교육의 성과를 높일 수 있겠다는 판단이 서면, 교과를 묶어 주는 제재나 주제를 선택한다. 다시 말하면, 조직 요소를 묶어 줄 조직의 중심을 선택해야 한다. 이때 Perkins(1989)가 제시한 조직 중심의 선정 준거를 따르는 것이 좋다.

- 가능한 한 많은 학문 영역에 걸치는 것이 좋다. 예컨대, '수송'이라는 주제는 사회과에는 적합하나 수학, 문학, 물리학 등에 적용하기는 무리가 따른다. 반면, '논증과 증거'라는 주제는 학문 모두에 관련되는 주제라 할 수 있다.
- 하나의 학문 영역에 적용될 경우에도 해당 학문 전체에 걸치는 적용의 범위가 넓은 것이 좋다. '수송'이라는 주제는 사회과의 내용 중 지리나 역사 분야에만 적용되지만, '논증과 증거'라는 주제는 사회와 전반에 걸쳐 적용될 수 있다.
- 주제를 구성하는 하위 개념이 관련된 학문들의 기본 성격을 이해하는 데 도움을 주는 것이 좋다. 예컨대, '논증과 증거'를 구성하는 하위 개념, 즉 가설, 연역, 논증, 귀납 논증, 실험 등은 관련 학문의 성격을 잘 드러내 준다.
- 개별 학문을 구성하는 하위 영역이나 여러 학문 간의 유사점과 차이점을 잘 드러내 주는 것이 좋다. 예컨대, '논증과 증거'라는 주제는 수학, 물리학, 역사, 문학 등 여러 학문의 유사점과 차이점을 밝혀 주는 중요한 구실을 한다.
- 학습자에게 매력이 있는 것이 좋다. 학습자의 호기심을 자아내고 학습의 동기를 지속하는 것이 좋은 주제라고 할 수 있다.

앞의 내용을 토대로 하면, 바람직한 통합의 주제란 앞의 다섯 준거를 모두 만족시키는 것이라고 할 수 있다. 그러나 현실적으로 어떤 주제라도 모든 준거를 만족하기는 어렵다. 따라서 주제를 선정할 때 가능한 한 앞에서 제시한 많은 준거를 만족하는 주제를 택하는 것이 바람직하다. 그러나 산술적인 의미에서 만족되는 준거의 수를 비교하는 것이 아니라, 교육의 목표 달성에 보다 기여하는 바가 높다고 판단되는 한 준거에는 가중치를 부여하는 융통성을 발휘하는 편이 좋다.

예를 들어, 교육과정통합 운영의 대상이 유치원생이나 초등학교 저학년 학생이라면 다른 무엇보다도 매력 있는 주제를 선택하는 것이 좋다. 그러나 이 경우에도 매력 있는 많은 주제 중에는 남은 네 준거를 가장 많이 만족시키는 주제를 정선해야 한다는 것을 의미한다.

David Ackerman은 여러 교과에서 반복적으로 나타나는 개념이나 원리라고 해서 모두 통합단원의 좋은 주제라고 여겨서는 곤란하다고 말한다(김대현, 이영만, 1995: 179-195에서 재인용). Ackerman은 그 보기로 '순환(cycle)'을 제시했다. 순환은 여러 교과에서 언급된다. 과학 교과에서의 물과 이산화탄소의 순환, 역사 교과에서의 Toynbee의 역사적 순환관, 수학 교과에서의 순환 함수와 순환적 알고리즘, 문학에서의 탄생, 죽음, 부활이라는 신화적 순환 등이다. 이들 교과 속에 반복적으로 나타나는 순환을 중심으로 통합단원을 개발하여 운영할 수 있지만, 교과에 따라 순환의 의미는 매우 다르다. 즉, 한 교과에서 배운 순환의 의미는 다른 교과의 순환의 의미와 연관성이 적다. 이런 점에서 '순환'이라는 주제를 중심으로 운영되는 통합단원은 교과 간에 피상적으로 연결되어 있는 주제를 다룰 뿐, 교과 간 연계라는 통합 본령의 의미에서 벗어나 있다. 나는 학교에서 간학문(간교과)적 방식의 통합단원을 개발할 때 이 점에 특히 유의해야 한다고 생각한다.

④ 브레인스토밍을 통한 통합 요소의 선택과 결합 방식 선택

통합의 중심, 즉 주제가 선정되면 다음 단계는 주제에 관련된 아이디어를 브레인스토밍으로 수집하고 정리하며, 이렇게 정리한 아이디어를 질문의 형태로 옮겨 놓는 일이다. 만일 이러한 아이디어를 곧바로 학습의 내용으로 보고 수업을 계획한다면 수업은 산만하여 초점 없는 산발적인 활동들로 이루어지고 교육과

정의 목표 달성과는 무관하게 진행된다.

따라서 질문의 형태로 제시된 아이디어를 교육과정 목표의 내용 영역과 관련 지어야 한다. 교육과정 목표의 내용 영역은 국가별 교육과정의 교과별 내용체계로 제시되어 있다. 따라서 질문의 형태로 제시된 아이디어를 교육과정 목표의 내용 영역과 관련짓는다는 것은 아이디어를 교과별 내용 체계와 관련짓는다는 뜻이 된다. 질문의 형태로 제시된 아이디어 간에 교과별 체계를 관통하는 논리적 관련성을 발견할 수 있다면 간학문적 접근을 시도할 수 있다.

간학문적 통합에서 교과 간에 공통되는 개념이나 원리, 기능을 조직의 중심으로 삼아 여러 교과를 연결할 때, 어떻게 결합하는 것이 좋을지를 브레인스토밍을 통해서 찾고 결정한다. 다학문에서 제시한 브레인스토밍 활동은 개발자들이 모여서 네 가지 원칙을 지키면서 진행한다. 이때, 간학문적 통합에서 통합의 요소는 일차적으로 공통된 내용(핵심 개념, 일반화된 지식, 기능, 가치와 태도 등)이 되지만, 개발자들의 논의를 통하여 새로운 요소를 추가할 수 있다는 점을 명심할 필요가 있다. 즉, 간학문적 통합에서는 교과 간에 공통되는 내용 요소들이 통합의 초점이 되지만, 이와 더불어 교육의 성과를 높일 수 있다면 교과들의 다른 요소를 추가로 포함할 수 있다는 것이다.

간학문적 통합 유형에서는 일반적으로 공유의 방식으로 통합 요소들을 결합한다. 하지만 공통되는 요소와 함께 새로운 요소가 추가될 때는 혼합의 방식이 혼용될 수 있다.

⑤ 통합단원의 스코프와 시퀀스의 결정

단원에서 스코프는 단원 속에서 배워야 할 내용의 폭과 깊이를 가리킨다. 간학문적 통합 유형에서 스코프는 교과들 간에 공통되는 내용 요소(핵심 개념, 일반화된 지식, 기능, 가치와 태도 등)의 폭과 깊이이다. 특히 통합단원을 구체적으로 만들어 갈 때는 내용 요소를 더욱 구체화한 여러 교과의 해당 영역 속의 성취 기준

을 바탕으로 하여 스코프를 구성하게 된다. 이때, 앞에서 말한 바와 같이, 교과
별 성취 기준 속에서 소홀히 되기 쉬운 기능이나 빠져 있는 가치나 태도 요소를
추가하여 단원의 스코프를 만드는 것이 좋다. 또한 간학문적 통합의 유형이 일
차적으로는 통합의 대상이 되는 교과 간에 공통되는 내용 요소의 습득에 목적이
있지만, 개별 교과 속에 주요한 내용 요소가 있다면 이를 포함하는 것도 바람직
한 일이다. 스코프가 결정되면, 학교의 학사 일정, 교사의 준비 상태, 지역사회의
여건 등의 다양한 요인을 고려하여 배우는 순서와 시기(시퀀스)를 결정한다.

〈표 3-5〉 예시: 간학문적 통합프로그램 개발 절차 예시

개발 절차 1	【예비 단계】팀 구성 및 국가교육과정 분석하기
활동 내용	• 교육과정 내용을 통합하는 데는 3명 이상의 교사가 필요하다. • 주제를 중심으로 하는 교육과정 재구성을 위해서는 국가교육과정의 분석도 예비 단계에서 하게 된다. 1) 팀을 구성한다. 2) 국가교육과정을 분석한다. 3) 국가교육과정에서 나타나는 주당 시수, 전체 시수에 대한 과목별 구성비를 확인한다.
활동 사례	• 국어, 사회, 과학 교사 3명이 모여 주제를 중심으로 교육과정을 통합하고 교과서를 위주로 하는 수업을 재구성해 보기로 하였다.

개발 절차 2	【1단계】통합단원의 학습내용 결정하기
활동 내용	1) 단원의 중심 제재에 대한 의견을 교환한다. 2) 중심 제재를 다음의 기준에 비추어 결정한다. 　(1) 학습자들의 흥미와 호기심 유발에 적절한지 　(2) 각 교과가 다루는 내용을 효과적으로 전달할 수 있는지 　(3) 여러 교과에서 다루는 내용을 쉽게 묶을 수 있는지 　(4) 학생들의 수준에 적합한지 3) 중심 제재에 대한 아이디어를 낸다. 4) 중심 제재가 국가교육과정의 어떤 내용과 관련되는지 표시한다. 5) 중심 제재에 대한 아이디어를 관련되는 내용끼리 묶어 나누어 본다. 6) 통합단원의 학습내용을 확정하여 운영시수를 결정한다.

활동 사례	• 환경에 대한 아이디어 　국어: 환경과 관련된 글 읽기, 신문, 잡지의 기사 읽기, 환경 주제 만화 그리기 　사회: 지역사회 개발실태 조사, 우리가 사는 곳의 특징 알기 　과학: 자연환경 탐사, 이 지역에 사는 생물 조사, 문화, 텔레비전, 방송, 신문, 집, 아 　　　　파트, 음식, 마트, 오염, 생태, 산성비, 지구온난화, 인간관계, 책, 영화 • 환경에 관련된 아이디어 범주화 1. 환경은 어떤 상태인가? 　－ 환경에 관한 글 읽기 2. 내가 사는 지역 환경은 어떠한가? 　－ 지역사회 자연환경 조사하기, 지역사회 사회적 환경 조사하기 3. 환경을 위해 내가 할 수 있는 일은? 　－ 환경을 호소하는 글쓰기, 환경만화 그리기, 지역 환경 지도 알리기

개발 절차 3	【2단계】 통합단원들의 단원 계획 세우기
활동 내용	1) 단원의 이름을 정한다. 2) 단원의 개관을 적는다. 3) 단원의 목표를 설정한다. 4) 단원의 세부 학습내용을 결정한다. 5) 단원의 전개도를 그린다. 6) 단시 수업계획안을 마련한다
	• 단원명: 우리가 사는 곳 • 단원 개관 환경 단원은 사회과와 과학과에서 반복적으로 제시되고 있는 주제이다. 특히 과학과에서 환경은 마지막 부분에 위치하여 수업 시간에 다른 단원들처럼 잘 다루어지기 어렵다. 통합단원에서는 반복되는 시수를 줄이고 국어를 매개로 이를 효과적으로 연결해 제시하고자 한다. 초점은 학교가 위치가 지역사회와 학교를 둘러싸고 있는 환경의 파악을 통해 환경 문제를 인식하도록 하였다. 지역사회의 자연적, 사회적인 환경을 직접적으로 조사하는 활동을 위주로 국가교육과정의 내용을 학습하도록 통합단원을 구성하였다. • 단원의 목표 ＊지식 － 산성비, 생물농축, 온실효과가 일어나는 과정과 지구의 환경 변화를 이해한다(과학).

활동 사례	– 자연재해의 종류, 성격 등을 지형, 기후와 연계하여 파악하고, 자연재해가 생활에 미치는 영향을 설명한다(사회). – 환경 문제의 발생 원인과 과정을 파악하고 환경 문제를 둘러싼 갈등 구조를 이해한다(사회). * 기능 –수질의 오염도를 측정할 수 있다(과학). –자연환경을 이루는 요소 및 자연재해와 관련되는 정보 및 자료를 수집, 정리, 처리하여 지도화, 도표화한다(사회). –상황에 따라 내용을 적절하게 생성하여 글을 쓴다(국어). * 태도 –환경을 파괴하는 물질 방출을 줄이려는 태도를 갖는다(과학). • 통합단원의 전개 계획

◎ 단시 수업계획안

단원	환경		
소단원	나는 무엇을 할 수 있나?		
본시 수업	환경캠페인	차시	8/9.5
학습 목표	지역사회의 환경을 위하여 자신이 할 수 있는 활동을 선택할 수 있다. 표현의 일반 원리를 이용하여 환경에 대하여 설득적으로 글을 쓸 수 있다. 친구들과 협력하여 환경피켓을 제작할 수 있다.		
단계	시간	교수 · 학습 활동 학생 조직	교수 · 학습 자료	유의점
도입	5′	환경을 주제로 한 활동을 전개한 느낌을 이야기 하고 듣는다(전체).	활동사 슬라이드, 사진자료	2~3명의 이야기를 듣는다.
전개	10′	세 가지 활동에 대한 소개와 선택 - 만화, 피켓 제작, 글쓰기(전체)	활동 안내 지시판	자신의 관심사에 따라 모둠을 형성할 수 있도록 한다.
	40′	만화그리기 – 4컷 구상 – 말풍선 내용 구상 – 펜으로 그리기(모둠)	4컷용지 펜	내용 구상과 대사 선택 등 소모둠별 작업이 이루어지도록 한다.

		피켓 제작 - 피켓문구 결정 - 피켓 꾸미기 - 종이 씌워 완성(모둠)	피켓, 종이, 필기구	
	40′	환경 체험 글쓰기 - 활동 중심 - 생활 속 이야기(개인)	필기구	솔직한 자신의 체험과 생각을 중심으로 하는 글을 쓰도록 지도한다.
정리	20′	선택활동의 결과물을 전시, 발표 - 쓴 글 부착 및 발표 - 피켓과 구호 발표 - 만화 전시(전체)	부착물	잡지 투고, 환경캠페인 등의 직접 상황에 쓰일 것을 가정
평가	자신의 관심과 소신대로 활동을 선택하였는가? 생각 표현의 결과물이 얼마나 참신한가? 활동 과정에서 모둠의 협력이 잘 이루어졌는가?			

(3) 탈학문적 통합의 절차

① 통합의 목적

통합의 목적이 교육적으로 가치 있는 주제나 문제의 이해와 해결에 있고 교과의 견고한 틀에 얽매이지 않아도 된다면, 탈학문적 통합의 유형에 따른 절차를 따르게 된다.

② 국가 수준 교육과정의 분석

탈학문적 통합의 경우에 학생들이 알아야 하거나 느껴야 하거나 실천해야 할 주요한 주제나 해결해야 할 문제(학생들이 문제를 해결했다는 결과가 중요한 것이 아니라, 해결해야 할 가치 있는 문제가 무엇인지를 찾고, 열정적으로 참여하고 민주적으로 논의하며 합리적으로 해결 방안을 찾는 과정과 해결 이후에 갖게 되는 성취감과 새로운 도전 정신이 가치 있음)가 무엇인가를 찾는 데서 출발한다. 국가교육과정이나 시 · 도 교육청의 교육과정 지침은 이러한 주제나 문제를 찾는 데 도움을 준다. 특히 국가교육과정에서 제시한 범교과 학습 주제와 시 · 도 교육청에서 제시한 학습 주제를 참고로 하여, 단위 학교에서 학생들의 성장을 위하여 필요한 주제나 문제를 설정한다. 물론 이때도 국가교육과정의 분석이 필요하다. 동 학년 또는 학년군의 여러 교과의 내용 체계표를 모아서 하나의 큰 표로 만들고, 스캔을 통하여 교과 속에 들어 있는 핵심 개념과 일반화된 지식, 기능과 가치와 태도를 살펴볼 필요가 있다. 하지만 다학문이나 간학문과 달리, 탈학문 유형의 통합에서는 국가교육과정의 교과내용 분석을 우선하거나 지나치게 얽매여 진행할 필요는 없다.

③ 통합 요소 및 통합 중심의 선택

탈학문적 통합에서는 통합의 중심이 되는 주제나 문제가 교육적으로 가치 있는 것이어야 한다. 학생들이 호기심을 갖거나 관심을 보인다고 해서, 또한 시사적인 측면이 크다고 해서 주제로 삼겠다는 생각은 재고할 필요가 있다. 예를 들어, 올림픽이 열리는 해에 '올림픽 경기'라는 주제를 설정할 수는 있지만, 이 주제는 교육적으로 가치가 높다고 말하기는 어렵다.

하지만 유아교육 단계나 초등학교 저학년의 과정에서는 놀이나 흥미가 교육적 가치를 지닐 수 있다는 점에서 융통성 있게 교육적 가치에 대해 판단할 필요가 있다. 예를 들어, 이 시기에 많이 다루어지고 있는 '나의 몸' '우리 가족' '봄 · 여름 · 가을 · 겨울의 계절' '주변의 사물' 등에 관한 주제는 아이들의 일상 세계를 구성하고 있는 '의미 있는 타자(他者)'라는 점에서 흥미를 바탕으로 한 놀이 중심의 통합단원을 만들 수 있다. 하지만 이 경우에도 아이들이 놀이를 하는 과정에서 얻는 즐거움과 함께 어떤 성장이 이루어지는지를 면밀히 관찰하고 도움을 주어야 한다.

초등학교 고학년이나 중 · 고등학교에서 탈학문적 통합단원을 개발하는 경우에는 선정하는 주제와 해결해야 할 문제가 얼마나 가치 있는지를 면밀히 따져 보고, 이 과정에서 일어날 수 있는 활동의 교육적 가치를 생각하면서 계획할 필요가 있다. 다시 말하면, 탈학문적 통합에서 통합의 중심과 요소는 모두 교육적 가치를 가져야 한다. 통합의 요소는 국가 수준 교육과정의 분석을 통해서 가져올 수도 있다.

④ 브레인스토밍을 통한 교과내용의 결합과 결합 방식 선택

탈학문적 통합에서는, 다학문과 간학문과는 달리, 통합 주제를 중심으로 비교적 자유롭게 통합 요소들을 선택한다. 통합 요소 중에는 국가 수준에서 제시한 교과내용은 물론이고 창의적 체험활동의 요소, 학교와 마을의 특성에 기반을 둔 교육의 요소, 그 밖에 교사와 학생이 판단하여 교육적으로 가치 있다고 생각하는 모든 것이 포함된다. 이때, 브레인스토밍을 통하여 주제와 관련하여 내용 요소를 찾고 결합하는 방식을 찾는다.

탈학문적 통합 유형에서는 일반적으로 융합의 방식으로 통합 요소들을 결합하게 된다. 하지만 교과 속에 포함된 가치 있는 내용 요소를 결합하려고 할 때는 융합과 더불어 혼합의 방식을 같이 사용할 수 있다.

⑤ 통합단원의 스코프와 시퀀스의 결정

통합의 중심, 즉 주제가 선정되면 다음 단계는 주제에 관련된 아이디어를 브레인스토밍으로 수집하고 정리하며, 이렇게 정리한 아이디어를 질문의 형태로 옮겨 놓는 일이다. 만일 이러한 아이디어를 곧바로 학습의 내용으로 보고 수업을 계획한다면 수업은 산만하여 초점 없는 산발적인 활동들로 이루어지고 교육과정의 목표 달성과는 무관하게 진행될 수 있다.

따라서 질문의 형태로 제시된 아이디어를 교육과정 목표의 내용 영역과 관련지어야 한다. 교육과정 목표의 내용 영역은 국가별 교육과정의 교과별 내용 체계로 제시되어 있다. 따라서 교과별 체계를 무시하고 질문의 형태로 제시된 아이디어를 관련지어 나간다면, 탈학문적 통합교육과정이 만들어진다.

탈학문적 통합단원에서 스코프는 단원 속에서 배워야 할 내용의 폭과 깊이를 가리킨다. 탈학문적 통합 유형에서 스코프는 주제와 관련되는 교육적으로 가치 있는 지식, 기능, 가치 및 태도 등이다. 특히 이 유형에서는 다학문이나 간학문 통합 유형에서 비교적 소홀하게 취급될 수 있는 가치 및 태도 영역을 강조할 필요가 있다. 주제나 문제를 해결해 나가는 과정에서 지식, 기능, 태도와 가치 등이 잘 결합할 수 있도록 스코프를 짜는 것이 중요하다. 스코프가 결정되면, 학교의 학사 일정, 교사의 준비 상태, 지역사회의 여건 등의 다양한 요인을 고려하여 배우는 순서와 시기(시퀀스)를 결정한다.

〈표 3-6〉 예시: 탈학문적 통합 학습 프로그램 개발 절차

개발 절차	【예비 단계】 프로젝트 학습의 범위를 정한다
활동 내용	◎ 한 학급 내에서 계획하는 경우 ◎ 하나의 프로젝트 주제를 가지고 조별로 활동하는 경우
활동 사례	• 학급 내에서 여러 조별로 하나의 프로젝트 주제로 활동하기로 하였다.

개발 절차	【1단계】 프로젝트의 주제를 선택한다
활동 내용	◎ 주제 선택은 학생들의 생활 주변과 관심 분야에서 선택하는 것이 좋으며 교사가 몇 개의 주제를 제시하고, 학생들이 선택하도록 할 수 있다. ◎ 청소년에 맞는 주제: 인권, 환경, 생태, 청소년 문화, 만화, 광고, 박물관, 미술관 등
활동 사례	• '학교'를 주제로 선택하였다.

개발 절차	【2단계】 주제망을 만든다
활동 내용	◎ 주제망은 프로젝트의 주제가 선택되면 어떠한 측면을 중점적으로 탐색할 것인지의 결정을 위해 필요한 일이다. 조별로 프로젝트에 대한 아이디어를 개발할 수 있다. 1) 조별로 책상을 모은다.

	2) 브레인스토밍을 한다. 주제와 관련된 단어를 떠오르는 대로 메모지에 적어 붙인다. 되도록 구체적인 단어를 쓰도록 한다. 3) 단어들의 공통점과 차이점에 따라 몇 개의 집단으로 분류해 본다. 4) 집단의 제목을 붙인다. 5) 각 조별 주제망을 종합한다. 6) 커다란 종이에 주제망을 기록한다. 7) 주제망을 프로젝트 활동 중 충분히 수정될 수 있다.
활동 사례	• 학교: 체벌, 교칙, 교복, 화단, 공부, 시험, 나무, 운동장, 동상, 칠판, 책상, 분필, 교무실, 교과서, 지각, 동아리 　– 학교에서 하는 일: 공부, 친구 사귀기 　– 학교에 있는 것: 화단, 운동장, 교실, 책상 　– 학교에서 즐거운 일: 동아리활동, 친구와 놀기, 체육, 수학여행, 소풍 　– 학교에서 싫은 일: 벌 받기, 교칙, 선도부, 시험 • 주제망 그리기

개발 절차	【3단계】 주제에 관하여 경험, 지식을 토의하고, 활동 모둠을 구성한다
활동 내용	◎ 정해지는 소주제별로 학생이 하고 싶은 대로 모둠을 나눈다.
활동 사례	• 학생에 대한 나의 경험 나누기 　– 학생 1: 학교 하면 엄격한 교칙밖에 생각이 안 난다. 머리를 어떻게 자르고, 무슨 머리핀은 꽂으면 안 되고, 운동화나 스타킹 색까지 정해 주고 단속했다. 제일 이해 안 되는 건 명찰과 배지였다. 왜 꼭 달아야 되나? 　– 학생 2: 지루한 수업, 공부나 시험은 싫었지만, 친구들과 참 재밌게 놀았다. 같이 뭐 먹으러도 가고, 쉬는 시간, 점심시간도 즐거웠다. 　– 학생 3: 나는 지금 우리 학교도 좋은 것 같다. 너무 시골에 있어서 나무랑 산 밖에 없어서 지루할 때도 있지만 한 번씩 집에 갔다 오면 학교 공기랑 학교 주변이 좋다는 생각이 든다.

개발 절차	【4단계】 선택한 소주제에 대한 질문 목록을 만든다
활동 내용	◎ 질문 목록을 만든다.
	• 질문 목록 ＊학교는 무엇을 하는 곳인가? – 꼭 공부를 학교에서 배워야 하나?

활동 사례	– 공부를 해야 하는 이유가 있나? – 학교에 대해 가장 좋은 기억과 나쁜 기억은 무엇이 있나? – 학교를 다룬 문학이나 영화는 무엇이 있나? * 우리 학교 – 우리 학교에는 무슨 시설이 있나? – 우리 학교의 교칙은 어떠한가? – 우리 학교의 선생님들에 대해 이것이 알고 싶다! – 우리 학교에 대해서 다른 학교 선생님과 학생들은 어떻게 생각하나? – 나는 학교를 마음에 들어하나? – 우리 학교는 좋은 학교인가? * 이상적 학교 – 내가 꼭 다니고 싶은 학교는 어떤 학교인가? – 합리적인 교칙은 어떤 것일까? – 학교에서 배우고 싶은 것은 무엇인가? – 학교를 다룬 문학이나 영화는 무엇이 있나? – 돈에 제한이 없다면 학교에 꼭 있었으면 하는 시설은? – 우리가 바라는 선생님의 모습은 어떠한가?

개발 절차	【5단계】 질문 목록을 보면서 어떤 활동을 할 것인지를 결정하고, 활동 순서를 조절한다
활동 내용	◎ 절차 1) 질문의 해결을 위한 활동 계획을 정한다. 2) 학급 전체 활동 계획을 세운다. 3) 활동에 필요한 자원을 기록한다. 4) 각 활동에 걸리는 시간을 고려하여 일자를 조정한다.

활동 사례	• 우리가 세우고 싶은 학교를 소주제로 선택한 학생들의 활동은 다음과 같이 생각해
	  볼 수 있다.
	1) 국내외의 좋은 학교에 관련된 책이나 잡지의 기사를 찾아본다.
	  * 자료: 발도르프 교육, 레지오 에밀리아 유치원, 대안학교 이야기, 홈스쿨, 서머
	    힐 등에 관련된 기사나 책
	2) 모둠 내의 각 학생들이 바라는 다른 부분에서 이상적인 학교의 모습을 서로 모
	  은다(교칙, 수업, 선생님의 모습, 학교의 시설, 시간표).

3) 대안학교에 다니는 만큼 대안학교 선생님과 일반 학교에 다니는 학생들의 인터
   뷰나 앙케이트를 통해 좋은 학교는 어떤 것일지 정보를 얻을 수 있다.
   * 자료: 녹음기(혹은 캠코더), 필기구, 사진기, 학교 홍보지 등
4) 좋은 학교의 모습을 구체화해 표현한다.
   – 학교에서 배우는 과목, 수업 방식, 시간표, 행사 일정 작성
   – 학교의 시설을 그리거나 모형화 시키기(농구장, 특별실 등을 포함한 학교 건
     물 배치도, 교실 내 책걸상의 종류와 배치 등)
   – 교사 채용 조건, 교칙 만들기
   * 모둠별로 다같이 인터뷰를 하러 다닐 수도 있고, 일반 학교에 다니는 친구들
     의 의견을 캠코더로 각자 따와서 함께 보며 이상적인 학교상을 종합할 수 있다.
     앙케이트 질문을 만들어서 각자 좋은 시간에 친구들에게 돌려서 조사할 수도
     있다.
   * 마지막 표현 작업은 시간도 많이 걸리고 다같이 작업해야 하는 부분이므로 하루
     혹은 반나절을 비워서 함께 활동한다.

개발 절차	【6단계】 프로젝트 연구계획서를 작성한다
활동 내용	◎ 연구계획서는 각 모둠이 하나씩 만들어 교사에게 조언을 구한다. 활동의 과정이나 결과물을 위한 기록양식은 교사가 만들어 모든 개인이 작성하도록 한다.
활동 사례	• 프로젝트 연구계획서 – 모둠 이름: – 날짜: – 완성 예정일: – 모둠 구성원: – 이 주제를 선택한 이유: – 무엇을 탐구하는가? – 어떻게 탐구하는가? – 활동 순서와 일자: – 필요한 자료: – 지도 조언

개발 절차	【7단계】학생들의 연구계획서를 보고 교사는 교실과 학교 내의 여러 가지 장소를 이용하여 필요한 자료를 배치한다
활동 내용	◎ 절차 　1) 교실을 이용하여 책상 배열을 모둠별로 해 주고, 교실 벽면도 활용할 수 있도록 비워 준다. 　2) 학교의 빈 공간이나 특별실을 일정한 시간이나 기간 동안 사용할 수 있도록 허가를 받아 준다. ◎ 자료를 준비하고 공간을 배치하는 일을 학생들과 같이하는 것이 학습 동기를 형성하는 데 용이할 수 있다.
활동 사례	• 프로젝트가 끝나고 전체적인 결과물들을 전시할 공간을 미리 확보하고 이를 프로젝트를 위한 작업 공간으로 활용하는 방안이 좋다. 모둠별로 의논하고 작업을 할 수 있도록 테이블을 만들어 주고 미술 작업을 위한 공간은 각종 재료와 더불어 장 테이블로 따로 만들어 준다. 학교와 관련된 신문기사 등을 부착할 수 있는 보드판과 학교 관련 비디오물이나 도서나 책자를 비치해 준다.

개발 절차	【8단계】학생은 계획된 활동을 하고, 교사는 학생들의 프로젝트 진전 상황을 확인하고 조언해 준다
활동 내용	◎ 조사와 관찰한 내용을 기록하고, 작업하여 결과물로 만든다. ◎ 시간도 고려하여 활동의 폭과 깊이를 조절해 준다.
활동 사례	• 첫번째 모둠: 〈학교〉는 무엇을 하나? 　학교를 다룬 문학이나 영화를 찾고 이야기하고 있다. ＊국어 교과서에 등장하는 드라마 '학교'의 대본을 시작으로 국내외의 학교를 배경으로 하거나 학교를 다루고 있는 영화들을 검색할 수 있게 아이디어를 제공해 준다. 문학작품이나 영화를 감상할 때에 모둠의 공통된 기준에 따라 볼 수 있도록 지도한다. • 두번째 모둠: 우리 학교 　우리 학교에 관련된 사항들을 조사하여 종합하고 있다. ＊학교 교육계획서를 제공해 주어 학교 현황을 쉽게 파악할 수 있도록 도와준다. 미리 교직원들의 협조를 구하여 학생들의 학교에 대한 질문에 답을 얻을 수 있게 배려해 준다. • 세 번째 모둠: 이상적 학교 　가장 이상적인 학교에 있어야 할 시설을 의논하고 있다.

＊외국의 학교 시설에 대한 사진자료를 살펴볼 것을 조언해주고, 각 시설마다 학교 운영에 꼭 필요한 이유를 달것을 조언한다.

개발 절차	【9단계】학급 전체 활동을 한다
활동 내용	◎ 여러 활동을 종합할 수 있는 활동을 선정할 수 있는데 현장 방문이 효과적이다. 　1) 현장활동에 대한 준비: 무엇을 보고자 하며, 어떤 질문을 준비해 갈 것인가를 토의해서 기록한다. 　　− 방문 대상지, 위치, 교통 안내 　　− 준비물: 카메라, 활동지, 필기구 　　− 유의점: 견학 코스 이외로 벗어나지 않기, 무례한 행동 삼가기 　2) 현장 방문: 준비해 간 내용을 알아 오고, 더 궁금한 부분은 기록을 남겨 온다. 　3) 방문 후 활동: 방문에서 알게 된 점과 느낀점을 서로 교환하고 질문의 해결이 미진한 부분에 대해서는 어떻게 할 것인지 의논한다. 　4) 외부인사 초청: 전문가를 초빙하여 특강 및 질의 시간을 갖도록 해 줄 수 있다.
활동 사례	• 현장 방문으로 다른 대안학교를 방문해 보기로 하였다. 　1) 학생들이 가 보고 싶어 하는 대안학교를 조사해서 선정한다. 　2) 교사가 미리 답사하여 방문 학교의 홍보지, 현황, 수업 참관, 양쪽 학교 학생들 간의 만남이 가능한지 조사하고 안내해 줄 교사 등을 섭외한다. 　3) 방문하여 무엇을 볼 것인지, 어떤 질문을 할 것인지 학생들과 의논하여 결정한다. 　4) 방문 시 활동지를 만들어 기록한다. 　5) 방문 후 각 모둠의 활동 중에 추가로 방문이나 외부인사 인터뷰가 이루어져야 할 부분에 대해서 해결 방안을 모색한다.

개발 절차	【정리 단계】활동 과정과 결과물을 전시, 발표한다
활동 내용	◎ 절차 　1) 개인의 프로젝트 공책을 정리하여 제출, 전시한다. 　2) 모둠별 활동 과정을 슬라이드 사진이나 캠코더로 찍어 편집하여 전시장에 상영한다. 　3) 프로젝트 공간을 활용하여 벽면과 책상 모두를 전시 공간으로 활용한다. 　4) 구경하러 오는 사람들에게 설명이 필요한 경우는 모둠별로 당번을 정해서 결과물에 대한 이해를 돕게 한다. 　5) 프로젝트 전 과정에 대한 소감을 교환하고, 이후에 더 파고들고 싶은 부분도 서로 나눈다.

활동 사례	• 프로젝트 학급 내에 서로 다른 모둠의 작업상을 살펴보고, 친구들을 초대하여 관람하게 한다. • 모둠별 결과물을 벽면과 책상에 보기 좋게 정리한다. • 전시를 시작하기 전에 활동상을 담은 영상과 2명 정도의 소감 발표, 각 모둠마다의 결과물에 대한 요약 발표로 간단하게 식을 구성할 수 있다. • 학교에 대한 비판점을 담은 콩트를 준비하여 관람객을 대상으로 일정 시간 공연도 할 수 있다. • 활동에 사용된 프로젝트 공책과 활동지도 묶어서 전시한다. • 음악이나 간단한 다과를 준비해서 활용하는 방법도 가능하다.

이와 같이 교육과정통합 운영은 개별 교과의 중요한 학습 요소를 학습하는 데 도움을 줄 수 있으며, 교과 간의 내용 요소들의 연관성을 파악할 수 있고, 가치 있는 주요한 주제를 학습하는 기회를 제공해 준다. 학교에서 교육과정통합을 계획하고 운영하는 교사들은 그들이 도달하고자 하는 통합의 목표가 무엇인지를 명확히 하고 통합의 주제와 유형을 선택할 필요가 있다. 이와 함께 통합단원의 기획과 운영 과정에서는 통합의 요소나 주제까지도 넘어서서 이 시기의 학생들의 성장에 필요한 요소(지식, 기능, 가치와 태도 등)를 더욱 적극적으로 찾아서 반영하는 것도 좋다.

3) 교수·학습 단원 만들기

단원(프로그램)명 결정하기-개관 작성하기-전개도 작성하기 순서로 진행한다. 통합단원의 주제를 중심으로 단원명을 결정하고, 설정 근거와 이점 등을 담고 있는 단원의 개관을 기술한다. 다음으로 단원의 목표를 확정하고, 다루게 될 소단원과 학습내용의 순서가 제시된 단원 전개도를 작성하고, 상세한 수업 계획서를 첨부한다.

4) 학교 교육과정 연간 계획 조정하기

하나 이상의 통합단원이 만들어지면, 이를 위해 시간표를 조정할 필요가 있다. 왜냐하면 새로 만들어진 통합단원에서는 여러 교과의 내용을 다룸과 동시에 단원의 학습내용이 교과 간의 구분 없이 활용되기 때문이다. 이것은 통합단원을 만드는 데 관련된 교과의 시간 배당에서 통합단원을 운영하는 데 필요한 시간을 사용하므로 연간 진도표를 조정해야 함을 의미한다.

5) 학습경험 설정하기

(1) 학생용 자료 만들기

통합단원의 목표와 요소와 중심 그리고 방식을 결정하고 나면 교수 · 학습을 위한 자료 개발로 돌입해야 한다. 먼저, 학생용 자료를 개발한다. 학생용 자료는 교실에서 연계단원 수업을 진행할 때, 학생들이 기존의 교과서와 함께 이를 보충하여 활용할 학습자료이다. 이때, 교과서가 교육과정보다 우선해야 하는 것은 아니지만, 학교에서는 오랫동안 교과서 중심 수업을 해 왔고 학생과 학부모도 교과서 수업에 익숙하다. 또한, 교과서가 교육과정을 효과적으로 전달하기 위한 수단으로 장기간의 연구 과정을 걸쳐서 전문가들에 의하여 만들어졌다는 점도 무시할 수 없다. 당연히 교육과정통합 운영이 교과서에 매이는 방식으로 진행되어서는 안 되지만, 교과서를 버려두고 운영하는 것도 바람직하지 못하다. 이런 점에서 교육과정통합 운영을 위한 학습 자료는 교과서와 연관지어 개발하는 것이 바람직하다. 이러한 학습자료는 교사들이 수업을 실행할 때 편리한 수업계획 도구가 된다. 학생용 자료에는 서책 중심의 읽을거리, 온라인에서 활용할 수 있는 유튜브 등의 각종 자료, 탐구 및 표현 활동 자료 등을 포함한다.

(2) 교수용 자료 만들기

통합단원을 교실에서 실행하고자 할 때 교사들은 분과적 단원을 운영할 때보다는 학생의 자발성을 이용하고 주체적인 참여를 통한 수업을 하기 쉽다. 통합단원의 교수용 자료는 학생용 자료와 유기적인 관계를 유지해야 하고, 그들의 통합적 경험을 이끌어 내는 데 필요한 내용과 절차적 지식이 포함되어야 한다. 일반적으로 교수용 자료의 개발 속에 포함될 내용은 다음과 같다.

- 단원 개관: 교사들에게 단원에 접근하는 일반 정보를 제공한다.
- 지도 중점: 개발된 연계단원이 의도하고 있는 강조점을 제시한다.
- 지도상의 유의점: 연계단원 운영에서 교사들이 자칫 간과하거나 빠뜨릴 수 있는 부분을 다시 한번 확인하도록 한다.
- 단원을 소단원과 차시 학습으로 나눈다.
- 소단원별로 실제적인 수업안을 개발한다.
- 읽을거리: 소단원 내의 본문을 보충하는 추가 읽을거리를 제시한다
- 평가 계획: 평가의 내용과 방법, 예시 자료를 제시한다
- 절정의 학습: 학생들에게 감동을 줄 수 있는 통합적 경험을 제시한다.

7. 학교에서의 교육과정통합 평가

학교에서 교육과정통합 운영을 할 때 강조할 점은 교육과정통합 운영을 통하여 통합에 동원된 교과별의 성취 기준을 달성해야 한다는 것이다. 통합단원을 운영하고 난 뒤에 교과별 성취 기준에 미달했다면 통합교육과정 운영에 의문이 제기될 수 있다. 하지만 교과별 성취 기준의 도달에만 목적을 둔다면 통합 운영은 매우 경직되어 통합이 가져다주는 '사태를 보는 종합적 안목' '문제 해결능력' '의사소통 능력' '타인과의 공감' '의지와 실천력' 등의 여러 이점을 살리지 못할

수 있다. 이런 점에서 학교에서의 교육과정통합은 교과별 성취 기준의 달성과 함께 통합을 통한 이점이 살아날 수 있도록 기획하고 운영해야 한다.

평가에 있어서도 교과별 성취 기준의 달성도만 볼 것이 아니라, 통합을 통하여 가질 수 있는 여러 역량과 가치 · 태도 등이 길러졌는지를 평가의 대상으로 삼아야 한다. 물론 평가는 수업이 진행되는 동안 학생들이 성장하는 과정에 대한 평가와 그 속에서의 적절한 피드백과 단원이 끝나면 하게 되는 총괄적인 평가로 이루어진다. 평가는 교사뿐만 아니라 동료 학생의 비평 그리고 학생 자신의 반성이 포함되어야 하며, 성적을 매기기 위한 것이 아니라 학생의 성장과 관련된 방식으로 이루어져야 함은 물론이다. 이 점을 좀 더 풀어서 설명하면 다음과 같다.

통합단원 운영에 있어서의 평가는 크게 교과별 성취 기준 달성과 교과 간 또는 탈교과적 성취 기준 달성을 유도하고 촉진하고 결과를 사정하는 데 초점을 두어야 한다. 다학문적 유형의 경우에는 교과별 성취 기준의 달성에 초점이 있고 주제나 제재에 대한 이해와 기능의 학습이 추가적으로 주목의 대상이 되지만, 간학문적 그리고 탈학문적 통합의 경우에는 교과 간의 성취 기준(핵심 개념과 주요 탐구 기능)과 교과의 범위를 넘어서는 주제나 문제를 중심으로 새로이 갖게 되는 지식, 기능, 태도와 가치 등의 종합적인 능력에 초점을 두게 된다.

또한 통합단원 운영에서 평가는 선수와 사전 학습 평가, 학습의 진행 과정에서 이루어지는 형성 평가 그리고 학습이 종료되는 시점에서의 총괄 평가 등을 포함해야 한다. 이 과정에서 교사의 피드백과 학생들 상호 간의 피드백이 중요하다. 피드백은 평가 자료에 대한 객관적인 판단을 기반으로 이루어져야 하고 즉시 이루어져야 하며, 상대방이 납득할 수 있는 방식으로 제공되어야 한다. 또한 피드백에 대한 당사자의 반응을 토대로 추가 피드백을 제시하는 일이 중요하다.

통합단원 운영에서 평가 형태와 방법은 다양하게 이루어져야 한다. 선다형이나 논술형 등의 지필 평가는 물론 학생들의 관찰 기록, 언어적 상호작용, 협력 행동, 수행 과정과 결과물 등 여러 가지 방식이 활용될 필요가 있다. 특히 통합단원이 체험활동을 포함할 때는 학생들의 제반 행동을 관찰하고 장점을 찾아 격려하고 문제 행동을 찾아서 교정하는 평가 활동이 필요하다. 전시나 공연의 경우에도 서로 간의 소통 역량, 협력 태도와 행위, 책임감, 리더십 등도 평가의 항목으로 반영하는 것이 바람직하다. Seely(1995), Wolfinger와 Stockard(1997)는 다음과 같이 연계단원 운영에서 포트폴리오를 활용한 수행평가를 강조하였다.

통합단원 운영 결과를 사정하기 위해서는 이전과는 다른 평가방식이 요구된다. 연계단원에서 학생에 대한 평가는 수업의 다양한 장면에서 학생들이 실제로 수행하는 활동 그 자체에 초점을 맞추어야 한다. 이런 점에서 포트폴리오 방식을 이용한 수행평가는 교과 간 연계교육에 적합한 평가 방법이 된다(Seely, 1995; Wolfinger & Stockard, 1997). 왜냐하면 포트폴리오는 학생 개인의 성장과 발달에 관한 기록이기 때문이다. 이러한 수행평가와 함께 자기성찰의 방법도 중요한데, 자기성찰은 교과 간 연계교육을 통해 무엇을 배웠는지 무엇을 배우지 못했는지 어떤 것들을 서로 연결했는지, 배운 내용과 자기 삶과의 관련성 등을 되돌아보는 것을 말한다(Seely, 1995).

통합단원의 평가에서 주체는 교사, 학생, 학부모, 지역사회 등이 될 수 있다. 교사는 연계단원의 전 과정에 걸쳐서 학생들이 수행 행동을 관찰하고 성취 기준에 도달할 수 있도록 환경을 구성하며 피드백을 제공한다. 학생들도 단원을 학습하는 과정에서 서로의 성장을 돕는다는 취지에 바탕을 두고 상호 간에 협력과 지지와 지원(동료 평가)을 한다. 학부모와 지역사회가 통합단원의 운영에 참여할 경우에 학생의 성장 과정을 돕는 방향으로 교사와 협력하여 평가 과정에 참여하게 된다. 또한 학생들이 통합단원의 운영 과정에서 자신의 활동을 관찰하고 스스로 성찰하는 기회를 가짐으로써, 장점을 확인하고 부족한 점을 인식하여 도움을 청하는 자기 평가가 이루어지도록 해야 한다.

마지막으로, 통합단원 평가가 지역사회로 확장되는 경우에는 체험학습과 관련하여 학교 차원에서 학생의 성장을 돕는 것과 저해하는 환경을 세세하게 살펴서 철저히 기획하고 체계적으로 운영할 필요가 있다. 이때, 지역사회가 학교의 학습 계획에 대해서 알 수 있도록 서로 협의해야 하며, 관련 인사들이 학생의 성장을 돕는 활동이 무엇인지를 인식하고 준비하도록 도움을 주어야 한다. 이것은 지역사회 인사들이 통합단원 운영에서 지식, 기능, 가치 및 태도의 형성에서 학생들의 멘토나 어드바이저의 역할을 할 수 있도록 교육을 받거나 책임감을 가져야 한다는 것을 의미한다.

통합단원 운영의 전체 과정, 즉 기획, 운영, 평가의 모든 과정에 대한 체계적인 점검이 필요하다. 통합단원의 운영 취지와 목표에 대한 교사, 학생, 학부모, 지역사회의 공감과 책임 의식, 프로그램, 예산, 시설, 행정적 지원 등의 제반 사항 등에 대한 평가가 필요하다. 이와 함께 통합단원 운영에서 발생하는 우발적인 학습(incidental learning)에 대해서도 관심을 가져야 한다. 학습은 개발자의 의도를 벗어나서 학생과 교사에게 예기하지 못한 영향을 미친다. 이러한 영향이 긍정적일 수도 있고 해로울 수도 있지만, 통합단원을 기획하고 운영할 때는 이러한 우발적인 학습이 언제 어떤 과정을 거쳐서 일어나며 그 영향이 어떠한지를 파악할 필요가 있다.

제4장 교육과정통합의 운영 환경

교사들은 훌륭한 의도에서 통합교육과정을 계획하지만 이 통합교육과정들이 오래 지
속되는 경우는 거의 없었다(김대현 · 이영만, 1995: 128).

나는 교육과정통합에 관한 국내외의 많은 책과 논문을 읽었다. 그중에서 학교
차원에서 교육과정통합이 어떻게 계획되고 운영될 수 있는지에 관하여 Rebecca
Crawford Burns가 집필한 책만큼 구체적이며 실제적인 지침을 주는 글을 찾지
못했다. 그녀는 버지니아의 중등학교 네 곳에서 2년에 걸쳐 실행한 교육과정통
합(Interdisciplinary Teamed Instruction: ITI) 프로젝트의 연구에 참여한 결과를 책
으로 엮었다.

나는 이 책이 나오자마자 대학원 수업에서 학생들과 함께 읽었고, 강태용
선생님과 함께 2001년 번역 출판하였다. 이 책의 원 제목은 『Dissolving the
Boundaries: Planning for Curriculum Integration in Middle and Secondary
School』이며 번역본의 제목은 『교과경계선 허물기』이다. 출판한 지 오래되어
절판이 되었지만, 지금도 학부와 대학원 수업에서 복사를 해서 사용하기도 한
다. 그러니 교육과정통합에 관심이 있거나 해 보려고 하는 사람에게는 반드시
읽어 보기를 권한다.

1. 교육과정통합 운영에 영향을 미치는 요인

앞에서는 학교에서 통합교육과정을 개발할 때 따라야 할 절차들을 제시하였다. 그러나 이것은 어디까지나 통합교육과정의 개발을 위한 일반적인 지침에 불과하다. 실제로 학교에서 통합교육과정을 개발할 때는 복잡한 실제적 상황들을 고려해야 한다. 그러면 학교에서 통합교육과정을 성공적으로 개발하기 위해서 어떤 실제적 조건들이 충족되어야 하는가? 두 가지 측면에서 살펴본다.

첫째, 학교 외적 요인이다. 통합교육과정의 개발이 학교 차원에서 이루어진다 하더라도 국가와 지역사회가 미치는 영향력을 간과할 수 없다. 학교 교육과정의 개발에 영향을 주는 외적 요인들, 즉 사회적 문화적 변화와 기대, 교육 체제의 문제점과 요구, 교육내용의 변화, 교사 충원체제, 교육과정 자료의 유입(Brady, 1987, 22-27에서 재인용) 등은 학교에서 통합교육과정을 개발하는 경우에도 고려해야 할 실제적 조건으로 보인다.

그러나 우리나라 학교에 한정하여 말한다면, 현재 학교에서 통합교육과정을 개발할 때 가장 큰 영향력을 미칠 것으로 생각되는 것은 국가 수준에서 개발되는 교육과정과 교과서, 교사용 지도서 등일 것이다. 제7차 교육과정 시기(1997. 12.)에 국가 수준 교육과정을 '교육청과 학교, 교원·학생·학부모가 함께 실현해 가는 교육과정'이라고 선언하고, 2009 교육과정 시기(2009. 12.)에 교과군과 학년군의 도입, 교과군별 수업 시수의 20% 증감, 집중이수제 등을 실시하여, 학교의 특성, 학생·교사·학부모의 요구 및 필요에 따라 학교가 자율적으로 교육과정을 운영하도록 한 것은, 학교에서의 통합적 운영에 필요한 환경을 만들어 준 것으로 보인다. 특히, 2012년과 2013년을 통하여 성취 기준과 핵심 성취 기준을 개발하여 단위 학교에 보급한 것은 교과서 중심 수업에서 벗어나서 교육과정 중심 수업으로의 전환의 길을 열어 준 것일 뿐만 아니라, 학교에서 교육과정의 통합 운영을 활성화하는 터전을 마련해 준 것이다. 이에 덧붙여 2015 교육과정에서는 교과를 핵심 개념과 일반화된 지식으로 구조화하여 학습량을 줄여 줌으로써 학교에서의 교육과정통합 운영의 환경은 더욱 좋아졌다고 할 수 있다. 나아가 2015 교육과정 시기(2015. 9.)에는 교과 내 그리고 교과 간 연계성을 고려하여 지도할 것을 강조하고 있는데, 교육과정의 구성의 중점과 교수·학습의 방침에는 다음과 같은 내용을 명기하고 있다.

- 교과의 핵심 개념을 중심으로 학습내용을 구조화하고 학습량을 적정화하여 학습의 질을 개선한다.
- 교과의 학습은 단편적 지식의 암기를 지양하고 핵심 개념과 일반화된 지식의 심층적 이해에 중점을 둔다.
- 각 교과의 핵심 개념과 일반화된 지식 및 기능이 학생의 발달 단계에 따라 그 폭과 깊이를 심화할 수 있도록 수업을 체계적으로 설계한다.
- 학생이 융합적 사고를 기를 수 있도록 교과 내, 교과 간 내용 연계성을 고려하여 지도한다.

하지만 학교에 이러한 권한을 주는 것(분권)과 학교가 이러한 권한을 실행할 수 있는 역량과 환경을 갖추는 것은 다른 문제라고 할 수 있다. 교원 수급, 교원 양성, 학교 시설, 학교 예산 등이 뒷받침되지 못하고, 이러한 권한을 행사할 수 있는 조직과 문화가 조성되어 있지 않다면, 교육과정 편성 운영의 자율성은 '빛 좋은 개살구'에 불과한 것이 된다. 특히, 교사들과 학생들이 교육방법이 아니라 교육내용과 평가에 관한 독자적인 권한을 갖지 못한다면 엄밀한 의미에서 자율성이 있다고 보기 어렵다.

시·도 교육청의 경우에도, 국가 수준 교육과정에서 교과별로 성취 기준의 수와 수준을 결정하고 평가 준거와 기준을 제시하여 이에 따르도록 한다면, 진정한 의미에서 학교 자체의 교육과정을 갖는다고 말하기 어렵다. 이런 점에서 국가 수준 교육과정에서는 교육목표, 교육과정 편제, 교육과정 질 관리 체제만 제시하고, 나머지는 시·도 교육청에 넘겨야 한다는 주장이 있을 수 있다. 이와 함께 교과별 성취 기준은 제시하지만 지금처럼 과목별로 세세하게 제시하는 것이 아니라 과목의 성격, 목표, 핵심 성취 기준 몇 가지만 제시하고, 나머지는 시·도와 학교에 넘겨야 한다는 주장이 있을 수 있다. 이를 국가교육과정의 대강화(大綱化)라고 부른다. 대강이라는 말은 '큰 가닥으로 대충'이라는 의미다. 국가교육과정 대강화는 시·도와 학교의 교육과정 자율화와 지역화를 위한 중앙정부 차원의 지원 조치라고 볼 수 있다. 즉, 국가교육과정을 세세한 대목까지 지나치게 구체적으로 규정하면 시·도와 학교의 자율성을 침해하고 지역화는 더욱 요원해진다는 것이다.

국가교육과정의 대강화는 총론과 각론의 차원에서 논할 수 있으며, 교과서 편찬 제도와도 관련이 있다. 총론은 '1. 교육과정 구성의 방향' '2. 학교급별 교육과정 편성·운영의 기준' '3. 학교 교육과정 편성·운영' '4. 학교 교육과정의 지원으로 구성된다. 대강화의 목적이 시·도와 학교의 교육과정 자율성을 보장하기 위해서라면' '1. 교육과정 구성의 방향'과 '2. 학교급별 교육과정 편성·운영의 기준'만 국가교육과정에 제시하고, '3. 학교 교육과정 편성·운영' '4. 학교 교육과정의 지원'은 국가교육과정에서 삭제하는 것이 바람직하다고 할 수 있다. 이와 달리, 국가와 시·도의 지원을 명시할 필요가 있다고 보는 입장에서는 '1. 교육과정 구성의 방향' '2. 학교급별 교육과정 편성·운영의 기준'과 더불어 '4. 학교 교육과정의 지원'을 포함시켜야 한다고 생각할 수 있다. 이와 함께, '2. 학교급별 교육과정 편성·운영의 기준'에서도 '1) 기본 사항'과 '2) 편제와 시간배당 기준' '3) 특수한 학교에서의 교육과정 편성·운영'은 제시해야 하지만, '4) 교육과정 편성·운영의 기준'은 삭제하는 것이 타당하다고 말할 수 있다.

각론의 경우에도 '1. 성격' '2. 목표' '3. 내용 체계 및 성취 기준'만 제시하면 충분하며, '4. 교수·학습 및 평가의 방향' 등은 시·도와 학교에 맡기는 것이 타당하다고 주장할 수 있다. 더 나아가 '3. 내용 체계 및 성취 기준'에서도 학교 급과 학년군별로 배우는 내용의 영역과 핵심 개념, 일반화된 지식, 내용 요소, 기능과 학년군별 영역의 성취 기준만 제시하고, 성취 기준 해설, 학습 요소, 교수·학습 및 평가 방법과 유의 사항 등은 학교에 맡기는 것이 학교의 자율성을 보장하는 길이라고 생각할 수 있다.

다음으로 교과서는 학생들에게 교육과정을 가장 권위 있게 제시해 주는 자료로서, 교육과정과 실제로 전개되는 교수 학습의 과정을 연결하는 구실을 한다. 그러나 교과서를 학습 활동의 유일한 도구로 간주해서는 안 되며, 교육과정의 목표를 달성하기 위하여 학교와 학생의 특성을 감안하여 이용하는 자료로 보아야 한다. 이런 점에서 교과서를 교육과정으로 생각하여 교과서의 모든 내용을 익히고 배워야 하는 것으로 여기는 '교과서 절대주의'는 배격되어야 한다. 특히 통합교육과정을 학교에서 개발 운영하고자 할 때 교과서 절대주의라는 편견은 반드시 타파되어야 할 조건의 하나가 된다. 2015 교육과정 시기에는 교과서와 관련하여 다음과 같은 지침을 제시하고 있다.

학교는 교과용 도서 이외에 교육청이나 학교에서 개발한 다양한 교수·학습 자료를 활용할 수 있다.

그리고 교사용 지도서는 교과서와 함께 현장의 수업을 이끄는 가장 중요한 도구로 간주되고 있다. 해당 교과의 교육과정과 교과서의 성격을 풀어 설명하고, 단원별 차시별 수업전개안과 참고 자료를 제공함으로써 수업을 이끄는 강력한 도구 중 하나이다. 그러나 교사용 지도서에 학습전개안을 하나만 제시하면 교사들에게 그것은 하나의 안이 아니라 지침으로 받아들여지기 쉬우므로 교사용 지도서에서 30분, 60분, 90분 등 다양한 길이의 학습전개안을 제시한다거나 필요한 단원에서는 2~3과목의 통합수업안을 제시하는 것이 좋을 것이라는 이용숙(1992; 1998)의 주장은 학교에서 통합교육과정을 개발 운영하는 데에도 필요한 제안이라고 생각한다.

둘째, 학교 내적 요인이다. 학교에서 통합교육과정을 개발하는 것과 관련하여 학교 내부의 여건을 생각해 볼 필요가 있다. 학교의 통합교육과정 개발에 영향을 미치는 요인은 무척 많다. 학교에서의 통합교육과정 개발이나 운영에 관한 선행 연구들은 이러한 요인을 찾고 정리하는 데 도움을 준다. 여러 학자가 제시한 학교 차원의 통합교육과정 개발 요인들 중 공통 요인을 뽑으면 다음 표와 같다.

〈표 4-1〉 통합교육과정 개발에 영향을 미치는 요인

관련 요인	Drake	McNeil	Jacobs	Panaritis	Palmer	North-Carolina
교사들의 관심	O		O	O		O
개발팀의 구성과 유지	O			O		
개발에 대한 의미 부여	O	O		O		
교사 연수						O
동료 교사의 지지			O			
교장의 지지			O			
교장의 지도성	O					
학생의 지지				O		
학부모와 지역사회의 지지와 지원	O		O			
개발 시간 확보	O		O	O	O	O
학교 교육 일정 (융통성 있는 수업 시간표)	O	O	O			
재정 지원			O	O		O
교수 · 학습 자료의 구비와 활용		O		O		O
공간 확보와 효율적 활용						O

〈표 4-1〉은 학교에서 통합교육과정을 개발할 때 영향을 미치는 모든 요인을 망라한 것은 아니다. 또한 앞의 학자들이 제시한 견해를 모두 정리한 것도 아니다. 그들이 제시한 논문이나 저서 중에서 통합교육과정 개발에 영향을 미친다고 생각하여 직접 표현한 요인들 중 일부를 제시한 데 불과하다. 하지만 표를 통하여 학교에서 교육과정을 개발할 때 영향을 미치는 요인들의 윤곽을 잡을 수는 있을 것 같다.

이러한 윤곽을 통하여 우리나라의 학교에서 통합교육과정을 개발할 때 영향을 줄 것으로 생각되는 요인들을 크게 네 가지로 나누고 그 아래 많은 하위 변인을 정리할 수 있다. 학교에서의 통합교육과정 개발이 일차적으로 교사들에 의하여 이루어진다는 점에서 교사 요인을 통합교육과정에 대한 교사들의 관심과 경험, 교사들에 대한 연수로 분리하여 두 가지로 제시하고, 교사 외 인적 자원의 지지와 지원, 행정적 · 재정적 지원을 두 가지 요인으로 하여 모두 네 가지 요인으로 나누어 볼 수 있다.

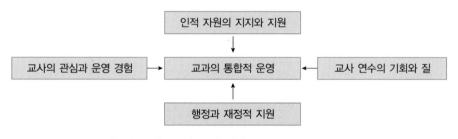

[그림 4-1] 교과의 통합적 운영과 관련된 주요 요인

[그림 4-1]에서 보는 것처럼 교과의 통합적 운영을 위해서는 크게 교사의 관심과 경험과 능력, 학교 행정가 · 학습자 · 학부모의 지지와 지원, 행정적 지원과 재정적 지원이 필요하다. 여기서 교사와 관련된 요인을 교사의 관심과 운영 경험과 교사 연수의 기회와 질로 나눈 것은 교과의 통합 운영에서 교사가 차지하는 비중이 그만큼 높다는 것을 의미한다. 다음 〈표 4-2〉는 상기한 요인을 보다

구체화하여 정리한 것이다.

〈표 4-2〉　교과의 통합적 운영에 영향을 미치는 주요 요인과 변인

요인	변인
교사의 관심과 운영	교사들의 개발에 대한 관심, 참여 경험, 어려움 논의 상대, 관련된 정보 수집 자원, 정보 수집의 용이성, 교사의 개발 권한, 교사의 개발 경력, 통합교육과정 개발의 출발점에서 우선적으로 고려해야 할 요인, 개발의 주체, 통합교육과정 논의 기회
교사 연수의 기회와 질	연수 경험, 현행 연수 형태, 연수 기간, 필요한 연수 형태, 적절한 연수 시기, 연수 대상자, 전문가 초빙의 필요성, 전문가 초빙에 대한 교장의 지원, 대학, 교육청, 타 학교 방문 연수의 필요성
교사 외 인적 자원의 지지와 지원	통합 형태에 따른 동료 교사들의 지지, 교장의 지지, 학습자의 수용 태세, 학습자 의 개발 참여, 학부모의 수용 태도, 학부모와 지역사회의 의사 수용 정도, 학부모 및 지역사회의 역할
행정과 재정적 지원	개발 시간 확보 방법, 통합교육과정의 시간 운영(융통성 있는 시간표 구성), 교사 의 동기 유발 방법, 시간 외 업무 수당 지급, 운영자료 구비 정도, 도서관의 운영 자료 구비 정도, 기타 운영 공간과 시설, 자원의 구비, 개방성, 활용율

　다음으로 학교에서 통합교육과정을 편성하고 운영할 때 필요한 학교 문화, 학교조직과 학교 안팎의 협력에 대해서 Burns(1995)의 아이디어를 참고로 하여 알아본다.

2. 학교의 문화

　학교 문화는 학교 급이나 단위 학교에 따라 차이가 있다. 하지만 동서양을 막론하고 공통적으로 지적되고 있는 것은 교직사회의 개인주의와 보수주의 학교 문화이다. 황기우(1992)는 한국 초등학교의 교직 문화를 과거의 개인적 경험과 관행을 중시하는 보수주의, 개인적 고립을 특징으로 하는 개인주의, 교수활동의 즉시성과 긴박성으로 인한 현재주의, 특별한 것을 도모하지 않는 보신주의 문화

로 규정하였다. 이정선(2002) 역시 초등학교의 교직 문화를 전문적 기술문화의 부재, 개인주의, 현재주의, 보수주의, 교직의 이중적 성격 등으로 규정하였다. 여기서는 학교에서의 교육과정통합 운영을 개인주의와 보수주의 교직 문화의 성격을 중심으로 논의하고자 한다.

교직의 개인주의 문화는 학교가 관료제적 직제를 가지고 있음에도 교직의 전문성을 인정하는 데서 출발한다. 초등학교 교사들은 동 학년에 소속되어 있기는 하지만 각기 자신이 관할하는 독립된 학급을 가지며, 행정 업무의 경우에도 역할 분담이 끝나면 자신이 맡은 일에 책임을 지는 구조로 되어 있다. 학교는 부서 간이나 부서 내의 구성원 간에 긴밀한 협력 없이는 운영이 불가능한 조직이 아니라 교사들이 각자 맡은 직무를 충실히 이행하면 운영에 큰 어려움이 없는 조직이다.

중학교나 고등학교의 경우에도 교사는 동 학년이나 교과별 조직에 소속되어 있기는 하지만, 학생들의 교과지도, 생활지도, 학급경영 등에서 자율적인 운영 권한을 갖는다는 점에서 초등학교와 다르지 않다. 이러한 조직 구조의 특성이 교사의 개인주의 문화를 만들어 내는 원인이 된다.

이러한 개인주의는 교사가 '자신의 이익을 위하여 행위한다'는 것이 아니라, '다른 교사가 하는 일을 몰라도 되거나 하는 일을 간섭하지 않는다'는 불간섭의 문화와 연결된다. 자신이 맡은 일에 충실하면 된다는 생각으로, 학교라는 전체 조직의 운영에 관심을 기울이지 않게 된다는 것을 의미한다.

또한, 교직사회는 보수주의 문화가 강하다. 보수라는 말은 "보호하여(保) 지키다(守)."라는 뜻으로 새로운 것이나 변화를 적극적으로 받아들이기보다는 지금까지 해 온 것을 옹호하며 유지하려는 경향이라고 할 수 있다. 교육은 새로운 것을 발견하는 활동이 아니라 이미 발견된 것을 습득하거나 재발견하게 하는 활동이며, 학생들을 장차 맞닥뜨리게 될 사회에 적응시키는 활동이라는 점에서 보수적인 성격을 가질 수밖에 없다. 이런 까닭으로 교사들은 학생들을 함께 배우는 과정에 있는 사람이라기보다는 '계도하여 올바른 방향으로 인도해야 하는 미성숙한 존재'로 생각한다. 또한 교육의 성과는 단기간에 드러나지 않고 측정하기 어렵다는 점에서 개혁이나 혁신의 요구에서 비교적 자유로울 수 있다. 또한 교사의 승진이나 보수, 보직 배정 또한 특별한 경우를 제외하고는 대체로 경력에 따라 배분되기 때문에 남보다 더욱 노력해야 할 동기를 찾기 어렵다는 점도 교사들이 현재에 매달리는 이유가 된다.

  이러한 교직사회의 문화는 학교에서 교육과정통합 운영을 방해하는 요인이 된다. 뒤집어 말하면, 학교에서 교육과정통합 운영을 하고자 하면 교직사회의 문화가 개인주의를 극복하고 협력적으로 바뀌어야 하며, 보수주의에 침몰되지 않고 혁신을 지향해야 한다.

  Burns(1995)는 통합을 실시하는 학교는 교육과정통합을 위한 계획, 수업 그리고 평가가 필수적이라고 하였는데, 개인 교사가 할 수 있는 일이 아니라 교사 팀 그리고 나아가서 학교 전체가 통합을 위한 협력적 문화가 조성되어 있어야 한다는 것이다. 특히, 중등학교의 교사들은 자신이 가르치는 교과를 통하여 정체성을 가지고 있는데, 이를 극복할 필요가 있다고 보았다. 즉, 교사들이 국어 교사, 수학 교사, 영어 교사로 자신의 정체성을 말하는데, 과목 담당 교사이기 이전에 학생들의 성장을 돕는 교사라는 정체성이 요구된다고 하였다. 그녀는 통합교과의 교사들이 스스로를 교과 전문가가 아니라, '필수적인 질문, 주제, 개념에 따라 학습 활동을 조직하는 종합가(generalists)'로 생각해야 한다고 보았다.

  전통적인 교과별 수업이 지니는 심각한 위험 중 하나는 교사들에게 항상 존재하는 것으로, 학생의 성장을 추구하기보다는 담당 교과를 통한 교사의 자기유지를 추구하고자 하는 유혹이다(배진수, 이영만, 1995: 34)

나는 Burns의 이러한 주장에 동조하면서도, 다소 '과격하다'고 생각한다. 현실적으로 말하면, 교사들이 교육과정통합 운영을 하기 위해서 평소에는 교과별 정체성을 가지고 있되, 통합단원의 개발, 수업, 평가를 하는 활동에서는 이러한 정체성을 잠시 내려놓아야 한다고 생각한다.

또한 협력적인 학교 문화는 교사들 간의 협력으로 한정되지 않는다. 교육과정통합은 학생들의 관심이나 흥미에 부합하거나 생활이나 사회 문제를 해결하기 위하여 나아갈 때, 학생들의 주체적 참여와 협력이 중요하다. 기존의 학교에서 학생들은 교사들과 마찬가지로 교실에서는 운집(단지 모여 있을)해 있을 뿐이고, 학습은 개별적으로 이루어지며, 상급학교 진학을 위한 경쟁으로 협력적인 학습이 일어나기 힘들다. 교육과정통합이 이루어지는 학교에서는 계획이나 수업, 평가의 과정에서 교사들 간의 협력, 교사와 학생의 협력, 동료 학생들 간의 협력이 필수적이다.

이와 함께, 교육의 성과는 학교가 가정과 지역사회와 함께 협력할 때 기대할 수 있다는 점에서 교육과정통합은 학부모의 지지와 지원 그리고 지역사회의 협력이 중요하다. 학부모가 자녀의 교과 성적에만 관심을 가지거나 학교와 교사를 신뢰하지 않을 때, 교육과정통합 운영에 대한 지지와 지원을 할 것으로 기대하기는 어렵다. 교육과정통합 운영의 이유와 목표를 이해하고 진정으로 학교가 하는 일을 지지하고 지원할 때 통합교육의 성과를 기대할 수 있다. 이와 함께 교육과정통합이 지역사회에 대한 이해와 문제 해결로 나아갈 때, 지역사회에서의 인력 지원과 시설 공유 등 협력이 요구된다. 결론적으로, 교육과정통합을 위해서는 교사들 간의 협력은 물론이고, 교사와 학생, 학생 서로의 협력, 학부모의 지지와 지원, 지역사회의 지원과 책임 등이 필요하다.

또한 교육과정통합은 학교의 보수주의 문화를 극복하는 데서 출발한다. 학교교육은 오랫동안 교과별 수업으로 운영되었으며, '교사들은 가르치고 학생은 배운다'는 것이 상식으로 자리 잡아 왔다. 또한 '많이 가르칠수록 많이 배운다'고 믿어 왔다. 교육과정통합은 이러한 상식을 뒤집는, 말 그대로 교육 혁신의 과정이다. 사람들은 변화가 필요하다는 것을 인정하지만, 익숙한 것을 버리는 것이 불편하고 새로운 것이 어떤 결과를 가져올지 모른다는 두려움 속에서 자신에게 닥치는 변화를 달가워하지 않을 수 있다. 이것은 교사와 학생뿐만 아니라 관리자나 학부모도 마찬가지이다. 교육과정통합은 교육에 대한 새로운 신념을 갖는 데서 출발한다. 또한 이러한 신념은 특정한 개인이나 일부 집단이 아니라, 학교 교육에 관여하는 대부분의 사람과 집단이 공유해야 한다.

먼저, 교육과정은 교과별로 운영될 수 있지만 통합의 방법으로도 운영될 수 있다는 것을 받아들인다. 교과별 운영이 주요한 개념과 원리를 계통을 밟아서 체계적으로 학습할 수 있는 장점이 있는 반면에, 교육과정통합은 학생들의 흥미와 관심에 부합하고, 일상생활과 지역사회에 연결하여 학문 속에 들어 있는 주요 개념과 원리를 학습할 수 있게 할 뿐만 아니라 그들의 관계를 파악하고 적용하는 능력을 길러 준다. 이런 점에서 학교 교육은 교과별 교육과 함께 교육과정의 통합 운영이 필요하다.

다음으로, 앞에서 말한 바와 같이, '교사는 가르치고 학생은 배운다'는 관념에서 벗어나야 한다. 교사가 무엇을 어떻게 가르치는가도 중요하지만 학생들이 학습의 주체가 되고 서로 협력할 때 교육의 성과를 기대할 수 있다. 당연한 말이다. 학생의 변화는 그들이 무엇을 읽었고 들었으며 무엇을 했는지 그리고 그들이 거기에 어떤 의미를 부여했는지에 따라 일어난다. 교육의 핵심은 학습에 있으며, 교수활동은 학습을 불러일으키고 촉진하기 위한 도움 장치라고 할 수 있다. 이런 점에서 교육과정통합에서도 교사가 독자적으로 또는 집단적으로 계획을 하고 수업을 하며 평가를 하기도 하지만, 궁극적으로 학생들을 수업의 공동 주체로 그리고 그들의 자발적 협력을 이끌어 낼 때 교육의 성과를 기대할 수 있다. 특히 교육과정통합이 관련 있는 교과내용을 배우는 시기를 조정하여 비슷한

시간대에 가르치는 단순한 통합을 넘어서서, 간학문이나 탈학문 등 통합의 강도
가 올라갈수록 학생의 주체적 참여와 협력이 필수적이라고 할 수 있다.

마지막으로, 많이 가르치면 가르칠수록 많은 것을 배우게 된다는 소박한 생각
에서 탈피할 필요가 있다. 소박하다는 것은 원래 "꾸밈이나 거짓이 없고 수수하
다."는 뜻이지만 여기서는 "깊이 있게 생각하지 못하고 겉으로 들어난 현상이 전
부라고 믿는다."는 것을 의미한다. 사실 학습할 시간에 비하여 학습해야 할 교과
의 내용이 많으면, 대다수의 학생은 학습내용을 제대로 이해하기 어렵다. Sizer
가 말한 "적을수록 좋다(less is more)."는 말은 통합교육과정의 핵심을 드러내기
에 적합하다. 교육과정 분야에서 이 말은 '교과의 교육내용을 줄이면 줄일수록
학생들이 더 많은 것을 배우게 된다'는 의미를 지닌다. 교육과정통합은 교과 간
에 중복되는 내용을 줄일 수 있고, 학생들의 삶과 교육내용을 결합시킨다는 점
에서 학습의 유의미성을 높여 주는 효과가 있다. 이런 점에서 수많은 교과를 제
시하고 그 속에 빼곡이 내용을 담아서 가르치는 것은 학생들의 학습에 결코 도
움이 되지 않는다는 생각을 할 필요가 있다.

3. 학교의 조직

학교에서 교육과정통합이 이루어지려면 학년별로, 교과 간에, 때로는 학년을
가로질러서 통합단원을 개발할 팀이 구성되어야 한다. 초등학교는 동 학년을 중
심으로 팀을 만들기 쉽고, 중학교와 고등학교는 동 학년 내에서 서로 다른 교과
를 담당하는 교사들이 모여 팀을 구성할 수 있다. 그리고 잦지는 않지만, 학교
전체 학생이 참여하는 대형 프로젝트나 특수한 주제를 중심으로 학년 간을 가로
지르는 수업을 하기 위하여 학년 간 팀 구성도 가능하다.

팀 구성에 있어서 중요한 것은 교육과정통합 운영에 대한 신념과 열의, 공통의
비전과 책임감을 가진 교사들을 모으는 일이다. 팀 구성원 가운데 교육과정통합

에 대하여 회의적이거나 열의가 없으며 개발과 운영에 대한 책임감이 없는 사람이 많으면 그 학교에서의 교육과정통합 운영은 어렵다. 실제로 학교의 모든 교사가 또는 동 학년의 전 교사가 그리고 동 학년에 속하는 대부분의 교과 담당 교사가 교육과정통합에 호의적이거나 모험을 하고 싶은 것은 아니다. 이런 점에서 교육과정통합은 관심과 열의, 책임감과 공통의 비전을 가지고 있는 교사들끼리 먼저 시작할 필요가 있다.

Maeroff는 팀 구성에 대하여 다음과 같은 지침을 제시했다.

> 팀원의 선정은 강제적으로 이루어져서는 안 된다. 팀 구성에 있어서 기존의 지도자나 지도자가 될 가능성이 높은 사람을 포함시키고자 노력해야 한다. 팀의 연속성을 유지하고자 노력해야 한다. 수년 동안 팀에 잔류하지 않을 사람을 선택하는 것은 적절하지 않다(김대현, 강태용, 2001: 67).

교육과정통합에서 팀 구성은 시작일 뿐이다. 실제로 팀이 교육과정통합을 위한 항해를 시작하면 팀 개발(staff developmnet)이 뒤따를 필요가 있다. 팀원이 교육과정통합을 하고자 하는 열의가 있고 의지가 강하다 하더라도 팀 작업은 생각처럼 쉬운 일이 아니다. Pleming은 팀 개발의 9단계 모형을 다음과 같이 제시하였다.

- 역할과 책임 명료화
- 집단과 개별 역할의 탐색
- 절차에 대한 변화
- 의사결정 방법에 대한 교육
- 결정 사항에 대한 책무 증진
- 갈등의 관리와 해결

- 팀의 장점과 단점의 확인
- 수행목표 설정
- 협동에 대한 인정과 보상(김대현, 강태용, 2001: 74-75)

학교에서 교육과정통합 운영이 이루어지려면 통합 팀의 구성, 개발과 함께 팀원들의 전문성을 개발할 기회를 제공할 필요가 있다. 교육과정통합에 대한 팀원들의 전문성은 참여하는 교사에 따라 차이가 있으므로, 지식과 경험이 있는 교사의 역할이 매우 중요하다. 그러한 교사가 리더가 되어 팀을 잘 이끄는 것은 교육과정통합의 성패를 좌우한다.

하지만 리더의 역할 못지않게 중요한 것은 팀원들의 교육과정통합에 대한 전문성이다. 이를 위하여 팀원들은 지속적으로 내외부의 지원을 받아서 전문성을 높일 필요가 있다. 방학 중에 개최되는 교육청 또는 교육연수원의 연수나 관련 학회에서 발간하는 문헌 연구와 개최하는 워크숍에 참여하는 것이 좋다. 또한 자신이 속한 학교 현장에서 외부 전문가를 강사로 모시거나 내부의 리더 교사를 중심으로 열게 되는 워크숍도 팀원들의 전문성 신장에 도움을 준다.

교육과정통합은 한 번에 의도한 교육적 성과를 볼 수 있는 것이 아니라 여러 번 추진하는 과정에서 얻는 성공과 실패의 경험을 통하여 학생과의 협력, 지역 사회의 연계수업으로 발전해 나간다. 이런 측면에서 교육과정통합은 완벽하게 준비한 이후에 비로소 시작하는 것이 아니라, Fullan이 말한 바와 같이, 준비-출발-목표(ready, fire, aim) 등으로 나아가는 것이 현실적이다(Burns, 1995). 교육과정통합은 학교 안팎의 문화적 · 조직적 · 심리적 환경 속에서 이루어지므로 지나치게 상세한 계획을 세우고 꼭 그대로 추진하겠다고 고집하기보다는, 어느 정도 준비가 되면 시작하고 그 과정에서 목표를 세우고 실천해 가는 보다 유연한 교육활동이다.

학교에서 교육과정통합을 기획하고 운영하고 평가하는 일차적인 주체는 교사 집단이다. 교사집단은 이러한 작업의 과정에서 가장 중요한 역할을 행사한다. 교사들이 통합교육과정을 계획하고 실행하며 평가할 때 어느 수준의 능력과 기술을 지니며, 또 이를 어느 정도 발휘하는가에 따라 학교의 통합교육과정 개발의 성패가 결정된다. 현재 교사들이 통합교육과정을 개발하고 운영하는 데 있어서 전문적 자질을 충분히 갖추고 있다고 보기 어렵다. 그동안 우리나라의 교육과정은 철저하게 중앙 정부에서 개발하고 학교에서는 수동적으로 운영만 해 왔기 때문에, 학교가 통합교육과정을 개발하는 경험을 가질 수 없었다.

그러므로 교사들에게 통합교육과정의 개발에 관련된 능력과 기술을 함양할 수 있는 기회를 제공하여야 한다. 이를 위하여 예비 교사들의 교육과 현직 교사들의 연수 프로그램에 통합교육과정의 개발에 관련된 지식과 기술에 관한 내용을 포함해야 한다.

교육대학의 경우 예비 교사들을 위하여 '통합교과 및 창의적 체험활동'(2학점) 이라는 과목이 설치되어 있지만, 대개의 경우 국가 수준에서 개발된 통합교과를 운영하는 데 필요한 교재 연구와 교수법 강의에 시간을 충당하고, 학교에서 통합교육과정을 개발하고 운영하는 데 관련된 지식과 기능을 길러 주는 것을 목표로 하고 있지는 않다. 따라서 '통합교과 및 창의적 체험활동' 과목을 통합교과 (2학점)와 창의적 체험활동(2학점)으로 분리하고, 통합교과 과목을 '학교의 통합교육과정 개발 및 운영'으로 과목명을 바꾸고, 국가 수준에서 개발한 통합교과를 포함하여 학교에서 통합교육과정을 개발하고 운영하는 데 관련된 지식, 기능, 태도 및 가치를 기를 수 있도록 목표와 내용을 구성하고 운영해야 한다. 한편, 중등교사를 양성하는 교원양성기관에서는 교직과목 중 '교육과정' 과목 속에 학교 차원의 통합교육과정 개발과 운영에 관한 내용을 다루도록 할 필요가 있다. 이때, 개념이나 유형을 소개하는 이론적 차원을 넘어서서, 학교에서의 통합교육과정 개발 및 운영의 필요성과 가치, 개념, 유형 등을 포함하고 통합단원을 실제로 개발해 보는 실습 과정을 포함하도록 해야 한다.

그리고 현직 교사들을 위한 연수 프로그램을 통해서 교사들이 학교에서 통합교육과정을 개발할 수 있는 능력을 갖출 수 있도록 도움을 주어야 한다. 시·도와 시·군 교육청에서는 연수를 통해서 통합교육과정 개발을 위한 지식과 기술을 전수하고, 대학이나 연구소는 이에 관련된 새로운 지식과 기술을 개발하여 보급해야 한다. 이를 위하여 교사, 교육청의 장학 담당자, 대학이나 연구기관의 교육과정 전문가가 참여하는 다양한 협력 체계의 구축이 요망된다. 또한 지구별 장학위원회와 초등학교의 동 학년 회의 등도 이러한 지식과 기술의 습득에 도움이 되는 방향으로 운영될 필요가 있다.

그러나 교사들이 이와 같은 지식과 기술을 습득하게 되었다 하더라도, 이러한 지식과 기술을 발휘할 마음의 자세(mindset)를 갖추고 있지 않다면, 학교에서 교육과정통합 운영을 하기는 쉽지 않다. 즉, 교사들이 개별 교과 체계를 너무나 당연한 것으로 생각하면, 학교에서 통합교육과정을 개발하고 운영하기가 어렵다. 이와 관련해서 교사들은 교과의 구분이 매우 인위적인 것이며 그것들은 우리가 그 교과 속에서 세계를 보도록 가르침을 받아 왔기 때문에 존재하고 있을 뿐이라고 생각하는 것이 중요하다(Drake, 1991: 20).

물론 이러한 믿음만으로는 부족하다. 교사들이 학교에서 통합교육과정의 개발에 적극적으로 참여하게 될 것이라고 말하기 어려운 또 다른 이유들이 있기 때문이다. 교사들은 개별 교과 체계의 교수법에 익숙해 있으며, 통합교과의 운영을 위한 교수·학습 자료의 빈약으로 수업 준비의 부담 때문에 교육과정의 통합 운영을 탐탁치 않게 여길 수 있다.

그리고 모든 교사가 통합교육과정의 개발에 기꺼이 참여하고자 하는 것은 아니라는 사실도 인정해야 한다. 이 방안을 실행할 때 생기는 교사의 부담 문제를 생각해야 한다. 학교 수업을 해 나가면서 교육과정 개발과 같은 힘든 업무까지 맡기는 것은 교사들에게 과중한 부담이다. 따라서 통합교육과정의 개발 업무에 참여하는 교사들에게는 수업 부담을 일정 기간 없애 주는 방안이 강구되어야 한다. 또한 교사들 중에는 수업의 부담이 없다 하더라도 복잡한 교육과정 개발 업무에 참여하는 것을 꺼리는 사람도 있다. 이들을 위한 유인체제로서 승급과 보수와 같은 보상체계의 확립도 필요하다.

교사들이 통합교육과정의 가치를 인식하고 통합교육과정 개발 작업에서 개인적으로 의미를 찾는다면, 학교 수준의 통합교육과정 개발과 운영이 성공할 가능성이 높다. 즉, 통합교육과정을 개발하고 운영해 온 많은 경험자가 주장하듯이, 교사들이 새로운 것에 대한 모험심과 해내고자 하는 의지가 있다면 통합교육과정 개발에서 부딪히는 어려움을 극복할 수 있다.

최근 전국의 대부분 학교에는 교사전문적학습공동체가 결성되어 운영되고 있다. 일명 '전학공'이라고 불리는 이 협의체는 교사들이 교육과정, 수업, 평가, 생활지도, 학급 경영 등에서 전문성을 발휘하고 이와 관련된 역량을 신장할 목적으로 자발적으로 만든 교사 조직이다. 전국의 시·도 교육청에서도 학교마다 결성되어 있는 전학공의 활약을 기대하며 재정적인 지원을 하고 있다. 현재 학교마다 전학공의 구성이나 운영, 성과 면에서 편차가 적지 않지만, 제대로 기능을 한다면, 전학공은 학교에서의 통합교육과정 개발과 운영에 큰 도움을 줄 수 있다. 특히, 전학공의 리더 교사를 포함하여 교사들이 학교에서의 통합교육과정 개발과 운영의 교육적 가치를 인식하고 열의와 전문성을 가진다면, 학교에서의 교육과정통합 운영은 손쉽게 이루어지고 교육 성과 또한 기대할 수 있다. 경기도의 대표적인 혁신학교인 장곡중학교에서 박현숙 교사를 포함한 교사들이 운영한 '열네 살, 영화로 세상과 소통하다' '실학의 시대를 만나다' '지구를 생각하는 시간' 등이 이에 해당한다. 장곡중학교의 사례는 교사들의 자발성과 동료성을 바탕으로 하는 교사들의 협의체 형성이 학교에서의 교육과정통합 운영의 핵심 열쇠라는 것을 보여 준다.

학생 집단은 학교에서 통합교육과정을 개발하고 운영할 때 주체로서 참여해야 한다. 교육과정통합 운영의 목표(다학문, 간학문, 탈학문 등)에 따라 그리고 학생들의 발달 정도(학생들의 학교 및 학년 등)에 따라 참여의 내용, 수준, 방식에서 차이는 있겠지만 학생들이 배움의 주체로서 참여하지 않을 때 제대로 된 학습이 일어나기는 어렵다. 특히 학교에서의 교육과정통합 운영의 주체는 반드시 학생이 되어야 한다. 이전의 경험과 현재의 경험을 연결하고, 학교 안과 밖의 경험을 연결하며, 이 과목의 학습과 저 과목의 학습을 연결하는 주체는 학생 본인이 될 수밖에 없기 때문이다. 그러므로 학교 차원의 교육과정통합이 성공적으로 운영되려면 학생들에게 학습 주체라는 자신감을 심어 주고 그들의 자주성을 존중해야 한다. 학생들이 자신감을 갖지 못하면 학습과정 참여를 꺼릴 것이고 자주성을 존중하지 않으면 적극적으로 참여하지 않으려고 할 것이기 때문이다. 또한 교육과정통합에는 교사들뿐만 아니라 학생들 간에도 소통과 협력이 필요하다. 대개 통합교육과정의 주제나 문제는 해결하기 어려운 수준의 복합적이고 종합적인 성격을 지니게 되므로 학생들 간의 협업이 요구된다. 이러한 협업이 이루어지려면 소통하는 능력과 협력하는 마음가짐과 기술이 필요하다. 따라서 학교에서 교육과정통합 운영을 하려면 학생들에게 소통하고 협력하는 기본 역량을 학습할 기회를 주어야 한다. 이러한 소통과 협력하는 힘은 학교에서 교육과정의 통합 운영을 거듭할수록 신장된다.

학교에서의 통합교육과정 개발에 영향을 주는 또 다른 집단으로 학부모를 생각할 수 있다. 중등학교의 경우 입시제도에 의해 학부모들의 호응을 얻기는 어렵지만, 초등의 경우에도 학부모의 이해 부족이 통합교육과정의 실시를 저해하는 요인으로 나타난 것(하갑수, 박천환, 1985; 이용자, 1991)은 학교에서 교육과정통합 운영이 쉽지 않다는 것을 의미한다. 학부모들이 통합교육과정을 통하여 교육을 받은 경험이 없기 때문에 그 효과에 대하여 의구심을 가지며, 앞에서 말한 바와 같이 대학 입시에 대한 심리적 부담감이 통합교육과정을 운영하는 데 방해가 되기도 한다. 이런 점에서, 학교에서 통합교육과정의 교육적 가치를 알리는 홍보 계획 속에 학부모를 대상으로 포함해야 한다. 하지만 이보다 더욱 중요한 사실은 학부모가 학교와 함께 자녀의 성장을 돕는 또 다른 교육 주체라는 인식을 가지고 학교 교육에 적극적으로 참여하는 일이다. 학부모가 학교에서 실시하는 교육과정통합 운영의 교육적 가치에 공감할 뿐만 아니라 계획, 운영, 평가 과정에서 적극적으로 참여하여 지원과 지지를 할 때 교육적 성과를 기대할 수 있다.

교장도 학교 차원에서의 교육과정통합 운영에 영향을 미친다. 교장이 학교에 교육과정통합 운영이 필요하다고 생각하고 심리적 지지와 행정과 예산을 지원한다면 성공할 가능성이 있다. 반대로, 교장이 교육과정통합의 필요성을 인식하지 못하거나 제대로 된 지원을 하지 않을 경우에, 교육과정통합은 성공적으로 운영되기 어렵다. 즉, 교장이 교과별 수업을 가장 이상적인 수업이라고 여기며 교육과정통합 운영에 회의적이거나 경쟁을 통한 학생 개인의 개별 교과의 높은 성취(여기서는 경쟁력)를 가장 중요한 교육 성과로 생각하고 학생들의 주체적이고 협력적인 학습의 중요성을 경시한다면, 교사들의 관심과 열의에도 불구하고 교육과정통합은 시도조차 하기 어렵게 된다. 하지만 교장이 교육과정통합 운영의 필요성을 인식하고 통합에 대한 교사들의 열의를 지지하고 필요한 지원을 한다면, 학교에서 교육과정통합이 안착될 가능성이 높아진다.

4. 학교의 시간, 공간, 재정

학교에서의 교육과정통합 운영에 영향을 미치는 중요한 요인 중의 하나는 시간이다. 교육과정통합은 팀원들이 함께 계획을 하고 운영을 하며 평가를 해야 한다. 개별 교과의 수업과 달리 교사들이 함께 모여 계획을 세우는 데에는 별도의 시간이 필요하다. 외국의 경우에 학기 중에 '수업이 없는 날'을 정하여 이러한 시간을 확보하기도 하지만, 우리의 경우 현실적으로 어렵기 때문에 일과 시간을 이용하여 교사들이 모여서 교육과정통합을 계획하고 운영에 필요한 자료를 수집하고 정리할 시간을 확보할 수 있도록 해야 한다. 또한 교사들에게는 교육과정통합의 계획이나 운영뿐만 아니라 결과를 판단하고 스스로 평가해 보는 반성의 시간도 필요하다. 교사들이 학교생활 속에서 이와 같이 함께하는 시간을 갖지 못한다면 교육과정통합 운영은 시도조차 어렵다.

또한 교육과정을 통합 운영하게 되면 종전과 같이 45분이나 50분 단위로 수업을 끊어서 하는 것은 교육 성과를 기대하기 어렵다. 교육과정통합 운영은 교육의 목표, 참여 학생의 학년이나 학생 수, 제재나 주제의 크기 등에 따라 시간 운영 방식이 달라진다. 2~3주 정도를 교과별 수업을 하지 않고 어떤 제재나 주제를 중심으로 온전히 운영할 수도 있으며, 1주에 몇 시간을 제재나 주제를 중심으로 운영하면서 수 주나 한 학기 혹은 한 해 전체에 걸칠 수도 있고, 2~3시간이나 4~8시간의 단기 과제로 운영할 수도 있다. 어떠한 경우가 되든 교육과정통합수업은 차시별로 끊어서 운영되기보다는 묶음 시간표(block-scheduling)를 사용하는 경우가 대부분이다.

교육과정통합수업의 이러한 특성은 중학교나 고등학교의 경우에 여러 교사가 수업이 이루어지는 모든 반에 함께 들어갈 수 있다는 것을 의미한다. 예를 들어, 수학, 사회, 과학의 연계수업의 경우에 해당 교사들이 큰 묶음 시간표 속에서 여러 반을 한데 모아 모두 들어가서 동시에 수업을 할 수도 있다. 수업은 교사 한 사람씩 돌아가며 차례로 진행할 수도 있으며, 교사 한 사람이 공통적인 부분을 지도한 다음 이후에 집단을 나누어 교사들이 각기 지도하는 시간을 가질 수 있다. 또한 비교적 전통적인 방식으로 교사들이 각기 주어진 시간 속에서 자신이 맡은 수업을 진행하되, 통합단원이라는 큰 틀 속에서 자신의 수업이 이루어지도록 할 수 있다. 초등학교 고학년의 경우에 교과 담당 교사가 있지만, 교육과정통합 운영은 학급 담임을 중심으로 개별적으로 진행될 수 있으며, 중등학교와 마찬가지로 여러 명의 교사가 동시에 함께 참여하는 방식으로 수업을 할 수도 있다. 방식이 어떻든지 간에 교육과정통합 운영은 교과별 · 차시별 수업과는 다른 시간 운영 방식을 필요로 한다는 점에서, 통합의 목표, 제재나 주제의 성격, 학생의 학년이나 학생 수 등에 따라 융통성 있게 운영할 필요가 있다.

또한, 학교에서 교육과정통합이 효과적으로 운영되려면 교육공간의 융통성 있는 운영과 확장이 필요하다. Burns는 교육과정통합과 관련하여 공간 활용의 사례를 다음과 같이 제안하였다.

> 학생들의 요구에 잘 부응하고 팀 수업을 효율적으로 하려면, 교사들에게 적절한 수업 공간이 필요하다. 첫째, 교실들이 서로 붙어 있어야 한다. 이렇게 하면 계획이나 의견교환이 용이해지고 집단 활동을 위한 학생 이동이 쉬워진다. 둘째, 2인 1조로 된 팀 수업을 하려면, 분할된 교실(접이문으로 교실을 둘로 분할한 모양)이 유용할 것이다. 이런 배치는 수업준비실, 소집단 실험활동, 컴퓨터실, 강의나 시범 등을 위한 영구적인 설비를 할 때에도 도움이 될 것이다. 셋째, 팀의 전체 학생을 수용할 수 있는 대형 공간도 필요하다. 이런 공간은 강의실, 극장 또는 이상적으로는 여러 수업모형에 맞도록 설계된 공간으로서 다른 사람과 공동으로 사용할 수 있다. 마지막으로, 책상과 자료가 비치된 공동계획 공간도 필요하다(김대현, 강태용 역, 2001: 57.).

앞의 사례와 같이, 교육과정통합은 같은 규격의 표준화된 기존 교실에서 운영될 때 한계를 지닌다. 학교를 신축할 경우에 교육과정통합 운영을 위하여 크고 작은 다목적 공간을 설계 단계부터 반영할 수 있지만, 기존 학교의 경우에는 현재 있는 공간을 최대한 효율적으로 사용할 필요가 있다. 일반 교실은 물론 과학실, 음악실, 미술실 등 특별실을 활용하고, 강당과 운동장 등을 달성하고자 하는 교육목표나 학생 집단의 크기에 따라 때로는 분할하거나 합쳐서 사용할 수 있다. 이와 함께 학교 바깥의 공간 활용도 적극적으로 계획하고 사용할 필요가 있다. 지역사회의 도서관, 체육관, 박물관 등 다양한 교육 관련 시설과 함께 시장, 관공서, 기업체, 주변의 대학 등을 교육목적으로 활용해야 한다. 이와 함께 교사들이 교육과정통합 운영을 위한 계획을 수립하고 운영을 협의하며 평가에 관하여 논의하는 공간도 필요하다. 학년실, 교과실, 특별실과 도서실 등 다양한 시설을 사용할 수 있지만, 하나의 공간을 지정하고 정해진 시간에는 반드시 사용할 수 있도록 사전 협의가 있어야 한다.

학교에서 교육과정을 통합 운영할 때는 적절한 재정적 지원이 필요하다. 교사들이 교육과정통합에 대한 전문성을 갖기 위해서는 학교 바깥의 워크숍 참여나 학내에서 실시하는 워크숍의 진행에 비용이 필요하다. 교육과정통합 운영을 위한 계획, 수업, 평가와 관련된 내부 협의회 운영을 위해서도 적절한 예산의 지원이 요청된다. 이와 함께 학부모와 지역사회 인사들과의 간담회와 외부 자원 인사의 활용에도 비용이 발생할 수 있다.

또한 교육과정통합 운영에는 교과서를 넘어서서 다양한 교수·학습 자료가 필요하므로 이에 대한 구입 비용이 든다. 때로는 단순한 자료를 넘어서 새로운 교육 기구나 설비가 필요할지도 모른다. 또한 학교 내의 공간을 분할하거나 합치는 과정에서 비용이 발생할 수도 있으며, 학교 외부의 시설을 이용할 경우 사용료를 지불해야 할 경우도 발생한다. 학교에서 매년 예산을 편성할 때 교육과정통합 운영과 관련된 예산을 계획하여 사전에 반영할 필요가 있다.

5. 지역사회

우리나라 학교 교육은 학생들의 학습과 삶을 분리해 왔다. 교육은 학교에서 하고, 삶은 마을에서 일어나며, 둘 사이에는 아무런 관련이 없는 것처럼 간주되었다. 마을에 학생들의 삶의 뿌리가 있고 마을이 학생들의 삶을 형성하고 성장시키는 실존적 맥락이라는 생각을 하지 못했다. 또한 마을의 인적 · 물적 · 문화적 · 환경적 · 역사적 인프라를 적극적으로 활용하지 못했다. 그러나 무엇보다 학생들이 마을의 발전을 위하여 주체적으로 참여함으로써 의사소통, 창의성, 비판능력을 가지고 서로 신뢰하고 협력하는 민주 시민으로 성장할 기회를 제공하지 못했다.

최근 마을교육공동체 운동은 학교, 학부모, 지역이 유기적인 네트워크를 형성하여 학교에서 이루어지는 교육이 지역사회 속에서의 삶과 연계되도록 하고, 학교를 통하여 마을이 성장할 수 있는 교육 생태계를 만드는 데 목표를 두고 있다 (세종특별자치시교육청, 2020). 학교의 책임으로 여겨졌던 교육을 마을로 확장하여 마을이 아이들의 배움터가 되고 아이들이 마을의 주인으로 성장하도록, 학교와 마을이 아이들을 함께 키우는 주체적이고 협동적인 터전이된다. 학교에서의 교육과정통합 운영은 마을교육공동체 운동과 연결되어야 한다.

김대현(2020)은 이를 위해서 마을학습 교육과정을 제안하였다. 마을학습 교육과정의 목표와 내용은 크게 여섯 가지로 생각할 수 있다. 첫째, 마을을 이해하는 것이다. 내가 살고 있는 마을을 객관적으로 관찰하고 조사하여 실태를 파악하는 데 목적을 둔다. 둘째, 마을을 교육의 소재로 활용하는 것이다. 마을이라는 장소를 통하여 일상적인 사회생활과 자연 세계를 이해하는 수단으로 삼는다. 셋째, 마을에 있는 자원을 교육적으로 활용하는 것이다. 마을 주민과 마을에 있는 여러 기관과 단체, 시설과 장비 등을 교육에 활용하는 것이다. 넷째, 마을학습을 통하여 의사소통 능력, 창의성과 비판적인 태도, 서로 협력하는 공동체 역량 등을 학습하는 것이다. 다섯째, 마을이 삶의 근원이라는 것을 자각하게 하는 것이다. 마을이 나와 독립적으로 존재하는 객관화된 사물이 아니라, 내가 안식, 평화, 갈등, 두려움 등을 체험하는 실존적 공간이라는 것을 경험하는 것이다. 여섯째, 마을을 바꾸는 일에 참여하는 것이다. 참여를 통하여 신뢰와 협력을 배우고 민주 시민으로 성장하는 것이다. 이들 여섯 가지 목표는 따로 분리된 것이 아니라 서로 긴밀하게 연결되어 있다. 그러므로 마을학습 교육과정은 어느 하나를 취하고 다른 것을 버리는 것이 아니라, 이 여섯 가지 목표를 지향하는 것이다. 이러한 마을학습 교육과정은 분과별 학습이 아니라 학교에서의 교육과정통합으로 계획되고 운영되며 평가되어야 한다.

제1부 참고문헌

강우철 외(1983). 통합과정 운영을 위한 자료 단원. 한국교육개발원.

강충열(2011). 주제별 교과서의 등장: 초등통합교육과정에 주는 의미. 한국통합교육과정학 회 학술대회자료집, 4-23.

강현석, 박영우, 이원희, 박창선, 유제순, 이지현 역(2006). 학교 교육과정 설계론의 새지평. 서 울: 아카데미트레스.

곽병선(1981). 통합교과용도서 구성의 배경과 이론적 기초. 통합교과용도서의 효율적인 지 도를 위한 워크숍.

곽병선(1983). 통합교육과정의 구성 방법, 한국교육개발원 편, 통합교육과정의 이론과 실제 (pp. 57-58). 서울: 교육과학사.

곽영선, 신영주(2019). 2015 개정통합과학 수업관찰을 통해 실행된 교육과정분석. 한국과학 교육학회지, 39(3), 379-388.

교육부(2015). 2015 교육과정

김대현(1986). Hirst 교육과정통합이론의 정당성 문제. 부산교육학연구, 77-90.

김대현(1990). 교육과정 조직 방식에 얽힌 오해들. 진주교육대학 초등교육연구, 2, 3-18.

김대현(1992). Hirst 교육과정 이론의 해석과 비판. 부산대학교 대학원 박사학위논문.

김대현, 이영만(1995). 학교 중심의 통합교육과정 개발. 서울: 양서원.

김대현(1996). 학교차원의 통합교육과정 개발을 위한 모형 구안. 교육과정연구, 14(3), 18-40.

김대현(1997a). 교과의 통합적 운영: 교사용 지침서. 서울: 문음사.

김대현(1997b). 교육과정 재구성과 통합수업. 부산광역시 동래교육청 '97 동래 장학자료.

43-101.

김대현(1998). 교과의 통합적 운영방안과 과제, 열린교육, 6(1), 287-303.

김대현, 강태용(2001). 교과경계선 허물기. 서울: 학지사.

김대현(2017). 교육과정의 이해. 서울: 학지사.

김대현(2020). 국가교육과정체제 75년 우리에게 무엇을 남겼나? 한국교육학회 학술발표대
  회 자료집.

김덕현(2011.2.23). 통섭 · 융합 · 컨버전스 제대로 알자. 매일경제.

김두정 외 4인(1986). 초등학교 저학년 통합교육과정 구성의 기초: 통합교육 과정의 운영실
  태와 개선을 위한 요구. 한국교육개발원.

김두정(1992). 학습자 학습내용량의 문제점과 대책. 교육월보, 4.

김성권(1987). 국민학교 통합교과의 구성 운영에 관한 조사 연구. 통합교과 및 특별 활동 연
  구, 3(1), 69-100.

김순택(1983). 통합교육과정의 학습지도, 한국교육개발원 편, 통합교육과정의 이론과 실제
  (pp. 99-127), 서울: 교육과학사.

김용복, 김준태(1997). 6차 교육과정에서 공통과학의 운영실태와 개선방안, 과학교육연구,
  28(1), 207-218.

김은주, 김대현(2014). 2009 개정통합교과 주제별 교과서에 대한 교사들의 이해, 통합교육과
  정연구, 8(3), 73-92.

김원희(1987). 교육과정연구. 부산: 부산대학교 출판부.

김재복(1988). 교육과정의 통합적 접근. 서울: 교육과학사.

김재복 외 7인(1990). 초등학교 1,2학년 교육과정 운영에 따른 평가방안. 서울: 교육과학사.

김춘일(1993). 학교 중심 교육과정의 의의와 개발 · 운영을 위한 과제. 교육과정연구, 12, 17-
  38.

김현규(1991). 초등학교 통합교육과정 운영실태 조사연구. 공주대학교 대학원 석사학위
  논문.

박영무, 강현석, 김인숙, 허영식 역. 통합교육과정. 서울: 원미사.

박현숙, 이경숙(2014). 너! 교육과정? 아하! 교육과정 재구성!. 서울: 맘에드림.

박현숙, 김현정, 손가영, 이경숙, 백윤애, 이윤정(2015). 수업 고수들: 수업 교육과정 평가를 말
  하다. 서울: 살림처.

배진수, 이영만(1995). 교육과정통합과 평생교육. 서울: 학지사

선호(2007. 4. 26). 컨버전스는 '융합'이 아니다. 미디어오늘.

손제민(2007. 8. 6). "통섭, 왜곡 번역됐다". 최종덕 교수 세미나서 지적. 경향신문.

성병창, 황희숙, 박수경 역(1995). 교육과정 개발과 지도성. 서울: 양서원.

성열관, 김진수, 양도길, 엄태현, 김선명, 김성수(2017). 교육과정통합, 어떻게 할 것인가?. 서울: 살림터.

세종특별자치시교육청(2020). 세종마을교육공동체란?

송진웅, 나지연(2015). 2015 과학과 교육과정 개정의 주요 방향 및 쟁점 그리고 과학교실문화, 현장과학교육, 9(2), 72-84.

신옥순, 유혜령(1991). 유아를 위한 개방교육의 이론과 실제. 서울: 창지사.

심미옥(1989). 통합교육과정 실시의 저해 요인에 관한 연구. 통합교과 및 특별 활동연구, 5(1), 41-73.

안유섭(2020). 융복합 입문. 융복합센터 MOOC 강좌.

안창선(1986). 초등학교 통합교과 운영에 대한 연구. 통합교과 및 특별 활동연구, 2(1), 3-29.

오천석(1978). 경험과 교육. 서울: 박영사.

운현초등학교(1996). 교육과정 구성의 이론적 배경과 실제.

유한구(1988). 교과통합의 이론적 쟁점. 통합교과 및 특별 활동 연구, 4(1), 1-14.

유한구(1990). 교과통합의 인식론적 고찰. 통합교과 및 특별 활동 연구, 6(1), 39-54.

윤지현, 강선주(2016). 2015 개정교육과정에서 통합과학과 과학탐구실험 교과에 관해 고등학교 과학 교사들이 기대하는 부분과 우려하는 부분에 대한 분석, 학습자중심교과교육연구, 16(5), 515-546.

이돈희(1985). 교육철학개론. 서울: 교육과학사.

이영덕(1983). 통합교육과정의 개념, 한국교육개발원 편. 통합교육과정의 이론과 실제(pp. 15-55). 서울: 교육과학사.

이용숙(1992). 한국교육의 종합이해와 미래구상(Ⅲ): 교육내용과 수업방법 편. 한국교육개발원 연구보고, RR 92-42-2.

이용자(1991). 통합교과 운영의 저해 요인에 관한 연구. 원광대학교 대학원 석사학위논문.

이정선(2002). 초등학교 문화의 탐구. 서울: 교육과학사.

이진호, 최호형(1999). 고등학교 공통과학의 지도상 문제점과 그 해결방안. 과학교육연구,

30(1), 99-116.

이홍우(1982). Bruner 지식의 구조. 서울: 교육과학사.

이홍우 역(1987). 민주주의와 교육. 서울: 교육과학사.

정광순, 박채형(2015). 2009 개정 통합교과 교육과정에 대한 학계 및 현장의 개선요구에 대한 해명, 통합교육과정연구, 9(2), 1-28.

정광순, 박채형(2017). 2015 개정교육과정에 따른 초등통합교과서 개발에 대한 기술. 통합교육과정연구. 11(2), 67-92.

정영홍(1987). 교육철학입문. 서울: 문음사.

조승옥(1983). 심리철학. 서울: 종로서적.

조연순(2006). 문제중심학습의 이론과 실제. 서울: 학지사.

조연순, 김경자(1996). 주제중심 통합교육과정 구성: 숙의 과정. 교육학연구, 34(1), 251-272.

조영기 역(2015). 흥미와 노력 그 교육적 의의. 서울: 교우사.

지옥정 역(1995). 프로젝트 접근법: 교사를 위한 실행지침서. 서울: 학지사.

최호성(1996). 학교 중심 교육과정의 과제와 전망. 교육과정연구, 14, 78-105.

하갑수 · 박천환(1985). 통합교과 운영의 교육혁신적 관점에서의 분석. 통합교과 및 특별 활동연구, 1(1), 37-66.

허수미(2017). 사회과 교사가 인식하는 '통합'의 의미와 실천양상. 학습자중심교과교육연구. 17(24), 766-792.

황규호(1995). 학교 단위 교육과정의 개발과 운영. 교육과정연구, 13, 25-38.

황기우(1992). 한국 초등학교의 교사문화에 관한 해석적 분석, 고려대학교 대학원 박사학위 논문.

황문수(1993). 역사란 무엇인가. 범우사.

한국교육개발원 편(1983). 통합교육과정의 이론과 실제. 서울: 교육과학사.

한국열린교육협의회편 한국교육개발원(1996). 열린교육 입문. 서울: 교육과학사.

한상주(2004). 사범대학 사회교육과 학생들의 관점에서 본 공통사회 전공의 의미. 한국교원연구, 21(2), 141-167.

Ackerman, D. B. (1989). Intellectual and Practical Criteria for Successful Curriculum Integration. In Jacobs, H. H. (Ed.), *Interdisciplinary Curriculum: Design and*

Implementation(pp. 25-38). ASCD.

Alberty, H. B., & Alberty, E. J. (1963). *Reorganizing the high-school curriculum.* New York: The Macmillan Company.

Anderson, L. W., Krathwohl, D. R., Airasian, P. W., Cruikshank, K. A., Mayer, R. E., Pintrich, P. R., Raths, J., & Wittrock, M. C. (2001). *A Taxonomy for Learning, Teaching, and Assessing: A revision of Bloom's Taxonomy of Educational Objectives.* New York: Pearson, Allyn & Bacon.

Aschbacher, P. R. (1991). Humanitas: A Thematic Curriculum. *Educational Leadership, October,* 16-19.

Barrow, R(1997). *Common Sense and the Curriculum.* London: George Allen & Unwin.

Bloom, B. S., Emgelhart, M. D., Furst, E. J., Hill, W. H., & Krathwohl, D. R. (1956). *Taxonomy of Educational Objectives. Handbook 1: The Cognitive Domain.* New York: David Mckay Co Inc.

Borgia, E. (1996). Learning through Projects. *Scholastic Early Childhood Today, 10*(6), 22-29.

Bradley, L. H. (1985). *Curriculum Leadership and Development Handbook,* Prentice Hall.

Brady, M. (1989). *What's Worth Teaching? Selecting, Organizing, and Integrating Knowledge.* Albany: State University of New York Press.

Brady, L. (1987). *Curriculum Development.* New York: Prentice Hall.

Britz, J. (1993). Problem Solving in Early Childhood Classrooms. Eric Clearinghouse on Elementary and Early Childhood Education, Urbana, Ill.

Brophy, J., & Alleman, J. (1991). A Caveat: Curriculum Integration Isn't Always a Good Idea. *Educational Leadership, 49*(2), 66.

Bryson, E. (1994). Will a Project Approach to Learning Provide Children Opportunities to Do Purposeful Reading and Writing, as Well as Provide Opportunities for Authentic Learning in Other Curriculum Areas?. Alaska: Reports-Descriptive(141).

Burns, R. (1995). *Dissolving the Boundaries: Planning for Curriculum Integration in Middle and Secondary School.* Charleston, WV: Appalachia Education Laboratory.

Castanos, J. (1997). Interdisciplinary Instruction: Can the Curriculum be Integrated Successfully at the Secondary Level? Yes!, *Thrust for Educational Leadership, 26*(6), 33-38.

Chard, S. C. (1998). The Project Approach. Home Page

Coulby, D., & Ward, S. (1990). *The Primary Core National Curriculum: Policy into Practice*. London: Cassell, 1990.

Day, C. et al.(1993). *Leadership and Curriculum in the Primary School: The Roles of Senior and Middle Management*. London: Paul Chapman.

Dean, J. (1992). *Organising Learning in the Primary School Classroom*. London: Routledge.

Dearden, R. F. (1976). *Problems in primary education*. London: Routledge & Kegan Paul.

Dearden, R. F., Hirst, P. H., & Peters, R. S. (Eds.)(1972). *Education and the development of reason*. London: Routledge & Kegan Paul.

Dewey, J. (1913). *Interest and Effort in Education*. Chicago: Houghton Mifflin Company.

Dewey, J. (1929). *The Sources of a Science of Education*. New York: Liveright.

Diffily, D. (1996). The Project Approach: A Museum Exhibit Created by Kindergartners. *Young-Children, 51*(2), 72-75.

Drake, S. M. (1991). How Our Team Dissolved the Boundaries, *Educational Leadership. 49*(2), 20-22.

Drake, S. M. (1993). *Planning Integrated Curriculum: The Call to Adventure*. Virginia: ASCD.

Drake, S. M., & Burns, R. C. (2004). *Meeting Standards through Integrated Curriculum. Alexandria*, VA: ASCD.

Dressel, P. L. (1958). The Meaning and Significance of Integration. In N. B. Henry (Ed.), *The Integration of Eductional Exeperiences*. Chicago: The University of Chicago Press.

Entwistle, H., (1970). *Child-centered Education*. London: Methuen & Co, Ltd.

Espinoza, P. R. A. (1993). Exploring Integrative Curriculum for More Effective Learning by Primary Students in Costa Rica. Master's Thesis, New Mexico State University.

Fethe, C., (1997). Curriculum Theory: A Proposal for Unity. *Educational Theory, 27*(2).

Fogarty, R. (1991). Ten Ways to Integrate Curriculum, *Educational Leadership, 49*(2), 61-65.

Fowler, W. S. (1990). *Implementing the National Curriculum: The Policy and Practice of the 1988 Education Reform Act.* London: Kogan Page.

Frazee, B. M., & Rudnitski, R. A. (1995). *Integrated Teaching Methods: Theory, Class room Applications, and Field-Based Connections.* New York: Delmar Publishers.

Gibbons, J. A. (1979). Curriculum Integration. *Curriculum Inquiry, 9*(4).

Glasgow, N. A. (1997). *New Curriculum for New Times: A Guide to Student-Centered, Problem-Based Learning. California*: Corwin Press.

Glatthorn, A. A. (1994). *Developing A Quality Curriculum.* Virginia: ASCD.

Goodlad, J. I. (1987). *The Ecology of School Renewal.* University of Chicago: NSSE.

Goodlad, J. I., & Zhixin, Su. (1992). Organization of the Curriculum. In P. W. Jackson(Ed.), *Handbook of Reasearch on Curriculum*(pp. 327-344). New York: Macmillan.

Hall, G. (Ed.) (1992). *Themes and Dimensions of the National Curriculum: Implications for Policy and Practice.* London: Kogan Page.

Hartman, J. A., & Eckerty, C. (1995). Projects in the Early Years, *Childhood Education, Spring*, 141-148.

Hughes, C., Wade, W., & Wlison, J. (1993). *Inspirations for Cross-Curricular Project.* Warwickshire: Scholastic.

Henry, J. (1994). *Teaching through Projects.* Open and Distance Learning Series. London: Kogan Page Ltd.

Hirst, P. H. (1974). *Knowledge and the Curriculum.* London: Routledge & Kegan Paul.

Hopkins, L. T. (1937). *Intergration: Its Meaning and Application.* New York: D. Appleton Centery Company, Inc.

Hsu, Y. (1995). *An Integrated Curriculum for Kindergarten/First Grade Children Utilizing*

Project Approach. Tennessee: Guides Classroom Teacher(052).

Hughes, C., Wade, W., & Wilson, J. (1993). *Inspirations for Cross-Curricular Project*. Warwickshire: Scholastic.

Ingram, J. B. (1979). *Curriculum intergration and lifelong education*. Oxford: Pergamon Press.

Jacobs, H. H. (Ed.) (1989). *Interdisciplinary Curriculum: Design and Implementation*. ASCD.

Jacobs, H. H. (1991). Planning for Curriculum Integration. *Educational Leadership, 49*(2), 27-28.

Kain, D. L. (1996). Recipes or Dialogue? A Middle School Team Conceptualizes "Curriculum Integration". *Journal of Curriculum and Supervision, 11*(2), 163-187.

Kilpatrick, W. H. (1919). *The Project Method*. Teachers College, Columbia University.

Kockelmans, J. J. (Ed.) (1979). Interdisciplinarity and higher education the Pennsylvania State University Press.

Krogh, S. (1990). *The Integrated Early Childhood Curriculum*. New York: McGraw-Hill Publishing Company.

Leekeenan, D., & Edwards, C. P. (1992). Using the Project Approach with Toddlers. *Young-Children, 47*(4), 31-35.

Lynn, N., & Taylor, J. E. (1993). Personal and Business Skills Development: A Project-Based Approach at the Univ. of Salford. *Studies-in Higher-Education, 18*(2), 137-50.

Martin-Kniep, G.O., Feige, D.M., & Soodak, L.C. (1995). Curriculum Integration: An Expanded View of an Abused Idea. *Journal of Curriculum and Supervision, 10*(3), 227-249.

Mason, T. C. (1996). Integrated Curricula: Potential and Problems. *Journal of Teacher Education, 28*(3), 322-337.

McNeil, J. (1995). *Curriculum: The Teacher's Initiative*. New Jersey: Prentice-Hall.

Meel, R. M. (1993). *Project-Based Module Development*. Heerlen, Netherlands: Centre for Educational Technological Innovation, Open Univ.

McNeil, J. D. (1985). *Curriculum: A Comprehensive Introduction* (3rd ed.). Boston: Little,

Brown and Company.

Page, T. et al. (1990). The Iron Man. *Child Education, January*, 19-26.

Perkins, D. N. (1989). Selecting Fertile Themes for Integrated Learning. In Jacobs, H. H. (Ed.), *Interdisplinary Curriculum: Design and Implementation*. ASCD.

Palmer, J. M. (1995). Interdisciplinary Curriculum - Again. In J.A. Beane (Ed.). *Toward a Coherent Curriculum* (pp. 55-61). Virginia: ASCD.

Panaritis, P. (1995). Beyond Brainstorming: Planning a Successful Interdisciplinary Program, *Phi Delta Kappan, April*, 623-628.

Passe, J. (1995). *Elementary School Curriculum*. Wisconsin: Brown and Benchmark.

Posner, G. J., & Rudnitsky, A.N. (1997) *Course Design: A Guide to Curriculum Development for Teachers* (5th ed.). New York: Longman

Pring, R. (1973). Curriculum Integration. In R.S. Peters (Ed.), *The Philosophy of Education*. London: Oxford Unieversity Press.

Proctor, N. (Ed.) (1990). *The Aims of Primary Education and the National Curriculum*. London: The Palmer Press.

Radnor, H. A. (1994). *Across the Curriculum*. London: Cassell.

Rosberg, M. (1995). *Integrated Approachs to Learning*. Iowa: Information Analyses-General; Guides-Non-classroom.

Ross, A. (1993). *Inspirations for Cross-Curricular Themes*. Warwickshire: Scholastic.

Seely, A. E. (1995). *Integrated Thematic Units*. CA: Teacher Created Materials.

Skilbeck, M. (1984). School-Based Curriculum. Development. London: Harper & Row.

Tchudi, S., & Lafer, S. (1996). *The Interdisciplinary Teacher's Handbook*. Boynton/Cook Publishers, Inc.

Trepanier, S. M. (1993). What's So New about the Project Approach? *Childhood Education, 70*(1), 25-28.

Tyler, K. (1992). Differentiation & Integration of the Primary Curriculum. *J. of Curriculum Studies. 24*(6), pp. 563-567.

Wolfinger, D. M., & Stockard Jr. J.W. (1997). *Elementary Methods: An Integrated Curriculum*. New York: Longman.

제 2 부

교육과정통합의
이론적 기반과 쟁점

제5장 교육과정통합의 목표로서의 인격통합과 전인[1]

1. 문제의 제기

오늘날 세계 각국은 유치원이나 초등 과정은 물론 중등이나 대학의 교육과정 개혁에도 교육과정의 통합화를 추진하고 있다. 이것은 교육과정의 통합이 교과 단위로 분절된 전통적인 교육과정에 비하여 학생들의 욕구와 흥미에 부합하고 당면한 사회 문제 해결에 도움이 된다고 믿기 때문이다.

우리나라에서도 이미 제4차 교육과정 개정(1981. 12.)을 통해 초등학교 1, 2학년 과정에 통합교과서를 소개한 이래, 제5차 교육과정에서는 이를 보다 강화한 통합교과의 편제를 구성 운영하였으며, 최근 확정된 제6차 교육과정에서는 교육과정통합을 중등학교에까지 확대하는 내용을 담고 있다.

그러나 교육현장에서의 이와 같은 교육과정통합 추세와는 달리, 이론적 측면에서의 교육과정통합 연구는 진전도 있었지만, 여전히 해결하지 못한 많은 문제를 남겨 두고 있다. 이와 같은 상황에서 교육과정통합과 관련된 문헌들을 검토하여 그 속에 내포된 문제점을 찾는 것은 의미 있는 일이라고 생각한다.

이 연구에서는 이러한 맥락에서 교육과정통합 논의의 가장 핵심이라고 말할 수 있는 교육과정통합의 목표와 조직 방식에 대한 일부 주장의 타당성을 검토하

---

1) 이 장은 김대현(1993). 통합교과의 목표와 조직 방식의 정당성 문제. 교육학연구. 31(1). pp. 99-116을 옮긴 것이다.

고자 한다.

검토의 대상이 되는 명제는 다음과 같다. 첫째, 교과통합의 궁극적 목표는 인격통합의 실현에 있다. 둘째, 교과통합의 궁극적 목표는 전인의 개발에 있다. 셋째, 교과통합의 방식은 교육과정의 유형에 따라 다르다.

2. 교과통합의 목표: 인격통합

여기서는 인격의 통합을 교과통합의 목표로 볼 수 있는가 하는 점을 논증하고자 한다. 이영덕(1983: 43-49)과 Dressel(1958: 12)은 교과통합의 궁극적 목표를 인격의 통합으로 보았다. 두 사람의 생각이 모든 면에서 일치하는 것은 아니지만, 교과통합과 인격통합의 관계에 대한 그들의 공통된 견해는 다음과 같이 정리할 수 있다.

첫째, 인격의 통합은 교과의 통합을 통하여 달성하고자 하는 궁극적인 목표이다.

둘째, 인격의 통합은 이미 완성된 어떤 상태를 가리키는 것이 아니라 완전의 상태로 나아가는 과정을 뜻한다. 이영덕(1983: 44)은 "인격통합은 삶의 과정에서 만나는 여러 가지 사건과 경험을 하나의 전체로서 자아 속에 통합하는 일"이며 "완전한 인격이란 현실적으로 기대하기 힘든 일이기에 더 나은 인격통합을 향한 끝없는 성장을 필요로 한다는 의미에서, 인격통합은 모든 인간이 추구해야 할 이상"이라고 말했다. 이와 마찬가지로 Dressel(1958: 12-22)은 인격통합이란 경험을 보다 나은 새로운 방식으로 조직하고자 노력하는 사람 속에 일어나는 과정이며, 인격의 완전한 통합이란 현실적으로 가능하지 않고 그와 같은 완전성에 대한 미련은 엄격주의와 닫힌 마음의 소산이라고 보았다.

셋째, 인격의 통합이 교과통합을 통하여 달성하고자 하는 궁극적인 목표라면, 교과통합에서 통합의 대상은 지식이나 학문 혹은 기존의 교과 속에 들어 있는 내용이 아니라 학습경험이라는 것이다. 이영덕(1983: 19)은 "교육과정통합의 궁극적 목적을 인격통합에 둔다면 교육과정의 어떤 측면보다도 학습자의 학습경험이 관심의 초점이 될 수밖에 없다."라고 말했다. Dressel(1958: 6-7)은 타인에 의해서 이미 완성된 통합된 경험과 삶의 과정에서 일어나는 경험들을 통합하는 경험으로 나누고, 교과통합에 있어서 계획의 대상은 학습자가 갖게 되는 경험이므로 후자의 경험을 말하며, 전자의 경험은 후자의 경험을 위한 소재나 경험하는 방법을 예시하는 가치 있는 사례로 보았다.

이와 같은 세 가지의 공통 견해를 토대로 할 때, 교과통합과 인격통합은 우연적이고 경험적인 수단-목표의 관계로 연결된 것이 아니라 논리적 필연의 관계로 결합된 것이라는 생각이 든다.

만일 교과통합과 인격통합의 관계가 우연적이고 경험적인 수단-목표의 관계라면, 교과통합의 궁극적 목표가 인격통합에 있다는 견해는 교과통합이 인격통합이라는 목표의 달성을 위해 어느 정도의 효과성을 지닌 수단이라는 의미를 담는다. 이 경우 효과성은 사실적 증거에 의하여 입증되어야 한다. 이것은 수단-목표의 모형이 적용되는 모든 사례에 필연적으로 요구되는 사항이다. 하지만 이와 같은 증거가 확보되기 위해서는 '미국의 8년 연구'와 같은 대규모의 종단적인 실험이 필요하며, 이와 같은 실험에서 제일 먼저 해야 할 일은 인격통합과 교과통합의 의미를 관찰할 수 있는 행동적 자료의 상태로 나타내는 일이다.

이것은 인격통합과 교과통합의 의미에 다시 한번 주목하는 계기를 만드는데, 이러한 관심은 교과통합과 인격통합의 관계가 우연적이거나 경험적인 관계가 아니라 논리적 필연의 관계라는 생각으로 이끌 것이다. 이들의 관계가 논리적 필연의 관계라는 것은 교과를 통합하지 않고서는 인격의 통합도 가능하지 않다는 것을 말한다. 이러한 생각은 앞의 둘째, 셋째 견해를 종합함으로써 가능하다.

먼저, 이영덕과 Dressel은 인격통합을 삶의 과정에서 겪는 여러 가지 경험을 하나의 전체로 통합하는 일 혹은 여러 경험을 보다 나은 새로운 방식으로 통합하는 일로 보았다. 그리고 두 사람(이영덕, 1983: 44-45; Dressel, 1958: 22)은 교과
의 통합을 "학교의 프로그램 속에서 학생들이 가지는 모든 경험이 서로 관련되
고 하나로 정리되어 인격통합에 기여하는 것" 혹은 "처음에는 대개 관련이 없는
것처럼 보이는 지식과 경험을 의미 있는 방식으로 조직하고자 하는 인간 노력의
과정"으로 보았다.

이렇게 볼 때, 인격통합과 교과통합은 여러 가지 경험을 하나의 전체로 통합하
는 일이라는 공통점을 중심으로 관련되어 있다고 할 수 있다. 즉, 인격통합이 여
러 경험을 통합하는 과정 그 자체를 가리킨다면, 교과통합은 이와 같은 여러 경
험을 통합하는 과정을 가지도록 돕는 일이라는 점에서 인격통합과 교과통합은
연결되는 것이다.

여기서 이러한 연결을 목표-수단의 관계가 아니라 내재적인 관계로 보는 것은
인격의 통합이라는 결과는 교과통합이라는 행위 없이는 일어날 수 없기 때문이
다. 즉, 인격통합은 교과를 통합하는 행위를 수단으로 취하는 행위의 외재적 목
적(purpose)이 아니라 교과통합이라는 행위 자체와 분리할 수 없는 내재적 목적
(aim)을 나타내기 때문이다. 따라서 교과통합과 인격통합이 수단-목표의 관계라
는 것은 잘못된 생각이며, 이들은 따로 떼어 말할 수 없는 내재적 관계로 연결되
어 있다고 보는 것이다.

이와 같은 인격통합과 교과통합의 내재적 관계는 인격통합이 교과통합의 목
표라는 진술이 의미하는 바를 분명히 해 주며 또한 이러한 진술 속에 박혀 있는
주장의 타당성을 보장한다는 의미가 있다. 하지만 이와 같은 결과에도 불구하고
인격통합의 실현이 교과통합의 목표라는 주장은 타당성이 부족하다는 것이 나
의 생각이다.

나는 그 이유의 일단을 인격통합과 교과통합이라는 말의 모호성에서 찾고자
한다. 먼저, 인격통합을 여러 경험이 하나의 전체로 통합하는 일이나 여러 경험
이 보다 나은 새로운 방식으로 조직되는 과정으로 보는 견해는, 두 사람의 자의

적인 생각이기 때문에 틀렸다고 말하기는 어렵지만, 교육활동의 지침으로 기능하는 데 필요한 규정은 아니라고 생각한다. 왜냐하면 인격통합자란 이영덕이 그 사례로 제시한 Erickson이나, Tournier가 말하는 발달의 과정이 완성된 사람뿐만 아니라, Maslow가 생각한 자아실현인 등을 포함하여 대부분의 교육사상가가 제시한 바람직한 인간상에도 해당될 것이기 때문이다.

그리고 교과통합이라는 말의 의미도 명확하지 않은 것 같다. 그들은 교과통합을 학교의 프로그램 속에서 학생들이 가지는 경험들을 관련시키고 조직하는 것 혹은 경험을 의미 있는 방식으로 조직하고자 하는 노력 등으로 생각하였다. 하지만 경험은 학습자의 능동적 · 수동적 태세에 관계없이 학습자의 내부에서 일어나는 사태이므로 가르침의 대상이나 조직의 소재로 볼 수 없다. 이러한 점에서 교과통합은 학습자의 내부에서 원하는 경험이 일어날 수 있도록 학습자 바깥에서 필요한 여러 가지 여건을 조성해 주는 활동이 아닌가 한다.

그러나 원하는 경험들을 일으키기 위하여 학습자 바깥의 여건을 조성하는 방법은 무척 다양하다. 학습자들이 갖는 경험과 이것을 불러일으키는 환경적 여건은 일대일의 대응관계에 있는 것이 아니다. 그렇다면 이영덕과 Dressel이 경험통합을 일으키는 원천으로 생각한 교과통합의 양식은 매우 다양할 것이며 이들이 인격통합과 어떤 방식으로 연결되는지는 분명하지 않은 것이다.

이와 같이 인격통합과 교과통합이라는 말의 모호성에도 불구하고 그들이 인격통합, 교과통합, 경험통합을 무리하게 연결하고자 했던 이유는 무엇인가? 그 이유는 이러한 말들 속에 공통으로 들어 있는 통합이라는 말이 지닌 '매력' 때문이 아닌가 한다.

통합이라는 말의 매력은 이 말이 긍정적인 느낌(quasi-religious attitudes)을 준다는 데 있다(Fethe, 1977: 96). 통합이라는 말은 '성장'과 같은 개념처럼 '좋은' '바람직한' 과 같은 가치를 지닌 말로 생각하게 한다. 이영덕과 Dressel이 인격통합, 경험통합, 교과통합을 주장하며 통합이라는 용어를 많이 사용한 것도 이 때문이 아닌가 한다.

그러면 통합이라는 말이 어떻게 가치 있는 상태라는 인상을 주는 것일까? 아마 그것은 통합이라는 말 속에 내포된 전체성이라는 개념 때문으로 보인다. 이를 위하여 통합과 전체라는 개념의 관계를 분석할 필요가 있다.

전체(wholeness)라는 말은 통합이라는 말의 유사 개념이면서 통합의 의미를 확정하는 데 필요불가결한 관련 개념이다. 교과통합을 설명하는 문헌 곳곳에서 이 말은 통합과 같은 뜻으로 혹은 통합을 설명하기 위한 관련 개념으로 등장한다. Dressel(1958)은 통합과 전체의 관계를 다음과 같이 설명하고 있다.

> 통합이라는 말은 어떤 상태를 지시하는 경우와 어떤 과정을 지시하기 위해 사용된다. 어떤 상태로서 통합이라는 말은 어떤 것이 완성되었다든지 '전체성'을 획득하였다든지 하는 것을 의미한다. 이러한 의미에서의 통합이란 모든 개인과 사회집단이 획득하려고 노력하는 목표이다. 이에 반하여 과정으로서 통합이란 이와 같은 완성이나 '전체성'을 획득하기 위한 수단이다. …… 이러한 의미에서의 통합이란 상대적으로 '전체'에 속하는 상호독립적인 부분들이 연관되거나 상호 조화로운 관계로 형성되는 방식을 가리킬 수도 있다. (Dressel, 1958: 10-11)

앞의 글은 통합과 전체라는 말의 의미는 논리적인 단계를 지니며, 그것은 통합의 '목표'가 전체성의 획득에 있다는 것을 말한다. 이는 전체라는 말의 의미 때문인데, 이 말뜻을 분명히 하기 위해 총합 또는 합계라는 말과 대비시키는 것이 효과적이다. 전체는 부분으로 이루어지나 총합이나 합계와는 달리 부분이 갖지 못하는 새로운 특성인 전체성을 지닌다.

이 말을 뒤집어 풀면, 어떤 부분이나 요소를 단순히 모아 전체성이 나타나지 않으면 통합이 일어났다고 할 수 없으며, 반드시 그것들이 상호 관련하여 부분이 갖지 못했던 새로운 특성, 즉 전체성이 나타났을 경우에만 통합이 일어났다고 할 수 있다는 것이다. 이러한 견해는 Pring(1973)의 논문에서도 볼 수 있다. 그는 다음과 같이 말했다.

> 통합이라는 말은 부분들의 통합성(unity)을 의미하며 그 통합성 속에서 부분들은 어떤 방식으로 변환된다. 어떤 특정한 대상이나 부분들의 총합이 반드시 통합된 전체를 만들어 내지는 않는다. 통합에는 부분들이 어떤 전체에만 속하는 어떤 새로운 속성을 얻게 되는 전체의 어떤 특성이 있지 않으면 안 된다(Pring, 1973: 126-127).

이와 같은 논의는, 통합이라는 말은 전체성의 실현을 전제로 하여 비로소 의미를 가질 수 있는 말이며, 실제 세계에서 통합이 가능하다고 하는 말은 어떤 형태로든 실제하는 것들이 전체를 이루고 있거나 이룰 수 있다는 가정을 바탕으로 하다고 말할 수 있다.

그러나 이러한 가정들 중에서 전체를 이루고 있다는 가정은, 전체를 이룰 수 있다는 가정과는 달리, 전체성을 획득이나 발생의 대상이 아니라 실현의 대상으로 본다. 통합은 이 경우에 전체성을 생성하는 것이 아니라 사람들이 찾지 못했지만 이미 존재했던 전체성을 회복한다는 의미를 지니게 된다.

그런데 이영덕(1983)과 Dressel(1958)은 이와 같은 전체성의 회복이 갖는 위험을 미리 경계하고 있었던 것 같다. 그들이 통합을 상태로서의 통합과 과정으로서의 통합이라는 두 가지 의미로 구분하고, 상태로서의 통합에 이르기 위하여 과정으로서의 통합이 필요하다고 본 것은 이러한 추론을 뒷받침하는 근거가 된다.

그들은 상태로서의 통합이 뜻하는 전체성을 획득한 상태가 도대체 어떤 것인지를 알기 어렵다는 점을 간파하고 있었던 것 같다. 특히 교육에서 인간의 완성된 상태, 즉 전체성을 획득한 상태가 무엇인지는 매우 막연하며, 만약 이를 설명하기 위하여 인간이 지닌 어떤 전체적 상태를 가정한다면 전체성 자체를 '실체화'하는 부담까지 짊어져야 한다는 생각을 하게 되었을 것이다.

이러한 상황에서 그들은 인격통합과 교과통합의 관계를 설명함에 있어서, '상태로서의 통합'이라는 말을 미련 없이 버리고, '과정으로서의 통합'에만 초점을 맞춤으로써 전체성의 개념으로 인하여 받게 될지 모를 비판에서 벗어나는 길을 찾았던 것이 아닌가 한다. 하지만 그들의 견해를 이와 같이 해석할 때, 과정으로서의 통합의 개념은 Dewey의 성장 이론과 같은 맥락에서 결함이 있음을 지적하지 않을 수 없다.

Dewey의 성장 이론은 교육의 과정은 성장의 과정이며 교육은 성장 이외의 다른 목적이 있을 수 없다는 의미를 지닌다(이홍우 역, 1987: 82-87). 이와 같은 Dewey의 성장 이론은 인격통합이 어떤 상태를 나타내는 것이 아니라 과정으로서의 통합을 가리킨다는 견해와 다음과 같은 점에서 부합한다.

이것은 이영덕과 Dressel이 인격통합을 경험의 통합으로 보았다는 점에서 찾을 수 있다. 경험의 통합은 경험을 보다 나은 새로운 방식으로 재구성 또는 재조직하는 것을 말한다. 이와 같은 의미를 지닌 경험의 통합은 Dewey의 성장 이론을 구성하는 제1원리인 경험의 계속성의 원리에 그대로 나타난다. 경험의 계속성의 원리는 모든 경험은 앞에 있는 경험으로부터 그 무엇인가를 받아 가지는 동시에, 뒤에 오는 경험의 성질을 어떤 모양으로든지 개변한다는 것을 말한다(오천석 역, 1978: 45). 즉, 경험의 계속성의 원리는 경험의 재구성 또는 재조직을 설명하는 원리이다.

또한 경험의 계속성의 원리는 경험의 재구성 또는 재조직을 교육적으로 가치 있는 일로 본다. 이러한 생각이 범죄에 관련된 경험을 재구성하거나 재조직하는 것까지 가치 있는 일로 보는 것은 아니라는 것을 설명하기 위해, Dewey는 경험의 계속성의 원리를 현재의 경험들 중에서 장래 생활에 도움이 될 수 있는 (후속) 경험을 일으키는 (현재) 경험을 선택하는 준거로 보았다. 이를 테면, 범죄라는 (현재) 경험은 장차 불안, 구속, 가정 파괴 등의 (후속) 경험을 가져올 수 있어 장래 생활에 도움을 주지 못한다는 점에서 경험의 계속성의 원리에 의하여 재구성·재조직되어야 할 경험이 아니라는 것이다.

그러나 어떤 범죄가 그 사회에서 일반화되어 범법자가 불안이나 죄의식을 느끼지 못하고 처벌의 위험도 없는 경우를 생각할 수 없는 것은 아니다. 이 경우 범죄의 경험이 범죄자의 생활을 경제적으로 풍족하게 한다면 장래 생활에 도움을 주지 않는 경험이라고 말할 수 없다. 따라서 경험의 계속성의 원리는 교육적 경험과 비교육적 경험을 구분해 주는 근거가 될 수 없으며, 그러므로 경험의 재구성 또는 재조직을 가치 있는 일로 볼 수 없다.[2]

이와 같이 경험의 재구성 또는 재조직을 가치 있는 일로 볼 수 없다는 것은 경험의 재구성 또는 재조직으로 설명되는 인격통합 역시 가치 있는 일로 볼 수 없음을 의미한다. 따라서 인격통합이 교과통합의 목표라는 주장은 이영덕과 Dressel의 어느 편에서든지 타당성이 미약한 주장이라고 생각한다.

3. 교과통합의 목표: 전인의 개발

여기서는 전인의 개발을 교과통합의 목표로 볼 수 있는가 하는 점을 논증하고자 한다. 이 문제는 앞 절에서 보인 전체성에 대한 논의와 관련되는데, 전인이란 인간의 전체성을 염두에 두고 사용하는 말이기 때문이다. 이를 테면, "전인적 관점에 따르면, 인간이란 원래가 분화할 수 없고 요소로 나뉠 수도 없는 전체적 성질을 갖는 유기체"(김재복 외, 1990: 39에서 재인용)라는 황정규의 말은 전인과 전체성의 관계를 뚜렷이 보여 준다. 황정규의 말은 전인의 개념을 파악하는 데 도움을 줄 수 있으므로 다소 길더라도 그 전문을 인용하면 다음과 같다.

　우리가 흔히 인간의 특성으로 분류하는 지적·신체적·사회적·정서적·심미적·

---

2) 경험의 계속성의 원리에 대한 비판은 Dearden(1972: 79-81)을 참고로 하였다.

도덕적 영역이란 것이 인간이 출생할 때부터 나누어져 있는 것이 아니며, 오직 그 전부를 하나로 망라하여 쪼갤 수 없는 단일체로 존재할 뿐이다. 한 인간을 요소나 부분으로 나누는 일은 어디까지나 인위적일 뿐, 그 나누어진 부분들을 다시 모은다고 하여 하나의 전체적인 인간이 만들어진다고는 보지 않는다(김재복 외, 1990: 39에서 재인용).

황정규의 말처럼 인간이 하나의 전체적인 성질을 지닌 단일체라는 것은 옳은 말일지도 모른다. 하지만 교과를 통합하고자 할 때 이와 같은 전체성을 지닌 전인의 개발을 통합의 목표로 삼는 것은 그다지 타당한 주장처럼 보이지 않는다. 전체성이 목표로 간주되는 상황에서 이와 같은 전체성을 결과하는 유관 요소들의 상호 구조와 기능을 설명할 수 없을 때는 정당하지 못한 목적론을 받들게 된다.

따라서 교과통합의 목표를 밝히려는 시도에서는 과학적으로 접근하기 어려운 전체성이라는 개념을 포기하고 구조의 개념으로 접근하는 것이 좋지 않을까 하는 것이 연구자의 생각이다. 왜냐하면 구조는 구체적인 대상들을 필요에 따라 선별적이고 추상적으로 파악하는 것이므로 과학적인 인식의 대상이 되기 때문이다.

구조란 어떤 체계의 부분들 또는 구성 요소들이 상호 의존 또는 상호 관련되어 있는 양상을 가리킨다. 다시 말해서 구조는 체계의 기본적 구성 요소 간의 조직화된 관계를 뜻한다. 이홍우(1982: 11-14)가 제시하는 우산의 비유는 구조를 설명하는 매우 설득력 있는 예시이다. 우산의 구조는 그것을 구성하는 중심대와 살 그리고 천이라는 요소의 총합이 아니라 그 요소를 묶어 주는 어떤 법칙적인 관계, 즉 중심대가 가운데 서고 그 위로 살이 뻗으며 또 그 위를 천으로 덮는 관계를 나타낸다.

그런데 어떤 사물이나 사태를 구조의 개념을 이용하여 밝히려는 시도는 크게 세 가지로 나눌 수 있다(김태수 엮음, 1990: 22-24). 원자주의적 결합틀은 어떤 사물이나 사태를 구성하는 요소들이 먼저 존재하고, 이것들의 우연적 또는 논리적 결합 관계에 의하여 전체성이 발생한다고 본다. 우산의 사례에서 우산이라는 전체성이 먼저 존재하는 것이 아니라, 우산대와 살과 천이 존재하고 이들의 우연적·논리적 결합에 의하여 우산이라는 전체성이 생긴다고 본다.

이와 달리 출현론적 총체의 틀은 먼저 전체성이라는 것이 존재하고, 그다음에 이들을 실현하는 우연적 요소들과 그 요소들의 결합 관계를 의도적으로 찾아 나간다고 본다. 우산의 사례에서 우산이라는 전체성의 존재를 먼저 염두에 두고, 그다음에 이와 전혀 무관하게 존재해 오던 우산대와 살과 천의 요소들을 찾아 이것들의 결합을 시도한다는 것이다.

이와 같은 원자주의적 결합틀과 출현론적 총체의 틀은 각기 나름대로의 문제점을 지니고 있다. 원자주의적 결합틀은 인간의 활동이 지닌 의도성을 무시하는 문제점이 있으며, 출현론적 총체의 틀은 앞에서 밝힌 바와 같이 근거가 불충분한 목적론을 만들어 낸다.

조작적 구조주의는 이러한 문제점을 극복하는 대안으로 생각된다. 조작적 구조주의는 관계적 관점에서 출발하는데, 구성 요소나 전체가 먼저 존재하는 것이 아니라 그것들 자체가 구성 요소 간의 결합 관계에 의하여 출현하는 것으로 본다. 이와 같은 조작적 구조주의는 교과통합에 대한 구조적 접근으로서 다음과 같은 가치를 지닌다고 생각할 수 있다. 즉, 교과통합의 목표를 전인으로 볼 때 전인의 개념을 구조적으로 분석할 기회를 제공한다.

물론 이와 같이 조작적 구조주의의 틀에 의하여 전인을 설명하려는 시도는 역사적으로 볼 때 생소한 것이 아니다. 전인을 '심신의 조화' '지행합일' '지덕체의 조화' 등으로 생각한 것은 이와 같은 시도의 결과로 볼 수 있다(이돈희, 1985: 46, 162-163). 오늘날에도 전인을 이와 같이 생각하는 사람이 많다. 그들은 인간의 특성을 대표적인 몇 가지의 영역, 즉 지적·사회적·정서적·신체적·도덕적 영역으로 구분해 놓고 전인을 이들 영역들이 조화롭고 균형 있게 발달한 사람이라는 생각을 가지고 있다. 비교적 오래되기는 했지만 영국의 Gittins 보고서에도 초등학교 교육의 목적이 이들 영역의 충분하고도 완전한 발달에 있음을 명시한 바 있다(Dearden, 1976: 37).

물론 전인에 대한 이와 같은 조작적 구조주의 틀에 대하여 비판이 없는 것은 아니다. 하나는 전인만이 존재할 뿐 전인을 요소들의 구성물로 볼 수 없으며, 더욱이 전인을 구성하는 요소들로 생각되어 온 것들도 사실은 인간이 인위적으로 만든 상상의 산물일 뿐이라는 반론이 있다. 이 절의 서두에 제시한 황정규의 견해는 이러한 생각을 보여 주고 있다.

그러나 연구자는 전인의 개념을 구성하는 요소들이 결코 인간의 자의적인 판단에 의하여 만들어진 상상의 산물은 아니라고 생각한다. 먼저, 전인을 구성하는 가장 기본적인 두 요소는 정신과 신체이다. 정신을 교육하는 일과 신체를 단련하는 것이 전혀 연관성이 없는 일은 아니지만 두 가지가 같은 것은 아니라는 점에서 정신과 신체를 각기 독립된 교육의 대상으로 생각할 수 있다. 그리고 정신의 작용을 나타내는 것으로 생각되어 온 인지 · 정서 · 의지도 상호 연관성이 있기는 하지만 같은 것은 아니라는 점이 분명하다. Shaffer는 이 점을 잘 설명하고 있는데 주요한 대목을 제시하면 다음과 같다.

심리 현상이란 어떤 곳에서는 교차하고 중복하며 평행하는, 또 어떤 곳에서는 갈려지는 커다란 도로망으로 생각될 수도 있다. 이와 같은 도로망 속에서 수많은 도로가 한 곳에 모인 지역이 있을 것이다. 그러므로 우리는 인식, 감정, 의지의 삼위일체를 수많은 심리 현상의 수렴으로 생각할 수 있다. 인식의 근처에는 사고와 믿음, 이해, 상상, 주의와 주시, 지각, 기억 등 다른 경우의 앎이 있을 것이다. 감정 가까이에는 육체적 감각, 느낌, 정서, 분위기 및 기분이 있을 수 있다. 그리고 의지는 욕구, 동기, 결심, 의도, 노력, 행위, 기만 및 행동 등 특성의 영역 속에 있다(이와 같이, 보다 세분된 심리 현상 자체는 개개의 도로들이라기보다 도로망으로 생각되어야 한다) (조승옥 역, 1983: 11-12에서 재인용).

만일 이와 같이 정신과 신체를 구분할 수 있고, 다시 정신을 인지, 정서, 의지 등으로 구분하는 것이 가능하다면, 교육은 이 영역들을 개발하는 것을 과제로 삼을 필요가 있을 것 같다.

물론 인간의 특성이 이 영역들로 구성되어 있다 하더라도 교육적인 측면에서 개발할 당위성은 없다는 생각도 가능하다. 하지만 이러한 당위성의 논란은 개발의 방향과 수준을 두고 요구되는 것이며, 개발의 대상을 두고 제기될 수 있는 것은 아니라고 생각한다. 즉, 인간의 특성을 구성하는 영역들이 확인될 수만 있다면 교육은 이 영역들을 개발하는 것을 우선적인 과업으로 여겨야 할 것이며, 단지 그 영역을 어떤 방향으로, 어느 수준으로 개발할 것인가에 당위적인 판단이 요구된다는 것이다. 예를 들어, 신체를 개발해야 한다는 것은 교육에 맡겨진 당연한 과제일 것이며, 단지 그 신체를 어떤 방향으로, 어느 수준까지 개발해야 되는가만이 가치 판단의 대상이 된다. 따라서 전인을 구성하는 영역들이 이와 같이 구별될 수 있다면, 전인의 개념은 교육을 통하여 개발해야 할 대상의 영역들을 알려 준다는 점에서 교과통합의 목표를 결정하는 데 도움이 될 것이다.

하지만 전인이라는 것이 이 요소들이 각기 독립적으로 개발되어 있는 상태를 의미하는 것은 아닌 것 같다. 전인에 대한 조작적 구조주의 틀에 대한 또 하나의 반론은 이와 같은 시각에서 제기된 것이다. 전인이라는 말 속에 내포된 전체성이라는 개념은 이 요소들이 어떤 방식으로든 연관되어 조화와 균형을 갖춘 개발 상태를 요구한다. 하지만 조화와 균형이란 모호한 말이며, 더욱이 이 요소들이 서로 연관되면서 조화와 균형을 이룬다는 상태가 어떠한 것인지를 밝히기란 쉽지 않다. 전인교육에 대한 이돈희와 Thompson의 비판은 이러한 점에 착안한 것이라고 말할 수 있다.

이돈희(1985: 164)는 전인교육이라는 말은 교육이 단순히 단편적 지식의 주입이나 개별적 습관의 형성이나 특정한 능력의 훈련으로 설명되어서는 안 된다는 경고를 하는 구실을 한다고 말했다. Thompson(1972: 79-80)도 이돈희와 마찬가지로 전인교육의 개념을 실제적 내용을 포함하지 않으며 단지 사람의 주의를 끄는 '상투적 문구'나 '슬로건'에 불과하다고 보았다.

그들의 이러한 생각은 전인교육이라는 말은 지금까지의 교육이 지식 편중의 교육이었다는 사실을 지적하여 그 시정을 요구하는 데 유용할 뿐이며, 교육이 지향해야 할 구체적인 방향, 더 나아가서는 교과통합에 관한 논의에 어떠한 실제적인 지침도 제공할 수 없다는 점을 암시한 것으로 해석할 수 있다.

전인과 전인교육의 의미가 이돈희와 Thompson이 파악한 대로라면 전인의 개발을 교과통합의 목표로 볼 수 없다. 하지만 조직적 구조주의 틀을 받아들인다면 이와 같은 전인 개념의 불명확성은 전인을 구성하는 요소들의 결합 관계에 대하여 우리가 알고 있는 지식이 얼마 되지 않는다는 것을 말할 뿐이다. 따라서 본 연구에서는 교과통합의 목표로서 전인의 개념은 포기되어야 할 대상이 아니라 탐구되어야 할 과제라고 생각한다. 전인의 개발이 교과통합의 목표가 될 수 있는가 없는가는 이러한 바탕 위에서 검토되어야 할 것이다.[3]

4. 교과통합의 방식: 교육과정 유형에 따른 차이

여기서는 교과통합의 방식에 관한 다음과 같은 진술의 타당성을 논증하려고 한다. 교과통합의 방식이 교육과정의 유형에 따라 차이가 있다는 것은 근거 있는 주장인가? 이 말은 교육과정을 교과형, 경험형, 학문형으로 구분할 때 교과통합의 방식도 이들 유형에 따라 각기 달라진다는 말이 옳은 것인지를 묻는 것

---

3) Shaffer가 제시한 도로망의 비유는 전인과 교과통합의 관계를 나타내는 데도 적합한 것 같다. 처음으로 방문하는 도시에서 원하는 목적지에 도달하는 최상의 방법은 그 도시의 길들을 소상히 표시한 지도를 손에 넣는 일이다. 그러나 큰 길과 일부 작은 길들만이 나와 있고 나머지 길들은 아직 표시되지 않았으며 표시된 길들조차 연결되지 않은 상태로 그려진 지도만을 가졌다면 원하는 목적지에 도달하기는 어려울 것이다. 이와 마찬가지로 전인을 나타내는 완벽한 지도 없이 교과통합을 한다는 것은 이미 표시된 도로만을 왕래하는 나그네의 처지와 같은 것이 아닌가 한다. 그러나 어설픈 지도조차 없다면 나그네의 상황은 더욱 난감할 것이다. 현재 전인이라는 개념이 교과통합의 목표로서 지니는 위치는 이와 같을 것으로 생각한다.

이다.

이와 같은 견해의 일단은 이영덕, 곽병선, 김재복 등의 글에서 찾을 수 있다. 그들은 교과통합에 관한 논의에서 교육과정이 경험형과 학문형 중 어느 유형에 속하느냐에 따라 교과의 조직 방식 또한 다르다고 보았다.

이영덕(1983: 15-55)은 진보주의 시대의 교과통합 방식과 이후의 교과통합 방식을 구분하여 학문에 의한 통합 방식을 또 다른 견해라는 이름으로 소개하였다. 곽병선(1983: 57-98)은 이영덕과 마찬가지로 진보주의 시대의 교과통합 방식을 고전 모형이라는 이름으로, 이후의 학문에 의한 통합 방식을 교과통합의 새로운 시도라고 불렀다. 김재복(1988: 43-69)은 경험 중심 교육과 학문 중심 교육에서의 교과통합의 차이점을 강조하였다.

이와 같이 세 사람은 진보주의 시대와 그 이후 시기의 교과통합의 방식이 같지 않다는 점을 공통적으로 지적했다. 그들의 이러한 견해는 미국 교육의 역사를 통하여 입증되고 있다. 미국 교육의 역사에서 진보주의 시대를 대표하는 교육과정 유형은 경험형이고 그 이후 시대의 전형적인 교육과정 형태가 학문형이며, 시대에 따라 교과통합 방식이 달랐다는 역사적 사실은 경험형과 학문형의 교과통합 방식이 같지 않다는 것을 알려 준다. 즉, 경험형 교육과정에서의 통합 방식인 광역과 중핵형은 학문형 교육과정 시대의 간학문·다학문 등의 통합 방식과 같지 않다는 것이다.

그러나 이러한 사실로부터 교육과정의 유형에 따라 교과통합 방식이 다르다는 결론을 내릴 수 없다는 것이 연구자의 생각이다. 이와 같은 생각이 전적으로 잘못된 것은 아니라는 점을 증명하기 위하여 다음에서는 교육과정 유형의 의의와 교과통합 방식들의 관계를 살펴보고자 한다.

먼저, 교육과정의 유형들은 미국의 교육과정사를 정리하고 체계화하기 위한 수단으로 마련된 모형들이다. 즉, 미국의 교육 현실 속에 존재하는 매우 다양하고 복잡한 교육과정 현상들을 간단하고 손쉽게 알 수 있도록 하기 위하여 몇 가지 주요한 특징만을 대상으로 조직한 모형인 것이다.

그런데 교육과정의 현상을 결정짓는 주요한 특징들이 교육목표의 성격, 교육내용의 선정, 교육내용의 조직에 관한 사항들이므로 교육과정 유형들은 이러한 특징들을 중심으로 조직된 모형들이며, 교육과정의 유형 구분은 이러한 특징들의 차이에 따른 구별로 볼 수 있다. 즉, 경험형 교육과정과 학문형 교육과정의 차이점은 교육목표, 교육내용, 내용 조직 방식 등이 다르다는 것을 말한다.

이를 테면, 경험형 교육과정과 학문형 교육과정은 달성하고자 하는 직접적인 목표에 차이가 있다. 경험형 교육과정은 개인의 즉각적인 욕구와 필요를 충족하고 당연한 사회 문제의 해결력을 기르는 데 목표를 두었다면, 학문형 교육과정은 개별적 학문의 이해와 간학문적 안목을 획득하는 데 목표가 있다[4]고 할 수 있다.

다음으로 경험형 교육과정과 학문형 교육과정은 교육내용을 각기 다른 시각에서 파악한다. 경험형 교육과정에서의 교육내용은 학습경험이 된다. 경험형 교육과정에서는 학습자에게 어떤 교과내용을 제공할 것인가가 아니라 어떤 학습경험을 하도록 할 것인가를 중요하게 생각한다. 그러나 앞 절에서 밝힌 바와 같이 학습경험은 교육과정 계획의 대상이 될 수 없으므로, 교육내용은 이러한 학습경험이 학습자에게 일어날 수 있도록 선택하고 조직한 학습내용과 학습 활동을 뜻한다. 이런 점에서 학습내용과 학습 활동은 그 자체로 가치 있는 것이 아니라 의도된 학습경험을 일으키는 수단으로서의 가치를 지닌다.

이에 반하여 학문형 교육과정에서의 교과내용은 학문이 된다. 학문은 인류가 쌓아 온 방대한 경험을 조직하고 체계화한 결과로 형성된 산물로서 자체의 독특한 개념, 개념들의 논리적 조직(원리 혹은 법칙), 탐구 방법을 지니고 있고, 인간

---

4) 물론 이 목표들 간에 존재하는 긴밀한 연관성을 부인할 수 없다. 경험형 교육과정을 통하여 달성하고자 하는 목표인 욕구와 민족과 사회 문제 해결력은 학문적 이해만을 바탕으로 하는 것은 아닐지라도 학문에 대한 이해를 필수적 수단으로 취하고 있음은 명백한 사실이다.

과 사회의 경험을 해석하는 준거틀로 작용한다. 따라서 학문은 그 자체로 가치 있는 교과내용으로 인정된다.

교육내용의 조직 방식으로 경험형과 학문형을 구별하는 것은 이들 교육과정 유형들의 교육과정의 목표와 내용을 각기 달리하고 있기 때문에 생기는 것 같다. 경험형 교육과정에서는 개인의 욕구 충족과 사회 문제 해결력의 획득에 목표가 있고 학습내용과 학습활동은 그것을 달성하기 위한 수단적 가치만을 지니므로, 목표를 달성할 수만 있다면 학습내용과 활동의 어떠한 조직 방식도 용인되는 것이다.

반면에, 학문형 교육과정의 경우에는 개별 학문과 간학문적 이해의 획득에 목표가 있고 교육내용도 그 자체로 완결된 논리적 조직체로서의 학문들이므로, 이 것을 바탕으로 한 교육내용의 조직 방식이란 개별 학문의 논리적 구조를 존중하거나 학문들을 성립시키는 주요 요소(학문 고유의 개념이나 논리적 조직 또는 탐구방법)를 정점으로 유관 학문들을 결합하는 제한된 형태의 조직 방식으로 나타난다.

이와 같이, 교육과정의 유형은 교육과정의 목표, 교육과정의 성격, 교육과정의 조직 방식 등에서 차이가 있기 때문에, 교육과정의 유형에 따라 교과통합의 방식은 다르다고 말할 수 있다. 오히려 교육과정의 유형들 자체가 이러한 차이점을 바탕으로 구성된 이론 모형이기 때문에 교육과정의 유형에 따라 교과통합의 방식이 다르다는 주장은 검토의 여지가 없는 옳은 사실로 보인다. 과연 그러한가? 이 문제를 탐색하기 위하여 교과통합의 방식에는 어떤 것들이 있는지 살펴보고자 한다.

교과통합의 방식에 대해서는 여러 사람의 견해가 있다. 먼저 Ingram(1979: 26-41)은 교과통합의 형태를 구조적 통합과 기능적 통합으로 나누었다. 그는 구조적 통합을 교과나 학문의 논리적 인식론적 측면을 고려하여 지식의 재구조화에 바탕을 둔 통합의 형태로 보았다. 그리고 기능적 통합을 학습자의 심리적 욕구나 사회 문제를 해결하기 위하여 지식의 기능적 측면에서 초점을 두고 학습자의 통합적 학습을 불러일으키는 통합의 형태로 보았다. Jacobs(1989: 13-24)는 교과통합의 유형을 분과 학문을 토대로 한 방식, 학문을 병렬하는 방식, 다학문의 방식, 간학문의 방식, 통합된 날의 방식, 완전한 통합의 방식 등으로 나누었다. Alberty와 Alberty(1963: 204-230)는 교과통합의 유형을 분과형, 상관형, 융합형, 문제 중심형, 생성형 등으로 구분하였다.

이와 같이 교과통합의 방식에 대한 견해는 매우 다양하다. 하지만 이 견해들을 비교하고 검토하면 뚜렷이 구별되는 몇 가지의 교과통합 방식으로 정리할 수 있다. 이를 위하여 Skilbeck(Ingram, 1979: 23-24에서 재인용)이 제시한 통합의 세 가지 차원을 이용하고자 한다. 그는 통합을 교과와 교과를 연계하는 교과 수준에서의 통합, 학문의 논리적 구조를 존중하여 학문과 학문을 연결하는 학문 수준에서의 통합 그리고 교과나 학문의 논리적 구조에 관계없이 그 속에 들어 있는 지식들을 필요에 따라 이용하는 지식 수준에서의 통합으로 나누었다.

Ingram(1979)이 제시한 교과통합의 유형은 이와 같은 통합의 세 가지 차원으로 정리하고 종합할 수 있다. Ingram의 교과통합의 유형 중에서 구조적 통합은 교과나 학문의 내적 구조에 의한 기능적 통합을 지식의 기능과 관련된 통합이라고 할 수 있다. Jacobs(1989)가 제시한 교과통합의 유형도 이와 마찬가지 방식으로 구분할 수 있다. 통합의 유형 중 분과 학문, 학문의 병렬, 다학문, 간학문은 교과 혹은 학문의 내적 구조에 의한 통합이며, 통합된 날, 완전한 통합 등은 지식의 기능과 관련된 통합 방식이라고 할 수 있다. Alberty와 Alberty(1963)가 제시한 교과통합의 유형도 이와 같은 방식으로 정리할 수 있다. 그들이 제시한 교과통합의 유형 중 분과형, 상관형, 융합형(광역형)은 교과나 학문의 내적 구조의 통합 형태이며, 문제 중심형과 생성형은 지식의 기능과 관련된 통합 방식이라고 할 수 있을 것이다.

그러나 Skilbeck이 제시한 세 가지 차원 중에서 교과와 지식 수준 그리고 학문과 지식 수준 간에는 명백한 구별이 존재하지만, 교과와 학문의 수준을 구분한 것은 문제가 있는 것이 아닌가 생각한다. 교과통합의 논의에서 교과와 학문의 관계는 Skilbeck이 생각한 것처럼 그렇게 명백한 것은 아니다. 대부분의 교과는 학문을 바탕으로 구성되며, 교과는 대개 하나의 학문으로 이루어져 있거나 여러 학문을 융합하여 만들어진 것이다. 이와 같은 점에서 교과 수준과 학문 수준의 통합을 구별하는 것은 쉬운 일이 아니며 타당한 것도 아니라고 생각한다.

앞에서 교과통합의 여러 방식을 제시한 여러 학자가 교과와 학문을 구분하지 않고 통합의 문제를 다룬 것은 이와 같은 생각을 했기 때문이 아닌가 한다. 만약 이러한 사실이 옳다면 교육과정의 유형 구분에서 교과형과 학문형의 교과통합 방식에 차이가 있다는 것은 다시 생각해 보아야 할 것이다. 이것은 교과형의 교과통합 방식으로 생각되어 온 상관형, 광역형, 융합형은 학문형에서의 복학문, 다학문, 간학문의 조직 방식과 다른 것이 아니며, 이름만 달리하고 있을 뿐이 아닌가 하는 것이다.

이와 같은 점을 철저히 규명하기 위하여 교육과정의 유형으로써 교과형과 학문형의 관계를 살펴보고자 한다. 교과형과 학문형은 교육과정의 목표와 교육내용의 성격과 교육내용의 조직 방식 등에서 어떤 차이가 있는가?

미국 교육의 역사를 통해서 볼 때 교과형과 학문형은 교육과정의 목표와 교육과정의 측면에서 분명히 다른 점이 있다. 교과형이 교과 속에 들어 있는 내용의 이해를 직접적인 목표로 했다면, 학문형은 개별 학문의 이해와 간학문적 안목의 획득을 목표로 삼았다는 점에 차이가 있다. 이러한 차이는 교육내용의 성격에 의하여 파생된 것으로 보이는데 교과형이 교육내용을 전통적인 교과로 생각한 데 반해서, 학문형은 학문에 내재된 개별 구조와 학문 간 관련 구조를 교육내용으로 했다는 점이 결국 교육과정의 목표를 달리하게 만든 것이 아닌가 한다.

그러나 교육과정의 목표와 교육내용의 성격에 있어서의 이와 같은 차이가 교과형과 학문형의 경우에는 교과통합 방식의 차이로 나타나지 않는다고 생각한다. 이것은 앞에서 말한 바와 같이 교과와 학문이 동일한 것은 아니며, 더욱이 교과형 시대의 전통적인 교과들이 학문의 성격을 충실히 반영하지 못했다 하더라도 당시의 교과들도 학문을 바탕으로 만들어졌다는 것은 부인할 수 없기 때문이다. 이것이 교과형과 학문형의 조직 방식이 다르지 않다는 결론을 내릴 수 있는 근거이다.

그렇다면 "교과통합의 방식은 교육과정의 유형에 따라 모두 다른가?" 하는 문제에 대한 답은 주어진 것 같다. 이러한 질문이 경험형과 학문형의 교육과정은 교과통합의 방식을 달리하는지를 물었다면 그 답은 '그렇다'이다. 그러나 교과형과 학문형의 교과통합 방식도 서로 다른가 하고 물었다면 그 질문에는 부정적인 답변이 예상된다. 따라서 검토의 대상이 된 진술이 교과통합의 방식이 교육과정의 유형에 따라 모두 다르다고 한다면 그것은 타당성이 부족한 주장이라 생각한다.

5. 결론

교육과정통합에 관한 논의에서 교육과정통합의 목표와 조직 방식에 관한 사항은 가장 중요하며 우선적으로 검토해야 할 과제이다. 본 연구에서는 교육과정통합의 목표와 조직 방식에 관한 여러 주장 중에서 가장 넓은 지지를 얻는 것으로 생각하는 다음 세 가지 진술이 타당성을 검토하고자 하였다. 첫째, 교과통합의 궁극적인 목표는 인격통합의 실현에 있다. 둘째, 교과통합의 궁극적인 목표는 전인의 개발에 있다. 셋째, 교과통합의 방식은 교육과정의 유형에 따라 다르다.

이와 같은 진술들의 타당성을 검토하기 위하여 교육과정통합에 관련된 문헌들을 분석 · 검토한 결과, 다음과 같은 결론을 얻을 수 있었다.

첫째, 교과통합의 궁극적 목표가 인격통합의 실현에 있다는 주장은 타당성이 미약하다고 본다. 그 이유는 인격통합과 교과통합이라는 말의 뜻이 모호하고, 인격통합의 바탕이 되는 경험의 계속성의 원리가 문제점을 지니고 있기 때문이다.

둘째, 교과통합의 궁극적 목표가 전인의 개발에 있다는 주장은 부분적인 타당성을 갖는다. 전인의 개념은 우리에게 전인을 구성하는 요소들과 그 요소들의 결합관계에 주목하게 함으로써 교과통합의 목표에 대한 시사점을 제공한다. 특히 조작적 구조주의의 틀을 이용하여 전인을 구성하는 요소들을 확인한 것은 전인의 교과통합의 목표가 될 수 있는 가능성을 제시한다. 하지만 전인을 구성하는 요소들의 결합 방식에 대한 정보의 부족은 전인의 개념을 교과통합의 목표로 삼기에는 아직 이르다고 말할 수 있다.

셋째, 교과통합의 방식이 교육과정의 유형에 따라 다르다는 주장은 부분적인 타당성을 갖는다. 이러한 주장이 경험형과 학문형을 상대로 교과통합 방식을 달리한다고 말했다면 옳은 주장이라 할 수 있다. 그러나 교과형과 학문형을 대상으로 할 때는 타당한 주장으로 볼 수 없다. 그 이유는 교과형에서의 조직 방식인 상관형, 광역형, 융핵형은 학문형의 통합 방식인 복학문, 다학문, 간학문의 형태와 다르지 않으며 단지 이름만을 달리하는 것으로 보이기 때문이다.

제6장 교육과정통합의 유형으로서 지식형식의 통합[1]

1. 서론

오늘날 세계 각국의 교육개혁에서 교육과정의 통합화는 일반적인 추세이며, 국내에서도 1982년부터 초등학교 1, 2학년 통합교과서가 개발, 보급, 교수되는 등 교육과정통합에 대한 실천과 연구가 활발하다.

그러나 교육과정통합이라는 개념은 교육 실제에 길잡이 역할을 못하는 것은 물론, 그 의미의 다양성으로 인해서 교육 실제에 혼란을 가중하는 잘못을 범하기도 하였다. 이와 같은 교육과정통합의 개념적 난맥상에서, Hirst의 교육과정통합이론은 개념적 혼란을 제거하는 데 일련의 실마리를 제공하고 있다. 즉, 교육과정통합에서 일반적으로 제기되고 있는 의문은 다음과 같다.

교육과정의 통합에서 통합의 대상은 지식의 논리인가? 아니면 학습자의 마음인가? 통합의 요소는 지식의 논리 속에 포함된 특정 요소인가? 아니면 마음속에 있을 것으로 상정되는, 즉 마음을 구성하는 특정 요소인가? 또한 통합의 원리는 심리적 원칙인가 아니면 지식의 논리적 원칙인가? 이 두 원칙은 교육과정통합에 있어서 대립되는 원칙인가? 아니면 상호보완적인 관계인가? 또 교육과정통합에서 지식형식의 통합은 실생활과 관련이 먼 것인가?

---

[1] 이 장은 김대현(1993). 통합교과의 목표와 조직 방식의 정당성 문제. 교육학연구. 31(1). pp. 99-116을 옮긴 것이다.

Hirst의 교육과정통합이론은 상기한 의문들에 대한 답을 찾는 데 중요한 시사점을 제공한다. 이 연구는 Hirst의 교육과정통합이론의 성격을 밝히고 또 그 정당성을 깊이 있게 따지는 가운데, 교육과정통합에 있어서 앞의 의문들에 내포해 있는 개념적 혼란을 제거하는 데 목적을 둔다.

2. 교육과정통합의 개념 분석

일반어를 정의하는 데는 두 가지 방법이 있다. 내포적 정의와 외연적 정의이다. 내포적 정의는 정의적 특성이나 의미 준거에 적합한 개념을 사용하여 적절한 개념망을 조직함으로써 일반어의 의미를 밝히는 방법이다. 이에 반하여, 일반어의 의미를 예시를 통하여 밝히는 것을 외연적 정의라고 한다. 외연적 정의를 할 때, 보다 강력한 방법은 정례(examples) 대신에 반례(non-examples)를 들어 특정 개념의 의미를 명백히 하는 것이다. Hirst는 이 방법을 통하여 교육과정통합의 의미를 밝히고자 하였다. 그는 먼저 반례를 제시하여 교육과정통합의 의미를 잠정적으로 밝히고, 그다음에 정의적 속성이나 의미 준거를 밝히는 방법을 사용하고 있다.

Hirst는 교육과정통합의 의미가 명백하지 못하다는 점을 지적한다. 먼저, 반례를 제시하는 방법을 사용하여 교육과정통합의 의미와 교육과정의 통합적 운영이 다르다는 것을 밝힘으로써 교육과정통합의 의미를 명백히 했다(Hirst, 1974). 수업 시간을 통합적으로 짜는 것(integrated day), 교수와 학습의 편의를 위하여 학급편성(grouping)을 바꾸는 것 또는 팀티칭의 방법을 도입하는 것 등 수업의 여러 가지 통합적 운영 방식은 수업의 효율성을 올리는 데 중요한 방법이기는 하지만 그 자체가 교육과정통합은 아니다. 즉, 교육과정이 통합되었을 경우 반드시 이 수업의 방식들을 취해야 할 필요는 없으며, 더욱이 통합이나 분과와 관계없이 수업의 능률을 올리기 위하여 채택할 수 있는 방법이라는 점에서,

교육과정통합이 이러한 수업 방식을 논리적으로 전제하지 않는다고 보았다. 결국, 교육과정의 통합과 수업의 통합적 운영은 다른 것이다. Barrow도 같은 주장을 하였다. Barrow는 교육과정의 통합과 여러 가지 수업 방법과의 관계가 논리적이고 필연적인 관계인가 아니면 단지 우연적이고 바람직한 관계(contingent desirable relation)에 불과한가 하는 의문을 제기하였다. 그는 통합된 교육과정에서 자주 사용되는 수업의 방법으로 탐구(inquiry), 연구(research), 발견에 의한 학습(learning by discovery) 등을 들고, 이 방법들이 통합된 교육과정에서 자주 사용되는 방법이기는 하지만 분과별 교육과정의 운영에서도 사용될 수 있는 방법이므로 교육과정통합과 통합수업의 방식은 논리적 필연의 관계가 아니라 우연적 효과적인 관계라고 보았다(Barrow, 1977). 즉, 교육과정의 통합과 수업의 통합적 운영은 서로 깊은 관련을 맺고 있지만 논리적 함의 관계는 아니라는 것이다.

한편, 교육과정통합의 의미를 정의적 특성이나 의미 준거에 비추어 밝히기 위해서 통합이라는 말이 의미를 가지는 조건을 살펴볼 필요가 있다. Dearden은 통합이라는 말의 의미를 명백히 하기 위해서 그 말 속에 들어 있는 논리적 전제를 추적하는 방법을 취하고 있다. 첫째, 통합이라는 말은 어떤 것이 통합의 이전에 분화 상태에 있지 않으면 안 된다. 즉, 통합이라는 것이 일어나기 위해서는 통합되어질 분화되어 있는 요소가 먼저 존재해야 한다. 둘째, 통합이란 단순히 부분 요소들의 합계(sum)가 아니다. 부분 요소들이 어떤 특정한 통합의 원리에 의하여 조직되어 있지 않을 때 통합이라는 말보다는 합계(sum)라는 말을 쓰는 것이 적절하다(Dearden, 1976). Dearden의 주장은 통합이라는 말이 전제하고 있는 것은 통합되기 이전에 (통합될) 분화 요소가 먼저 존재해야 하며, 이 요소들이 그냥 모여 있는 것이 아니라 어떤 일반적 원리에 의하여 묶여 있어야 한다는 것을 말한다. 따라서 '통합'이라는 말의 분석에 따르면, 교육과정통합의 의미의 명백한 규정은 통합될 교육과정의 요소들의 확인과 일반 원리를 찾아냄으로써 가능하다고 할 수 있다.

그런데 통합될 요소들이나 통합의 일반 원리는 교육내용의 성격에 따라 다르다. 교육내용의 성격을 어떻게 보느냐에 따라 통합의 요소와 조직 원리가 달라질 수 있다. 이런 점에서 교육과정통합의 성격을 밝히는 문제는 교육내용의 선정 문제와 논리적인 합의 관계에 있다.

이러한 견지에서 일반론적 견해를 제시하고 있는 두 학자의 통합이론에 대한 주장을 살펴보자. 먼저, Skilbeck은 통합을 세 수준으로 분류하였다. 첫 번째 수준의 통합은 교과수준의 통합이다. 교과는 통합된 사고의 체제일 뿐만 아니라 다른 교과목을 형성할 수 있는 연결의 근원이기도 하다. 두 번째 수준의 통합은 독립된 교과의 응집성이 중시되면서 각 학문적으로 이루어진 통합이다. 예를 들면, 지리, 역사, 과학 등으로 구성되어 있는 환경 프로그램 같은 것이다. 세 번째 수준의 통합에서는 학문들은 독립성을 잃고 논리적이라기보다는 심리적인 것에 기반을 둔 새로운 지식조직의 형태로 나타난다. 주제별 접근 형태나 중핵 프로그램이 이 범주에 속한다.

Ingram은 통합교과의 구성을 크게 구조적 측면과 기능적 측면으로 구분한다. 구조적 측면이란 통합교과(교육과정통합)를 통합적 경험을 신장하기 위한 자원의 입장에서 본 것이다. 구조적 측면에서 통합과정은 지식의 특성을 고려하는 것이며, 기능적 측면에서는 통합적 학습을 조장하려는 것이다. 때문에 전자는 논리적·인식론적 입장을 취하게 되고, 후자는 심리적·사회적 입장을 중시한다. 전자가 학문 중심·교사 중심에 가까울 수 있는 반면에, 후자는 생활 중심 쪽으로 기울어지기 쉽다.

상기한 두 학자의 견해는 교육과정통합이 학문의 성격에 비추어서 인식론과 심리적 원칙을 통합의 원리로 받아들여야 한다는 주장으로 파악할 수 있다. 이와 같은 구별의 방식은 교육과정통합의 의미를 명백히 해 줄 수 있는 점에서 중요하다고 할 수 있으나, 논리적 원칙과 심리적 원칙의 상호 관련성을 밝혀 주지 못한다는 점에서 한계가 있다. 즉, 교육과정통합에서 내용의 조직 방식이 논리적 원칙을 따르거나 심리적 원칙을 따름으로써 그 조직 방식이 다르게 나타난다고 하는 점을 밝히고 있을 뿐, 이 두 원칙이 서로 어떻게 관련되어 있으며, 어떤 원칙이 더 우선되어야 하고, 어떤 원칙이 어떤 결함을 지니고 있는지를 밝혀 주지는 않는다.

Hirst(1974)는 Ingram의 교육과정통합 분류 방식에 따른다면 명백히 전자 측 지식의 논리적 특성에 기반을 둔 인식론적 측면에서 교육과정의 통합을 제안하고 있다. 그는 교육과정통합에서 인식론적·논리적 원칙이 필수 조건이며, 심리적 그리고 사회적 원칙은 통합과 무관한 것은 아니지만 필수 요건은 아니라고 보았다.

지금까지는 교육과정의 통합과 수업의 통합적 운영은 다르다는 사실을 밝혔다. 여기서는 교육과정통합 논의에서 이러한 개념적 혼란에 일어난 근본적인 이유가 통합이라는 말이 주는 인상 때문이라는 사실에 대해서 논의하고자 한다. 통합이라는 말은 그 자체로 긍정적인 느낌(quasi-religious attitude toward unity)을 준다(Fethe, 1977).

Fethe는 통합(unity)이라는 말이 부주의하게 사용되고 있다고 하였다. 통합이라는 말은 비통합, 불통합이라는 말이 주는 부정적인 인상과는 달리 긍정적인, 즉 좋은(good) 느낌을 주는 말이기 때문에 그 자체가 좋다는 착각을 불러일으킨다. 이러한 착각이 통합이라는 말의 의미를 면밀히 탐색하는 것을 방해한다. 예를 들어, 우리는 교육의 목표를 '통합된 인간', 즉 전인(全人)으로 생각하는 경향이 있다. 여기서 전인의 의미가 명백하지 않은데도 불구하고, 통합이라는 말이 갖는 긍정적인 인상으로 말미암아 전인을 교육의 목표로 받아들인다. 또한 어떤 과정을 거쳐야 통합된 인간을 만들 수 있는지에 대해서도 의문을 제기하지 않는다.

이와 같은 경우는 Gittins 보고서에서도 찾아볼 수 있다. Gittins 보고서는 초등학교 교육의 목적을 지적 영역을 포함한 다섯 가지 영역의 개발에 두고 있는데, 이 다섯 가지 영역 면에서 발달이 된 사람을 전인이라고 표현하고 있다(Dearden, 1976). 그런데 인간의 특성을 몇 가지의 대표적인 영역, 즉 지적 영역, 사회적 영역, 정서적 영역, 신체적 영역, 도덕적 영역으로 구분해 놓고 이들의 조화로운 발전을 도모함으로써 교육의 목표를 달성할 수 있다는 것은 애매한 주장이다. 왜냐하면 인간의 마음을 다섯 가지 영역으로 구분하는 것은 객관적 사실에 기반을 두고 있다기보다는 형이상학적 주장에 불과하기 때문이다. 또한 다섯 가지 영역의 조화로운 발달이라는 주장에서 '조화'란 말의 애매성도 문제가 된다. 따라서 이러한 주장은 지금까지의 교육이 '지식 편중 교육'이었다는 사실을 지적하고 이 폐해를 시정할 것을 요청할 뿐, 무엇이 전인교육인가 하는 문제를 명백히 규명하는 데는 별반 도움이 되지 않는 상투적인 구호에 불과하다.

Thompson(1972)도 이러한 관점에서 문제를 제기했다. 그는 전인교육의 의미를 실제적 내용을 포함하지 않는, 단지 사람의 주의를 끄는 상투적 문구나 슬로건에 불과하다고 보았다. 즉, 부분적으로만 발달된 사람을 길러 내는 것이 교육이라고 주장하는 것은 누구든지 그릇되다고 생각하고 있기 때문에, 당연하게 전인의 형성을 교육의 목표로 삼는 것이다.

그러나 이 경우에 전인이란 어떤 사람인가 하는 질문에 대한 해답은 전인의 형성이라는 교육의 목표와 논리적 관계를 맺고 있는 교육내용과의 엄밀한 분석에서 파악될 수 있는데도 불구하고, 마치 통합된 형태의 특정한 마음이 있다는 것과 같은 인상을 줌으로써 실체화의 오류를 범하는 형이상학적 주장을 하고 있다. 그렇다고 해서 '전인'이란 말이 하등 교육적 측면에서 의의를 가지지 못하는 것은 아니다. 전인의 개념이 명백하지 못하여 교육의 실제 장면에 어떠한 처방도 제공해 주지 못한다는 단점이 있지만, 그 말은 긍정적인 인상을 심어 주므로 교육에 종사하는 사람이 교육에 종사하지 않는 사람에게 교육의 목표를 알리는 데 도움을 주기 때문이다. 다시 말하면, 교육에 종사하지 않는 사람에게 교육이 하는 일을 알리고 주의를 끌게 하는 좋은 수단으로서의 역할을 한다. 마치 소설의 제목이 그 내용과 관계없이 독자의 주의를 끄는 것과 같은 현상이라고 할 수 있다.

3. 교육과정통합의 목표

전인의 개념이 교육 이론과 실제 속에서 의미를 가지기 위해서는 '마음'이라는 심적 기제와 관련을 가져야 한다. 하지만 형이상학적 맥락에서의 애매모호하고 막연한 개념적 진술에서 벗어나기 위해서는 전인을 가리키는 '통합된 마음'이 어떤 것인가를 보여 줄 필요가 있다. 하지만 '통합된 마음'을 눈앞에 있는 '탁자'처럼 어떤 구체적인 모습을 가지고 존재한다고 생각하는 것은 문제가 있다. 통합된 마음은 그것과 논리적으로 관련성이 있는 지식의 성격에 의하여 규명되어야 한다. 다음에서는 마음과 지식 간의 그릇된 관계에 기반을 둔 '통합된 마음' 개념을 비판하고, 지식 성격의 논리성에 근거를 둔 '마음의 통합을 위한 계획'이라는 Hirst의 교육과정통합이론의 성격을 검토한다.

1) 통합된 마음의 상정에 대한 비판

1950년대 미국 하버드대학교는 교양 교육의 개혁을 위한 보고서를 만들었다. 보고서는 지식의 영역을 자연과학, 인문학, 사회과학 등으로 구분하고 교양 교육에서는 능률적으로 사고하고 사고를 잘 표현하여 전달하고 적절한 판단을 하며 여러 가치를 분별할 수 있는 정신적 능력을 길러야 한다고 하였다. Hirst(1974)는 이 보고서에 제시된 교양 교육을 다음과 같이 비판하였다.

첫째, 상이한 정신적 특성 및 능력은 공적인 준거에 의해서만 이해될 수 있다. 둘째, 이 정신적 능력들을 나타내는 용어들이 지나치게 폭넓고 일반적인 것이어서, 명백히 다른 정신적 성취들을 통합할 수 있을 것 같은 인상을 준다. 달리 말하면, 정신적 능력이 어떠한 것인가를 사정하는 기준이 있고, 그 기준이 각기 다름에도 불구하고 동일한 것인 양 취급하고 있다는 것이다.

Hirst의 이러한 비판은 본질철학에 대한 Wittgenstein의 비판과 관련되어 있다. 즉, 첫 번째 비판은 사적 언어, 두 번째 비판은 보편 개념에 대한 Wittgenstein의 공격과 관련이 있다.

Wittgenstein에 따르면, 사적 경험을 지시하는 사적 언어는 조심스럽게 그 성격을 살펴야 한다. 인간의 의식 상태를 기술하는 말(사적인 언어)은 그것들이 기술하는 대상들 때문에 의미를 가지는 것이 아니라 언어게임의 규칙에 따라 사용됨으로써 의미를 가지게 된다. Hirst는 Wittgenstein과 마찬가지로 사고와 언어를 다음과 같이 기술하였다.

생각하고 사고하는 것을 마음의 한 기능이라고 간주하는 것은 그릇되다. 왜냐하면 앞에서 예를 들었던 바와 같이, 눈앞에 탁자를 보듯이 마음이라는 것이 어떤 모습을 가지고 존재한다는 것은 잘못된 믿음이기 때문이다. 이를 범주 오류라고 부른다. 또한 사고를 사적인 일로 생각하면 의사소통이 불가능하다. 사고한다는 것은 말들과 문장들이 공적인 논의 속에서 하고 있는 기능을 내보이는 것을 의미한다(Hirst, 1974).

이러한 Hirst의 주장에 따르면, 하버드 위원회 보고서에 제시된 '능률적 사고'와 같은 정신적 특성은 머릿속에서 일어나는 어떤 사고의 과정을 의미하기보다는, 이러한 말이 사용되는 공적인 맥락 속에 주어진 기준을 만족시킬 때 붙일 수 있는 이름이라는 것이다.

교양 교육에 대한 Hirst의 두 번째 비판은 Wittgenstein의 '보편 개념'에 대한 공격을 근거로 하고 있다. 그는 '가족유사성'이란 개념으로 본질철학의 문제점을 제기하였다.

가령, 게임이란 것을 생각해 보자. 카드게임, 구기게임, 올림픽게임 등이 있다. 이 모든 게임의 공통점은 무엇일까. 우리는 다음과 같이 (반드시 어떤 공통점이 있어야 한다. 그렇지 않으면 게임이라 할 수 없다: 본질주의 관점) 말해서는 안 된다. 오히려 모든 게임을 면밀히 주시해야 한다. 그 모든 게임을 주시하여 본다면, 당신은 어떤 공통점이 아니라 유사성이나 관련성 같은 것들을 보게 된다. …… 나는 이 비슷한 점을 나타내는 데 있어서 가족유사성보다 더 나은 언어 표현을 생각할 수 없다(Wittgenstein, 1961).

앞의 진술에서 보는 바와 같이 본질주의자는 게임마다 어떤 공통점이 있다고 생각하고, 이러한 요소 때문에 게임을 게임이라고 부른다는 것이다. 그러나 Wittgenstein에 따르면, 게임마다 공통된 속성이 있는 것이 아니고 단지 가족유사성만이 있다는 것이다.

이와 같은 입장에서 Hirst는 하버드 위원회 보고서에서 제시된 정신적 특성이 폭넓고 일반적인 용어들로 표현됨으로서 동일한 사정 기준에 의하여 파악될 수 있는 것인 양 보편 개념의 오류를 범하고 있다고 비판한다. 예를 들면, 예술 감상에 있어서의 '능률적인 사고'는 수학 문제를 푸는 데 필요로 하는 '능률적인 사고'와는 다른 것인데도 동일하게 취급하는 오류를 범한다는 것이다.

이와 같은 내용을 요약하면, 하버드 위원회 보고서에 제시된 교양 교육 이론에서 통합된 안목이란 두 가지 측면에서 비판될 수 있다.

(1) 사적 언어에 대한 문제(공적 준거)

통합된 마음을 실체(entity)로 상정하는 것은 형식도야설과 마찬가지로 실체화의 오류를 범하는 것이 된다. '안다' '이해한다' '연역한다'는 것을 마음속에서 일어나는 '심리적 과정'으로 생각하는 것은 마음에 대한 잘못된 견해이다. 마음이란 심리적 과정이 그 속에서 일어나는 실체가 아니라, 지식의 성격과 논리적 관계에 의하여 추적할 수 있는 하나의 개념일 뿐이다.

(2) 보편 개념에 대한 공격

보편적 안목(교육목표)이 일반적인 용어(general terms)로 기술됨으로써, 각 지식의 영역 내에 통합을 위한 공통 요소가 있는 것으로 가정해서는 안 된다. 왜냐하면 교육에서 추구하는 것은 다수의 분리된 개별 지식형식에의 입문(initiation)이기 때문이다.

따라서 교육과정통합이란 논증이 불가능한 형이상학적 개념인 '마음속에서의 통합'을 논하는 대신 마음과 논리적 관계에 있는 지식의 성격에 따라 검토하는 쪽으로 관점의 전환이 필요하다. Hirst(1974)는 교육과정통합이 '통합된 마음'의 개념을 벗어나서 '마음의 통합을 위한 계획'이라는 관점으로 논의되어야 한다고 보았다.

2) Hirst의 교육과정통합의 목표

Hirst(1974)에 따르면, 지식은 지적 발달의 역사를 통하여 몇 가지 논리적으로 구분되는 형식으로 분화되어 왔으며, 각각의 형식은 그 개념조직과 타당성의 기준을 달리함으로써, 각각 특이한 이해를 가능하게 한다. 따라서 지식을 갖는다는 것은 경험을 어떤 특수한 방식으로 의미 있게 구조화하고 조직하게 되었다는 것을 가리키며, 이것은 세계를 새로운 안목에서 파악하고 경험하게 되었다는 것을 의미한다.

Hirst(1974)는 교육과정(여기서는 교양 교육의 교육과정)의 목표를 합리적인 마음(합리성)의 개발에 두었는데, 이것은 바로 앞에서 말한 세계를 합리적으로 이해할 수 있게 되었다는 것을 가리킨다. 또한 합리적인 마음을 갖게 되었다는 것은 지식의 형식들을 습득하는 것과 같은 값(同値)을 가진다고 하였다. 그는 다음과 같이 말했다.

어떤 종류의 지식 없이는 어떤 의미에서든 마음도 있을 수 없다. …… 지식의 습득은 그 자체로 마음의 개발이며, 새로운 지식을 가지게 되었다는 것은 새로운 마음이 개발되었다는 것을 의미한다(Hirst, 1974: 24).

이 말은 합리적인 마음의 개발이란 여러 지식의 습득을 통해서 이루어지는 것이 아니라, 합리적인 마음을 가졌다는 것 자체가 이미 여러 지식을 습득했다는 것을 의미하는 것이다. 이런 점에서, Hirst는 마음과 지식이 따로 존재하면서 서로 대응하는 관계가 아니라 마음의 '개념'과 지식의 '개념' 사이에 논리적 관계에 주목해야 한다고 하였다.

이것은 교육과정 목표의 성격을 명백히 하려면 마음을 눈에 보이지 않는 추상적인 실체(형이상학적 마음)로 간주하지 말고, 또 이러한 방식으로는 교육과정 목표의 성격을 규정할 수 없기 때문에 지식의 성격과 구조를 통하여 마음을 이해해야 한다는 것이다. 다시 말하면, 교육과정의 목표는 학습자가 합리적인 마음을 갖게 하는 것이며, 이것은 지식의 형식들을 습득하게 하는 일을 의미한다. Hirst가 생각하는 교육과정통합의 목표(목적은 교육의 효율성을 위하여 교육과정통합을 할 수도 있기 때문에 목적이 아님)도 '궁극적으로는' 학습자를 지식의 형식에 입문시킴으로써 합리적인 마음을 갖게 하는 일, 달리 표현하면 세계를 이해하도록 하는 데 있다.

3) 교육과정통합의 목표와 조직의 관련 방식

Hirst는 교육과정의 목표가 합리적인 마음을 갖게 하는 일이며, 이는 지식의 형식들을 습득하는 일과 다르지 않다고 말했다. 그는 지식형식의 습득의 중요성을 다음과 같이 기술하였다.

한 개인이 지식을 획득해 나가는 과정은 적절한 개념조직과 그 기준을 점진적으로 학습하고 사용하는 과정이라고 볼 수 있다. 극히 피상적인 것을 제외하면 이해나 지식은 아무렇게나 획득할 수 있는 것은 아니다. 이해한다는 것은 적어도 그 의미의 일부분으로서 개념조직의 정연한 질서에게 감명을 받고 진위나 타당성의 기준에 대하여 명확한 인식을 갖게 되는 것을 의미한다. 이렇게 되려면 불가피하게 지식을 각각 특이한 형식으로 구조화해야 한다. 그리고 이와 같이 구조에 맞게 조직하는 것은 이해에 필수불가결한 것이며, 그 조직 방식에 따라 구분하는 것은 전례 답습이나 편의상의 조치라고 할 수 없다(Hirst, 1974).

앞의 인용문은 지식형식의 중요성을 가리킬 뿐만 아니라, 이러한 중요성으로 인하여 교육을 통하여 학생들이 습득해야 한다는 점을 강조하고 있다. 하지만 지식형식들을 가르칠 때, 교과를 국어, 수학, 영어, 사회, 과학 등으로 선을 그어 구분하듯이, 지식형식들을 각기 개별적으로 조직해야 하는 것은 아니다.

Hirst가 생각하는 교육과정 목표의 논리적 구조는 서로 구별되는 지식형식들의 습득이지만, 이것을 효과적·효율적으로 학습하기 위해서 교육과정을 조직할 때 반드시 교육목표의 구조를 따라야 하는 것은 아니다. Hirst는 다음과 같이 말했다.

지식형식의 분류가 명백하다 하더라도 교육과정의 조직은 반드시 이에 따라야 할 필요는 없다. 우리가 원하는 목적 달성을 위해 교육과정 단원을 조직할 때 인식론적인, 즉 지식형식의 논리적 성격에 관계없이 사회적인 필요라는 점을 따를 수도 있다(Hirst, 1974).

즉, 교육과정 조직은 근본적으로 개별의 지식형식에 대한 철저한 이해를 목표로 하고 있지만, 이 목표를 달성하기 위하여 교육과정을 조직할 때는 각 지식형식들 간의 상호 관련성을 배제할 필요는 없다는 것이다.

4. Hirst 교육과정통합의 유형과 정당성 Ⅰ

Hirst는 지식이 조직되는 방식을 지식의 형식, 지식의 분야, 실제적 지식의 세 가지로 보았다. 지식은 각기 독특한 형식에 의하여 조직될 수도 있고, 여러 가지 분야로 조직될 수도 있으며, 또 여러 가지 실제적 지식으로 조직될 수도 있다. 그러나 실제적 지식은 앞의 두 지식의 조직, 즉 지식형식과 지식 분야의 성격과 달리 어떤 현상에 대한 이해를 가져다주는 지식이 아니라, 실제적 처방을 위한 지식이라는 점에서 독특성을 갖기 때문에, 교육과정통합 논의에서 일단 배제하려고 한다. 여기서는 지식형식의 성격에 근거한 세 가지 조직 방식, 즉 지식형식 내에서의 통합과 지식형식 간의 통합 그리고 지식 분야의 성격에 기반을 둔 통합의 방식과 그 정당성을 살펴보고자 한다.

1) 지식형식 내의 통합

Hirst(1974)는 지식의 형식을 세 가지 준거(중심 개념, 논리적 조직, 타당성 기준)에 의하여, 일곱 가지의 지식형식(수학, 자연과학, 종교, 문학과 예술, 철학, 도덕, 우리 자신 및 다른 사람들의 마음의 인식과 이해)으로 구별될 수 있다고 보았다. 지식형식은 형식에는 차이가 없지만 내용에의 차이(전례 답습이나 편의)에 의거하여 하위 분류가 가능하다. 예를 들어, '자연과학'이라는 하나의 지식형식은 물리학, 화학, 생물학 등으로 분류될 수 있다. 따라서 이러한 지식형식 내의 하위 영역들은 지식의 본질적 성격에 비추어 자연스러운 것으로서, 지식형식 그 자체가 통합적 성격을 띠고 있다.

그런데 이와 같은 지식형식 내의 통합을 달리 해석하는 입장이 있을 수 있다. 생물학과 화학이라는 두 학문이 결합하여 '생화학'이라는 학문이 만들어질 때, 두 학문이 새로운 방식에 의하여 통합이 된 것으로 보는 것이다. Hirst는 이와 같은 방식으로 통합을 생각하는 것은 잘못이라고 본다. 그는 '생화학'이라는 새로운 학문도 자연과학이라는 지식의 형식 속에 붙박여 있는 세 가지 준거(중심 개념, 논리적 조직, 타당성 기준)를 만족해야 한다는 점에서 동일한 논리적 구조를 가지고 있다고 했다. 따라서 지식의 형식이 교육과정 목표의 논리적 구조를 반영한다면, 지식형식의 성격에 맞게 교육과정을 조직하는 것이 가장 강력한 수단이 될 수 있을 것이다.

2) 지식형식 간의 통합

Hirst는 지식형식이 서로 간에 환원이 불가능한 독특한 논리적 특징을 가지고 있다고 보았다. 환원이 불가능하다는 것은 지식형식 간에 아무런 관련이 없다는 의미가 아니라, 어느 하나가 다른 것에 완전히 종속하는(포함되는) 것이 아니라는 뜻이다. Brent(1978)는 지식형식 중에서 철학적 형식을 제외하고, 경험적·수학적·도덕적·종교적·미학적·역사 사회학적 형식이 서로 구분이 가능하다는 Hirst의 구분을 지지하였다. 즉, 수학적 지식이 경험적 지식으로, 경험적 지식이 종교적 지식으로, 도덕적 지식이 경험적 지식으로(공리주의자 실수), 도덕적 지식이 종교적 지식으로, 종교적 지식이 도덕적 지식으로, 미학적 지식이 경험적·종교적 지식으로 환원되지 않는다고 하였다.

Hirst는 이와 같은 지식형식 간의 환원 불가능성을 논리적 필요조건과 충분조건을 통하여 다음과 같이 밝혔다.

지식의 형식들이 서로 완전히 독립적이라든지 어떠한 개념이나 논리적 규칙도 공유하는 것이 없다고 주장한 적은 없다. 하지만 어떠한 수학적 지식도 그 자체로서 과학적 문제를 해결하는 데 충분한 것이 아니며, 과학적 지식만으로 도덕적 문제를 풀 수 있는 것도 아니다. 한 영역에서의 지식이나 경험의 계발이 다른 영역들에서 얻어지는 이해와 지각 요소들의 도움을 받고 있다고 하더라도, 지식형식들은 각기 고유한 자신만의 성질을 지니고 있다(Hirst, 1974).

즉, 지식의 형식 간에는 상호 관련성이 있을 수 있지만, 이들 관련성으로 새로운 지식형식이 만들어지는 것은 아니라는 것이다.

Pring(1973)은 지식형식 간의 관계를 논리적 필요조건과 충분조건을 검토하여 다음과 같이 네 가지 유형으로 제시하였다. 이것은 Hirst의 지식형식 이론을 확장한 것으로 보인다.

① A형의 명제가 B형의 명제를 이루는 구성 요소가 되는 경우(수학적 명제가 과학적 명제의 구성 요소가 됨)
② A형의 명제가 B형의 명제를 이해하는 수단은 되지만 그것의 구성 요소는 되지 않는 경우(생물학적 사고의 양식이 아리스토텔레스의 형이상학의 체계를 세우는 데 중요한 수단이 됨)
③ A형의 명제가 B형의 명제에 대한 증거가 되는 경우(사실적 명제가 규범적 명제의 증거가 되는 경우)
④ A형의 명제가 B형의 명제의 필요조건이 되는 경우, 이때 B형 명제의 진이 B형 명제의 진을 함의하지 않을 수 있는 경우(어떤 사람에 대한 심리학적 판단이 그 개인에 대한 도덕적 판단을 하는 데 충분조건은 되지 않을지라도 필요조건이 됨)

Brent(1978)는 Pring이 제시한 두 가지의 경우(①과 ②의 통합)은 인간이 한 지식형식의 진리를 파악하기 위해서는 반드시 다른 지식형식의 특성을 고려해야만 한다는 점에서 성격상 심리적인 것이고, ③과 ④의 통합은 사고와 판단 그리고 평가의 과정이라기보다는 지식형식 속에서의 사고의 산물이라고 보았다.

Pring과는 달리 지식형식 간의 통합 문제를 논리적으로 분석하여 지식형식 간의 통합 가능성과 일반적 양식(general pattern)을 제시한 사람으로 Gibbons를 들 수 있다. Gibbons(1979)는 Hirst가 통합 방식의 보기(examples)로써 자주 사용하고 있는 수학과 물리학의 통합에 대한 일반적인 양식을 다음과 같이 제시하였다.

① 통합되는 분야 중에서 한 분야는 탐구의 대상(예: 수학과 물리학의 통합에서 물리학)이 된다.
② 탐구 분야의 개념과 명제들은 도구 분야(수학과 물리학의 통합에서 수학)의 개념 및 명제들과 같은 논리적 양식을 지니도록 적절히 변형된다. 그리하여 어떠한 이론에서 조합이 이루어진다.
③ 도구 분야에서 결론에 도달되면 다시 탐구 분야의 양식으로 바뀌도록 변형된다.
④ 도구 분야 내에서 중요성과 지위는 그것이 탐구 분야로 통합될 때 탐구 분야에 의하여 결정된다.
⑤ 도구 분야 내에서와 논의는 그 분야의 규칙에 따라 이루어져야 한다. 단, 결론만은 그것을 다시 탐구 분야로 되돌리도록 적절히 변형된다.
⑥ 두 가지 분야를 통합하는 것은 언제나 가능하다. 그러나 변형은 동시에 두 가지 방향으로 일어날 수 없다. 따라서 4개의 분야가 관여하는 통합에 있어서도 통합은 2개 분야씩 진행되어야 한다.

3) 지식형식 내 그리고 지식형식 간 통합의 정당성

Hirst가 말하는 지식형식의 형식 내 그리고 형식 간 통합은 지식형식이 서로 관련성이 있기는 하지만 논리적으로 구분된다는 것을 전제로 하여 정당성을 확보할 수 있다. 하지만 김대현(1984)은 Hirst의 지식형식 분류에 다음과 같은 문제점이 있다고 보았다.

첫째, Hirst가 제시한 지식형식의 구분 준거는 두 가지(개념과 타당성 기준)로 환원될 수 있다. 지식형식의 구분에 있어서 개념조직의 조건은 필요조건이라기보다는 충분조건에 해당되기 때문이다.

둘째, Hirst의 지식형식이 명제(진위 판별)로 간주된다면, 수학과 자연과학을 제외한 나머지 지식형식(우리 자신들과 다른 사람들의 마음의 인식과 이해, 도덕, 종교, 문학과 예술, 철학)은 진리 여부를 가름할 수 없다. 즉, 도덕, 종교, 문학과 예술의 지식이 수학과 자연과학에서 보는 바와 같은 논리와 경험적 증거라는 진리 판단의 확고한 근거를 가진다고 할 수 없다. 또한 지식형식을 진술(문맥 속에서의 옳고 그름)의 체계로 본다면, 각 지식형식의 자율성을 보장할 수 없게 된다. 즉, 명제가 아니라 진술로 취급될 때는 각 지식형식이 논리적 자율성의 기반(타당성 기준)을 상실하게 된다. 물론 Wittgenstein의 언어게임 이론에서 게임들이 가족유사성으로 구분되듯이, Hirst의 지식형식이 진술의 체계에 속한다고 하더라도 가족유사성에 의하여 지식형식 간에 구분이 가능하다고 말할 수 있다. 하지만 이렇게 될 경우에 지식형식 내의 구분과 지식형식 간의 구분의 정당성을 확보하기는 어렵다. Barrow, Diorio, O'Hear 등이 Hirst가 명제와 진술, 진리와 지식 간의 개념상 차이를 분별하여 철저하게 사용하지 않았다고 비판을 하는 이유이다.

셋째, Hirst가 제시하는 지식형식들의 분류의 준거는 문제가 있다. 범주적 개념이 불확실하고, 개별적 지식형식의 논리적 구조에 대한 설명이 미진하며, 일부 영역을 제외한 진리 준거의 내용을 제시하지 못했다. 이러한 진리 준거들의 성격과 내용을 명백히 제시하고 않고서는 지식을 그 성격과 구조에 의하여 분류할 수 없다. 하물며 한정된 숫자인 일곱, 여덟 가지의 형식으로 분류된다는 결론을 내리는 것은 불가능하다.

따라서 지식형식의 분류에 있어서의 이러한 문제점으로 인하여, 지식형식 내와 지식형식 간의 통합성은 그 정당성의 근거가 다소 박약할 수밖에 없다.

4) 지식 분야에서의 통합

지식의 분야라고 하는 것은 단순히 여러 가지 형식에서 나온 지식을 모아 놓은 것이며 그것이 하나의 분야로서 통일성을 가지는 것은 오직 그러한 지식이 한 가지 대상이나 관심에 연결되어 있기 때문이다. 지식의 분야는 다학문적 접근을 요청하며, 이것은 실제 문제의 해결이나 특정 토픽의 명백한 규명을 위하여 지식형식을 모아서 연결하는 작업이라고 할 수 있다(Hirst & Peters, 1971). 이렇게 되는 경우 통합의 과정에서 논리적 문제는 일어나지 않는다.

5. Hirst 교육과정통합의 유형과 정당성 Ⅱ

Hirst의 교육과정통합이론은 다음과 같은 관점에서 비판될 수도 있다.

첫째, 교육과정통합은 인식론적 측면의 논의라기보다는 '아동이 느끼는 흥미 (pupil's felt interests)' 기준에 입각해야 된다는 비판, 둘째, Hirst의 지식형식통합 이론은 지식형식과 실제생활 사이에 아무런 통합적 관계도 설정하지 못한다는 비판이다. 이러한 비판은 정당한 것인가? 여기서는 이 문제를 검토한다.

첫째, 교육과정에 있어서 통합의 필요성은 인식론적인 문제에서 비롯되기보다는 실제적인 교육 문제에서 제기된다. 즉, 교육과정통합은 지식의 논리적 성격에 비추어 결정될 것이 아니라 '아동이 느낀 흥미'에 비추어 결정되어야 한다.

그러나 Hirst는 아동이 느낀 흥미를 교과통합의 준거로 삼는다는 것은 옳은 일이 아니라고 본다. 왜냐하면 교육과정통합에서 '교육과정'이란 '바람직한 것으로 공적으로 합의된 목표를 달성할 수 있는 수단을 조직하는 활동의 계획'이기 때문에, 계획의 대상에 주목해야 하는데, 아동이 느낀 흥미란 계획의 대상이 아니라 결과의 산물이기 때문이다. 따라서 아동중심 교육자들이 주장하는 바와 같이, 아동의 심리적 원칙에 근거하여 교육과정통합을 해야 한다는 주장은 통합이 전개되는 과정을 중시할 뿐, 통합의 대상(지식의 형식)을 무시한다는 점에서 정당하지 않다. Dearden(1972)도 이에 동의하고 있다.

> 통합에 있어서 심리적 원칙을 존중해야 한다는 주장은 교과의 본질적인 성격을 경시하거나 무시해도 좋다는 것을 말하는 것이 아니라, 교과의 성격에 맞추어 교육과정을 통합할 때 고려해야 할 보충적인 원칙이다(Dearden, 1972).

둘째, Hirst의 지식형식의 통합은 실제 생활과 유리되어 있다는 비판이다. 이것은 일상생활에서 통용되는 상식적 지식과 지식형식 간의 연계가 없다는 것을 전제로 한다. Hirst는 상식적 지식과 지식의 형식은 질적으로 다른 종류의 지식이 아니라 분화된 지식의 형식으로 향해 가는 연속선에 위치하고 있으며, 지식의 논리적 구조 면에서 상식적 지식과 지식형식은 같다고 본다. 하지만 학교에서 상식을 가르치지 않는 것은 교육을 통하여 도달해야 할 목표의 성격 때문이라고 하였다. 즉, 상식이란 지식형식과 논리적 구조의 측면에서는 다르지 않지만, 너무 당연하다는 성격 때문에 학교에서 가르치지 않는다는 것이다.

따라서 Hirst의 지식형식통합이론에 대한 앞의 두 가지 비판은 정당성이 부족한 주장이라고 할 수 있다. 첫째, 아동의 심리적 원칙이 통합의 유일한 원칙이거나 우선적으로 고려해야 할 원칙은 아니며, 지식의 성격에 입각한 지식형식의 통합이 교육목표와 논리적 관례를 맺고 있다는 점이 중시되어야 한다. 둘째, 지식형식이 일상생활과 유리되고 일상생활의 세계를 이해하는 것과 무관하다는 주장은, 지식의 형식이 '세계를 보는 안목의 발달된 분화 양식'이라는 근본적인 성격을 도외시했다는 점에서 정당성이 부족하다.

6. 결론

교육과정 분야에서 통합의 문제는 내용 선정의 문제와 더불어 가장 중핵적인 문제라고 할 수 있다. 이 논문에서는 Hirst의 교육과정통합이론의 성격을 분석하고 그 정당성을 밝힘으로써 교육과정통합에 관련된 개념적 혼란을 제거하는 데 목적을 두었다. 그 결과 얻은 결론은 다음과 같이 요약할 수 있다.

제2장에서는 교육과정의 통합과 수업의 통합적 운영은 다른 것임을 명백히 밝히고, 이러한 개념적 혼란이 통합이라는 말이 그 자체로서 긍정적인 혹은 바람직한 의미로서 받아들여지고 있다는 데서 일어났다는 점을 밝혔다.

제3장에서는 교육과정통합에서 통합의 목표로 '통합된 마음'을 설정하는 것은, 마음을 하나의 실체로 파악하는 범주화의 오류와 보편 개념의 오류를 범하기 때문에 잘못이며, 마음이라는 개념과 지식이라는 개념의 논리적 관계에 의하여 탐색되어야 한다는 점을 밝혔다.

제4장에서는 Hirst의 교육과정통합 유형은 세 가지로 나타나는데 지식형식 내에서의 통합(subform integration in each form), 지식형식 간에서의 통합(inter-form relation), 지식의 분야에서의 통합(multi-form relation)이다. 이들 통합 방식의 정당성은 지식형식 분류의 정당성에 그 기반을 두고 있는데, 그 기반이 안고 있는 세 가지 문제점(지식형식 분류의 구분 준거의 환원 문제, 지식형식을 명제로 보는가 아니면 진술로 보는가 하는 문제, 순환논증의 논리 문제)으로 인하여, 지식형식 통합의 정당성이 박약해질 수밖에 없다는 점을 밝혔다.

제5장에서는 교육과정의 통합에 있어서 심리적 원칙(아동이 느낀 흥미)만을 고려할 때에는 교육과정의 개념적 정의에서 벗어나므로 교육과정이라고 부를 수 없으며, 지식형식의 통합이 실제 생활과 유리된 통합이라는 주장은 실제 생활에서 사용되는 상식적 지식도 지식형식과 같은 논리적 구조를 가지고 있으며, 지식의 형식이 세계를 보는 안목의 분화된 양식이라는 측면에서 정당한 비판은 아니라는 점을 밝혔다.

제7장 교육과정통합의 목표와 수단의 조직 방식[1)]

이 논문에서는 교육과정통합의 목표와 수단의 조직 방식에 대한 Hirst의 견해를 검토하고자 한다. Hirst는 교육과정통합에 관한 많은 논란이 통합의 목표와 수단의 조직 방식에 대한 혼동에서 비롯되었음을 지적하고, 통합의 목표와 수단의 의미를 분명히 하고 또 그들의 관계를 명백히 하고자 하였다. 여기서는 이러한 Hirst의 견해를 밝혀내고 그 속에 내포되어 있을지도 모르는 문제점을 탐색함으로써, 교육과정통합의 목표와 수단에 대한 그의 견해의 정당성을 논증하려고 한다. 먼저 교육과정통합의 목표에 대한 Hirst의 견해는 다음과 같다.

1. 교육과정통합의 목표

교육과정통합에 대한 Hirst의 접근 방식은 먼저 교육과정통합 목표를 분명히 하고 다음에 이러한 목표를 달성하기 위한 수단의 성격과 구조를 제시하는 방향으로 진행되었다. 그는 교육과정통합의 목표의 성격을 규정할 때, 이에 관련된 부적합한 주장들을 비판함으로써 교육과정통합 목표의 성격을 드러내는 방식을 취하였다. 여기서는 Hirst의 이러한 논의 전개의 방식을 유관 논문들과 관련지

---

1) 이 장은 김대현(1992). 교육과정통합의 목표와 수단의 조직 방식에 대한 Hirst 견해의 정당성 문제. 통합교과 및 특별활동연구. 7(1), pp. 1-21을 옮긴 것이다.

어 재구성함으로써, 교육과정통합의 목표에 대한 그의 견해를 드러내고자 한다 (Hirst, 1974).

먼저, Hirst가 교육과정통합의 목표로서 부적절한 주장들로 본 것은 다음 세 가지였다. 첫째, 교육과정통합의 목표는 탐구, 상상력, 비판적 사고 등의 개발에 있다. 둘째, 교육과정을 통합해야 하는 이유는 인간의 의식이 통합되어 있기 때문이다. 셋째, 교육과정을 통합해야 하는 것은 의식의 흐름을 단절시켜서는 안 된다는 이유 때문이다.

Hirst는 일부 교육과정통합론자들에 의하여 제시된 이들 주장이 '마음에 대한 그릇된 관점'에 근거한다고 보았다. Hirst의 지식관에 의하면, 마음에 대한 그릇된 관점은 의미의 그림이론(picture theory of meaning)에 바탕을 두고 있다. Hirst는 그림이론이라는 용어를 쓰지는 않았지만, 그의 논문에서는 그림이론을 나타내는 직접적인 표현이 들어 있다.

> 단어와 문장의 의미는 그 상징들이 나타내는 대상과 사태들이다. 그리고 단어와 문장은 대상과 사태에 대한 이름이다. …… 그리고 근본적으로 언어는 이름들로 구성되는 것이다(Hirst, 1974).

이러한 그림이론에 대한 설명과 그 문제점에 대한 Hirst의 견해는 '언어와 사고'(1966)와 '교육과정 목표의 성격과 구조'(1969)에서 비교적 소상히 나타나고 있다. '언어와 사고'에서의 "언어와 사고의 관계에 대한 잘못된 두 이론"과 '교육과정의 목표와 성격'에서 "마음에 대한 경험주의자의 관점"은 그림이론과 그 비판에 대한 Hirst의 설명이다. 이것을 중심으로 그림이론에 대한 Hirst의 견해를 정리하면 다음과 같다(Hirst, 1974).

첫째, 그림이론에 대한 설명이다. 그림이론은 마음을 어떤 정신적인 활동이 일어나는 곳 또는 그러한 정신적인 활동을 수행하는 기관(organ)으로 본다. 여기서 대표적인 정신적 활동을 사고라고 본다면 마음은 사고가 일어나는 곳 또는 사고 활동을 하는 기관이라는 것이다. 마음에 대한 이러한 그림이론은 교육과정의 계획에 다음과 같은 결론을 유도한다. 교육과정의 목표는 올바른 관념을 마음이 잘 수용하고 이를 토대로 마음이라는 기관이 잘 작동할 수 있도록 만드는 일이다.

둘째, 그림이론에 대한 비판이다. 비판의 내용은 두 가지로 구분된다. 먼저, 마음은 외부 세계에 대한 관념을 수동적으로 받아들이는 '수용기'가 아니라는 것이다. 마음을 가진다는 것은 관념을 받아들였다는 것이 아니라 개념과 범주라는 개념적 도구를 취득했다는 것을 의미한다. 다음으로 마음을 어떤 법칙에 따라 어떤 정신적인 활동을 수행하는 기관으로 보는 것은 잘못이다. 예를 들어, 어떤 것을 '논리적으로 추론'한다는 것은 어떤 특정한 정신적 활동이 마음 속에서 계열적으로 일어난다는 것이 아니라 공적인 준거를 만족하는 명재 간의 관련성을 결과적으로 성취했다는 것을 의미한다. 따라서 교육과정의 목표는 관념을 수용하고 이에 더하여 마음이라는 기관이 잘 작동할 수 있도록 기능을 강화하는 것으로 볼 수 없다.

그림이론에 대한 이와 같은 Hirst의 비판은 교육과정통합의 목표로서 제시되는 마음이나 의식은 그 말들이 지시하는 어떤 가공의 실재가 아니라 그 말들의 쓰임에 의하여 의미를 찾을 수 있다는 것이다. 이러한 그림이론에 대한 Hirst의 설명과 비판을 기반으로 일부 교육과정통합론자가 제시한 통합의 목표와 이유를 구체적으로 검토하면 다음과 같다.

1) 교육과정통합의 목표로서 부적절한 주장들

앞에서 밝힌 바와 같이, Hirst가 교육과정통합의 목표로서 부적합한 주장들로 본 것은 다음 세 가지이다. 이 주장들의 내용과 그 비판에 대한 Hirst의 견해를 구체화하면 다음과 같다.

첫째, 교육과정통합의 목표는 탐구, 상상력, 비판적 사고 등을 개발하는 데 있다. 일부 교육과정통합론자는 이들을 교육과정통합의 목표로 보고 마음이 행하는 활동이나 마음이 갖는 어떤 특질을 의미하는 것으로 생각하였다(Hirst, 1974).

그러나 Hirst에 따르면, 이들을 마음의 활동과 마음이 갖는 어떤 특질을 의미하는 것으로 생각하는 것은 잘못이다. 이것은 앞에서 제시한 바와 같은 그림이론이 갖는 잘못을 범하는 것이다. 즉, 우리의 마음속에서 이러한 활동과 특질이 일어나고 또한 우리가 그러한 마음을 갖는다 하더라도, 우리는 이를 알 수 없기 때문에 우리의 능력 범위를 벗어나는 것을 말하는 것이다. 그리고 설령 이를 알 수 있다 하더라도 이것들을 개발할 어떠한 방도도 이것에서 끄집어낼 수 없다.

따라서 탐구, 상상력, 비판적 사고력 등은 마음이 수행하는 활동이나 마음이 지닌 어떤 특질이 아니라 말들의 쓰임을 통해서 그 의미를 파악할 수 있다. Hirst는 말들의 의미를 지식에 비추어 파악될 수 있다고 보았다. 그는 이것을 다음과 같이 기술하였다.

> 우리가 탐구, 상상력, 비판적 사고와 같은 마음의 활동과 특질에 대해 많은 일반적인 용어를 사용한다 하더라도, 이러한 용어 아래 교육에서 우리가 추구하고 있는 것은 많은 독립된 성취이다(지식형식에 대한 이해라는 사실이다)(Hirst. P. H., 1974).

앞의 논의는 탐구, 상상력, 비판적 사고의 개발은 교육과정통합의 목표가 될 수 있으나, 그것이 목표로서 간주되려면 이들의 의미가 마음의 활동이나 특질이 아니라 지식의 성격에 비추어 규정되어야 한다는 것을 말한다.

둘째, 교육과정통합의 이유가 인간의 의식이 통합되어 있기 때문이다. 교과교육과정에 대한 비판 중 가장 강력한 형태는 인간의 마음이나 의식은 통합된 것이거나 당연히 통합된 것인데, 교육과정의 분절화가 이를 왜곡하고 있다는 주장이다. 이러한 주장은 인간의 사고, 정서, 판단이 상호 관련되어 있어서 이들 간에 어떤 긴장이나 모순도 일어나지 않는다는 가정을 담고 있다(Hirst, 1974).

그러나 Hirst에 따르면, 의식의 통합성에 대한 이러한 가정은 입증되지 않은 가설일 뿐이다. Hirst는 마음의 활동과 특질에서와 마찬가지로, 의식의 통합성은 이 말에 대응하는 어떤 실체의 존재를 가정하는 데 문제가 있다고 보았다. Hirst 는 의식의 통합성은 그 말의 쓰임을 통하여 의미가 규정된다고 보았다. 그리고 이때 의식의 통합성은 어떤 형태로든지 인간이 획득한 지식의 성격과 논리적으로 관련되어 있다는 것이다.

이것은 의식의 통합성을 하나의 실체로 인정하는 형이상학에서 벗어나서, 인간이 획득하는 지식의 성격에 비추어 규명하는 것이 현재로서 더욱 타당함을 말하는 것이다. Hirst는 다음과 같이 말했다.

개인의 의식구조는 분명히 그가 획득한 개념, 지식, 판단의 구조이며 이들 요소들이 지닌 통합성을 지닌다. …… 교육에서 추구될 수 있는 의식의 통합성이 이들 요소들 안에 내재하는 것이 아닌 다른 무엇인지를 알 수 없다. 교육의 목표로서 개념, 진리증거, 지식을 말하는 것은 우리가 학생들이 학습하기를 원하는 의식의 바로 그 요소들에 관하여 말하는 것이다. 더구나 사람이 가졌으면 하고 희망할 수 있는 의식의 최대의 통합성은 인간의 지식과 이해의 구조 속에서 발견될 수 있는 통합성에 한정된다(Hirst, 1974).

셋째, 교육과정통합의 이유는 의식의 흐름을 단절시켜서는 안 되기 때문이라는 것이다. 사고와 느낌이 자유롭게 교차될 수 있도록 교과의 구획화를 철폐해야 한다는 주장은 의식의 흐름, 즉 시간의 경과에 따라 유관 사건들이 마음속에서 계열적으로 일어나고 있다는 가정 위에 있다.

Hirst는 이러한 가정이 잘못되었다고 말한다. 의식의 흐름은 마음속에서 일어나는 내적 과정이나 사건이 아니라, 어떤 사고가 단절되지 않고 연속적으로 일어나는 것을 말한다. 어떤 주제에 한정하여 개념과 문장의 상호 관련성을 계속 찾아봄으로서 획득하는 것이다. 다음과 같은 Hirst의 말은 이러한 의미를 담고 있다.

어떤 것을 조리 있고 생산적으로 사고할 수 있는 능력은 제한된 범위의 개념을 지속적
으로 사용할 것을 요구한다. 사고의 자유는 규칙의 지배를 받는 개념 구조 안에 있으며
이러한 구조 바깥의 자유는 단지 비합리적인 자유가 있을 뿐이다(Hirst, 1974).

Hirst는 이와 같이 그림이론에 근거를 둔 교육과정통합의 목표와 이유에 관한
주장이 문제가 있다고 하였다. 이 주장들이 의미를 지니려면 반드시 그 주장 속
에 내포된 내용이 지식과의 연관 속에서 해명되어야 한다는 것이다. 그런데 앞
의 목표들이 교육과정통합의 목표로서 부적합하거나 문제 있는 주장들이라면,
Hirst가 생각하고 있는 교육과정통합의 목표는 어떤 것인가?

먼저, Hirst가 교육과정통합의 문제를 본격적으로 다룬 교육과정의 통합(1974)
에서 교육과정통합의 목표를 교육과정의 목표와 별도로 논하지 않았다는 점은
지적할 필요가 있다. 이것은 일부 교육과정통합론자가 제시한 주장들이 교육과
정통합의 목표를 교육과정의 목표와 별개의 것으로 생각하는 점과 차이가 있다.
그리고 교육과정통합의 목표를 지식과 무관하게 제시하려는 시도도 문제가 있
다는 것이다.

이것은 결국 Hirst에게 있어서 교육과정통합의 목표는 교육과정의 목표와 별
개의 것이 아니며, 교육과정의 목표를 명확히 함으로써 규명될 수 있다는 것이다.

2) 교육과정통합의 목표로서의 교육과정 목표

Hirst는 교육과정의 목표를 '합리성'의 개발에 두었다. 물론 Hirst가 합리성(그
는 이와 동일한 의미로 합리적 마음이란 개념을 사용함)의 개발을 교육의 전체 목표
로 본 것은 아니었다. 체육이나 인성 교육, 전문교육의 목표까지 합리성의 개발

에 두었다고 말할 수는 없기 때문이다. 그러나 Hirst가 관심을 갖는 교양 교육의 목표를 합리성의 개발에 두었다고 말하는 것은 무리한 일이 아니다. 물론 합리성이 아닌 또 다른 목표들도 가능하지만, 교양 교육의 경우 합리성의 개발이 가장 중심적인 목표이며, 그 외의 다른 목표들은 이와 같은 합리성의 개발과 관련하여 의미를 지니게 된다. 다음과 같은 그의 말은 이러한 사실을 가리킨다.

그러므로 비록 가능하거나 정당화될 수 있는 모든 교육목표가 그 자체로 마음의 개발을 명백히 표명하는 것은 아니라 하더라도, 마음의 개발과 연관지어서만 다른 목표들은 교육에서 자신의 위치와 정당성을 갖게 된다. …… 지식과 합리적 신념의 개발이 교육의 가장 핵심적인 목표이며, 이것 없이는 어떠한 넓은 의미에서도 합리성의 개발은 논리적으로 불가능하다(Hirst, 1974).

그리고 그에게 합리적 마음의 개발이란 지식의 영역들을 습득하는 것과 동치의 관계를 지닌다. Hirst는 이에 대해 다음과 같이 말했다.

어떤 종류의 지식 없이는 어떤 의미에서든 마음도 있을 수 없다. …… 지식의 획득은 그 자체로 마음의 개발이며, 새로운 지식이란 어떤 의미에서 새로운 마음이 개발되었다는 것을 의미한다. 지식이란 자유롭게 떠돌아다니는 소유물이 아니다. 지식은 그 자체로 마음의 특성이다. 그러므로 어떤 근본적 종류의 지식을 획득하는 데 실패한다는 것은 그 의미 있는 부분에서 합리적 마음의 개발을 획득하는 데 실패한 것을 말한다. 물론 모든 지식이 합리성의 개발에 동일한 중요성을 가지는 것은 아니다. 지식과 마음의 개발 사이의 근본적인 관계가 교육에 있어서 중심적인 의미이다(Hirst, 1974).

Hirst에게 교육과정 목표는 합리적 마음의 개발이며, 합리적 마음의 개발이란 여러 지식의 습득을 통해서 이루어지는 것이 아니라 합리적 마음을 가졌다는 것 자체가 여러 지식을 이미 습득했다는 것을 말하는 것이다. Hirst가 마음과 지식의 조화가 아니라 '마음의 개념'과 '지식의 개념' 사이에 존재하는 논리적 관계가 중요하다고 말한 것은 이점을 지적한 것이다(Hirst, 1974).

이것은 교육과정 목표의 성격을 명백히 하기 위해서는 손에 잡히지 않는 합리적 마음의 성격과 구조에 매달릴 필요가 없다는 것을 말해 준다. 또한 이러한 방식으로는 교육과정 목표의 성격과 구조를 규정할 수 없기 때문에, 여러 지식의 성격과 구조의 해명을 통해서 밝혀야 한다는 것을 말한다.

그런데 Hirst는 지식의 성격을 교육과정의 목표와 관련지어 명제적 지식에 한정짓고, 그 구조를 논리적인 특성에 따라 구별되는 일곱 가지의 지식형식으로 보았다. 그리고 이 지식형식들은 각기 다른 개별 구조와 함께 상호 관련 구조를 지니는 것으로 생각하였다. 따라서 Hirst에게 교육과정의 목표이자 교육과정통합의 목표는 상호 구별되지만 동시에 연관성을 띤 일곱 가지 지식형식의 습득이라고 할 수 있다.

2. 교육과정통합의 수단

Hirst는 교육과정통합의 수단으로서 교육과정 구성단위(curriculum units)의 개념을 사용했다. 여기서는 교육과정 구성단위의 개념을 교육과정통합과 관련지어 명백히 하고자 한다.

교육과정 구성단위에 대한 Hirst의 견해는 구성단위 형태의 해명과 관계된다. 그는 교육과정 구성단위의 형태를 다음 두 가지 방식으로 구별했다. 첫째, 교육과정 구성단위를 교과와 프로젝트(토픽)의 형태로 구별했다. 둘째, 교육과정 구성단위를 지식형식과의 관계 속에서 다음 세 가지 형태로 구분했다. 즉, 단일 형식의 교육과정 구성단위(one-form curriculum units), 형식 간 교육과정 구성단위(inter-form curriculum units), 다형식 교육과정 구성단위(multi-form curriculum units)가 그것이다.

앞의 두 구분 방식은 논리적으로는 구별되지만 사실적으로는 상호 관련되어 있다. 논리적 필연성을 찾기는 어렵지만 전통적인 교과 구조는 대체로 단일 형식이나 다형식의 교육과정 구성단위 형태를 띠며, 현대의 프로젝트나 토픽 구조는 형식 간이나 다형식의 교육과정 구성단위 형태를 가지는 것이 일반적이기 때문이다.

이런 점에서 교육과정 구성단위와 지식형식의 관계에 대한 그의 견해를 살펴볼 필요가 있다. 이를 위하여 먼저 형식 간과 다형식의 개념을 분명히 한다.

Hirst가 이러한 구별을 하고 있다고는 보기 어렵지만 이들을 명백히 하지 않으면, 본 주제의 논의에 많은 혼란이 초래될 것으로 보인다. 첫째, 형식 간의 개념이 지식형식의 본래적 성격인 형식들의 상호 관련성을 근간으로 한 것이라면, 다형식은 이것과 무관하게 개별적 지식형식들을 단순히 모아 놓은 것(합계)이라는 의미가 될 것이다. 둘째, 형식 간이 그 표현대로 두 지식형식의 관계를 말한다면, 다형식은 세 가지 이상의 지식형식의 관계를 의미한다고 말할 수 있다.

그런데 Hirst는 형식 간 교육과정 구성단위의 사례로서 수학과 물리학, 프로젝트나 토픽의 교육과정 구조를 들며, 다형식의 사례로 영어, 지리, 종교 교과와 같은 교과를 제시하고 있다. 분명하지는 않지만 이들 사례로 형식 간과 다형식에 대한 Hirst의 구별은 첫 번째 개념 정의 방식을 따른 것이라고 볼 수 있다. 형식 간과 다형식의 구별이 동원되는 지식형식의 수가 아니라 지식형식의 독립성과 상호 관련성에 근거한 것을 말한다(Hirst, 1974).

이와 같은 사실은 Hirst에게 있어서, 통합의 수단은 교육과정 구성단위이며 이것은 지식형식과 관련하여 그 의미가 명백해진다는 것이다. 그런데 앞에서 교육과정통합의 목표는 지식형식의 성격과 구조에 의해서 해명된다고 하였다. 그리고 이 절에서 밝힌 바와 같이, 교육과정통합의 수단은 교육과정 구성단위이며, 지식형식에 관련하여 그 성격과 구조가 해명된다고 한다면, 교육과정통합의 목표와 수단 그리고 지식형식과 교육과정 구성단위의 관계는 다음과 같이 정리될 수 있을 것이다.

첫째, 교육과정통합 목표의 성격과 구조는 지식형식의 개별 구조와 상호 관련 구조를 통하여 밝혀진다.

둘째, 교육과정통합의 수단은 교육과정 구성단위이며, 이것은 지식형식의 개별 구조와 상호 관련 구조를 바탕으로 하고 있다.

셋째, 교육과정통합의 목표는 지식형식의 습득이고 교육과정통합의 수단은 교육과정 구성단위이므로, 교육과정통합의 목표와 수단의 관계는 지식형식과 교육과정 구성단위 구조의 관계와 동치의 관계라고 말할 수 있다.

3. 교육과정통합의 목표와 수단의 조직 방식 관계

앞에서 교육과정통합의 목표와 수단의 조직 방식 관계는 지식형식의 구조와 교육과정 구성단위 조직의 관계와 동치의 관계에 있음을 밝혔다. 여기서는 첫째, 지식형식과 교육과정 구성단위의 관계에 대한 Hirst의 견해를 명백히 하고, 둘째, 이들과 동치의 관계에 있는 교육과정통합의 목표와 수단의 관계에 대한 Hirst의 견해를 검토한다. 마지막으로, 지식형식과 교육과정 구성단위의 관계에 대한 Hirst 견해의 문제점을 논증한다.

1) 지식형식과 교육과정 구성단위의 관계

먼저 Hirst가 제시한 교육과정 구성단위의 형태를 지식형식에 관련지어 정리하면 다음과 같다(Hirst, 1974).

첫째, 하나의 지식형식이나 그 형식의 하위 영역을 바탕으로 구성되는 교과 단위의 형태가 있다. 이러한 교과 단위는 논리적으로 구별되는 개념 구조들을 각기 독자적이고 체계적으로 개발할 수 있도록 한다. 이 경우 관심을 기울여야 할 논리적 복잡성은 하나의 지식형식 속에 내재된 것이므로 최소화되고 따라서 학습에 대한 통제는 용이해진다.

둘째, 지식형식의 상호 관련성을 바탕으로 구성된 형식 간 형태의 교육과정 구성단위가 있다. 이것은 다시 세 가지로 구별될 수 있다.

먼저, 하나의 지식형식을 축으로 하여 교과를 구성하되, 그 지식형식이 전제하고 있는 다른 지식형식의 요소를 삽입하는 경우이다. 예를 들면, 기초물리학을 축으로 한 교과를 구성하되, 그 지식의 전제가 되는 수학적 지식의 어떤 영역을 그 속에 포함하는 구성 방법이다. 이러한 구성법은 다음 유형으로 쉽게 바뀐다.

다음으로, 두 지식형식 간의 상호 관련성을 고려하여, 하나의 교과에 두 지식형식의 개별 구조와 관련 구조를 동시에 고려하는 구성 방법이다. 예를 들면, 물리학과 수학의 개별적 논리적 구조를 반영하면서 동시에 이들의 관련 구조를 고려하여 교과를 구성하는 방법이다. 그러나 이러한 단위의 내적 구조는 강력하지 못한 것 같다. 그리하여 이러한 단위는 상호 관련되기는 하지만 서로 구별되는 내적 결합도가 강한 하위 영역으로 쪼개지거나 그렇지 못하면 교육에 혼란을 일으킨다.

그다음으로, 넓은 범위에 걸치는 형식 간 교육과정 구성단위가 있다. 이것은 교육과정을 모든 지식형식에 관련된 요소들을 바탕으로 토픽이나 프로젝트의 단위로 구성하는 방법이다. 이러한 구성법은 개별적 지식형식의 체계적인 탐구가 뒤따를 수 있도록 관심을 불러일으키는 '촉진자(starter)' 역할을 할 수 있으며, 중요한 새로운 개념이나 사고 양식을 소개할 필요가 없을 때 여러 지식형식 간의 상호 관련성을 요구하는 작업을 수행하기 위하여 사용될 수 있다. 그러나 이러한 방식으로만 교육과정을 구성하는 것은 교육의 핵심이라 할 수 있는 각기 독립적인 여러 지식형식 속에 들어 있는 개념의 개발을 저해한다. 개별적인 토픽의 영역은 이 개념을 어떤 체계적인 방식으로 개발할 수 없으며, 이러한 토픽

의 연속은 각 토픽마다 지식형식 간의 의미 있는 관계를 유지하면서 여러 지식
형식을 개별적으로 점진적으로 습득해 나가야 하는 이중의 과제를 짊어지는 어
려움을 지닌다.

　셋째, 지식형식의 상호 연관성과는 무관하게 개별적인 여러 형식을 단순히 합
쳐 놓은 다형식 형태의 교육과정 구성단위가 있다. 영어, 지리, 종교 교육 등이
여기에 속한다.

　이와 같이 Hirst는 교육과정 구성단위의 유형을 지식형식과 관련지어 크게는
세 가지(단일형식, 형식 간, 다형식), 작게는 다섯 가지(단일형식, 세 가지 형태의 형
식 간, 다형식)로 제시하였다.

　그런데 상기한 내용은 지식형식과 교육과정 구성단위의 관계가 교육과정 분야
에서 현재와 같은 양상으로 나타나고 있다는 것을 지적할 뿐, 이들의 관계에 대
한 어떤 이유를 제시한 것은 아니었다. 따라서 이들의 관계 설정에 대한 이유를
별도로 탐색할 필요가 있다. 다음에서는 Hirst가 이러한 이유를 경험적인 데서
찾고 있는지 아니면 논리적인 필연성으로 보는지를 살펴본다.

　먼저, 지식형식과 교육과정 구성단위 구조 간에는 어떤 논리적 필연성도 찾을
수 없다는 그의 견해부터 찾아본다. 그의 이러한 견해는 교육의 논리(1970)와 지
식과 교육과정(1974)의 저서 전반에 나타나 있다. 그중 지식형식의 분류 구조가
교육과정의 구조를 결정하는 것은 아니라는 것으로, 대표적인 대목을 가려 뽑으
면 다음과 같다(Hirst, 1971).

　우리의 경험과 지식이 다수의 형식으로 분화된 것이라 할지라도, 그러한 지식과 경험
　을 개발하는 최선의 방법이 교육과정을 지식과 경험의 분류 형태에 따라 조직해야 한다
　는 것은 아니다(Hirst, 1971).

습득되었으면 하는 지식에 주어진 구조들이 있다는 주장에서 이러한 지식의 구조가 반드시 교육과정의 구조가 되어야 한다는 주장으로 비약하는 것은 논리적 오류를 범하는 것이 된다(Hirst, 1971).

앞의 대목들은 지식형식의 구조와 교육과정의 구조 간에는 논리적 관계가 없다는 '일반적인' 주장을 입증하고 있다. 그런데 Hirst는 지식형식 간의 상호 관련성이 있음에도 불구하고, 이것이 교육과정 단위의 구성 방법과는 무관하다는, 보다 적극적인 견해도 제시하고 있다.

(개별적 지식형식이 지닌) 분류적 특징이 그 자체로 고립된 '교과' 교육과정을 정당화하는 것으로 간주되어서는 안 되는 것과 마찬가지로, 지식형식 간의 상호 관련성이 형식 간이나 토픽의 구조를 정당화한다고 생각되어서는 안 된다.

Hirst의 이러한 견해는 교과의 구조는 순전히 경험적인 문제라는 대목에서 그 성격이 확연히 드러난다. 그는 교과의 논리는 교수의 내용과 관련되며, 어떤 양식이 최상의 것이냐 하는 것은 경험적 탐구의 문제라고 말했다(Hirst, 1971).
그러나 그의 글에는 지식의 구조와 교육과정의 구조가 단순히 경험적인 관계가 아님을 암시하는 대목들도 제시되어 있다. 다음과 같은 대목들은 이러한 사실을 입증하는 사례들이다(Hirst, 1971).

왜냐하면 논리적으로 구분되는 지식형식의 고유한 성격이 그것들을 향한 체계적인 관심이 없이는 이해하기 어려운 것처럼, 적절히 계획된 통합단위의 사용 없이 지식 간의 복잡한 상호 관련성을 이해할 수 있는 적절한 방법도 찾기 어렵기 때문이다(Hirst, 1971).

우리가 필요로 하는 것은 아무런 근거 없이 지식형식의 통합을 모색하지 않고 한 형식의 지식의 어떤 요소가 다른 형식의 요소에 의존하는 교육과정 구성단위이다. 이러한 단위들은 지식이 통합된 것이 아니라 상호 구분되기는 하지만 관련성을 띤 복잡한 종류로 분화되었기 때문에 요구된다(Hirst, 1971).

이와 같이 Hirst의 저작에는 지식형식과 교과의 구조 간에 논리적 관계가 있음을 제시하는 대목들이 있다. 그렇다면 지식형식과 교과의 구조 간에 어떤 논리적 관계도 없다는 진술들과 이것은 모순되는 것이 아닌가? 다음에서는 이 문제를 다루게 된다. 여기서는 그의 견해에 모순이 있다는 사실만 지적한다.

2) 교육과정의 목표와 수단의 관계

앞 절에서 지식형식과 교육과정 구성단위의 관계에 대한 Hirst의 견해에 논리적 일관성의 문제가 있는 것처럼 보인다고 지적하였다. Hirst는 이들의 관계를 경험적이며 동시에 논리적인 것으로 설명하고 있다. 여기서는 Hirst의 이러한 견해가 과연 견지될 수 있는지 아니면 이들 중 하나가 포기되어야 하며, 만일 포기한다면(그의 견해 중 일부는 잘못 주장된 것으로 판명된다.) 어느 것이 철회되어야 하는지를 교육과정의 목표와 수단의 관계를 직접적으로 진술하고 있는 대목을 찾아 확인하는 데 초점을 둔다.

교육과정의 목표와 수단의 관계에 대한 Hirst의 이러한 견해는 그가 제안한 교육과정의 합리적인 접근 모형과 공학적인 생산모형을 구분하는 대목에서 두드러진다(Hirst, 1971).

Hirst는 자신이 제안한 합리적인 접근이 목표가 수단에 앞서 결정되어야 한다는 의미를 내포하지만 공학적인 생산모형과는 구별된다고 말했다. 합리적인 교육과정 계획과 공학적 모형이 다르다는 Hirst의 이러한 견해는 교육과정의 목표와 수단의 관계가 논리적인가 아니면 경험적인가 하는 문제와 관련되어 있다.

왜냐하면 공학적인 생산모형에 대한 Hirst의 비판은 공학적인 생산모형이 자신의 합리적인 모형과는 달리 목표와 수단의 관계를 우연적이며 경험적인 관계로 보고 있기 때문이다.

그렇다면 그가 말하는 목적과 수단의 비경험적인 관계의 근거는 어디 있는가? 아마 그의 논문에 있는 다음과 같은 대목이 이를 보여 주는 사례일 것이다.

> 예를 들어, 과학과 수학에 있어서 보다 복잡한 개념은 이것들을 구성하고 있는 보다 단순한 어떤 개념들을 이미 파악하고 있을 때에만 이해될 수 있다. 이러한 경우에는 보다 단순한 개념의 습득은 보다 복잡한 개념의 습득에 논리적으로 필수적이고 그리하여 반드시 복잡한 개념의 획득에 대한 필수적인 수단의 일부가 된다. 이러한 논리적 관계의 다양한 양식이 어떤 것인지는 분명치 않으나 그러한 관계가 존재한다는 것은 논쟁의 여지가 없다(Hirst, 1971).

그런데 앞의 대목만을 놓고 Hirst가 교육과정의 목표와 수단의 관계를 논리적인 것으로 보았다는 결론을 내리기는 어렵다. 왜냐하면 앞 절에서 지식의 구조가 교육과정의 구조가 되어야 하는 것은 아니라는 견해도 제시하고 있기 때문이다. 따라서 교육과정의 목표와 수단 관계에 대한 Hirst의 견해는 그가 내린 다음과 같은 결론으로 대치할 수밖에 없을 것 같다.

> 그러므로 만일 교육과정 계획이 수단-목적의 관계로서 이해된다면, 그것은 반드시 논리적 그리고 경험적 양 측면에서 관련성이 있는 것으로 해석되지 않으면 안 된다(Hirst, 1971).

이와 같은 논증은 이 절의 검토 초점이었던 교육과정의 목표와 수단의 관계에 대한 Hirst의 견해가 결국 논리적·경험적 양 측면에서 관련이 있다는 결론으로 귀착된다. 이것은 지식의 형식과 교육과정 구성단위의 관계에 대한 Hirst의 견해와 일치한다. 그렇다면, 얼핏 보기에 모순적인 논리적 경험적 양 관계의 동시 인정을 어떻게 해석하는 것이 올바른 것인가? 다음 절에서는 이 문제를 재검토한다.

3) 지식형식과 교육과정 구성단위 관계의 논리적 문제점

앞 절에서 지식형식과 교육과정 구성단위의 관계에 대한 Hirst의 견해를 명백히 파악하기 위하여 교육과정의 목표와 수단의 관계를 검토하였지만, 지식형식과 교육과정 구성단위를 검토한 앞 절과 동일한 결론을 얻는 데 그치고 말았다. 이 절에서는 지식형식과 교육과정 구성단위의 양 관계(경험적 · 논리적)를 동시에 받아들일 수 있는가 하는 점을 검토한다.

먼저 Hirst가 지식형식과 교육과정 구성단위의 관계를 경험적인 관계로 파악하고 있음은 재론의 여지가 없다. 이러한 관계 양상에 대한 사례는 앞 절에서 충분히 인증하였지만, 여기서는 이 점을 입증하기 위해 하나의 비유를 제시한 대목을 살펴보고자 한다.

Hirst는 교육의 논리(1970)에서 조각그림 맞추기라는 비유를 통하여 지식형식과 교육과정 구성단위의 관계를 설명하고 있다. 이 비유는 교육과정의 목표와 수단의 관계가 경험적인 것임을 강조하기 위해서 채택된 것으로 생각한다(Hirst, 1971).

이 비유가 시사하는 의미는 다음 세 가지로 정리할 수 있다. 첫째, 조각그림 맞추기의 목표는 그림의 조각들을 모아 원래 의도한 전체 그림을 완성하는 데 있다. 둘째, 전체 그림의 완성에 도달하는 길은 여러 가지이다. 분리된 조각그림들을 색깔에 의하여 완성할 수도 있고 모양과 특성에 의하여 완성할 수도 있으며 초기 단계에서 가장자리부터 채우는 방법을 통하여 도달할 수도 있다. 셋째, 앞의 모든 방법이 똑같은 정도의 효율성을 가졌다고는 볼 수 없다. 어떤 조각그림 맞추기 놀이에서 색깔에 의한 그림 완성을 꾀하는 것은 효과적이지 못하다.

이러한 비유를 교육과정의 계획에 적용하면 다음과 같다. 첫째, 교육과정 계획의 목적은 교육과정 목표의 달성에 있다. 둘째, 교육과정 목표의 달성을 위한 수단은 다양하다. 셋째, 강구된 모든 수단이 똑같은 정도의 효율성을 지닌다고 말할 수 없다. 이 중 어떤 교육과정 구성법을 선택하느냐는 경험적인 문제이다.

이와 같은 조각그림 맞추기의 비유는 지식형식과 교육과정 구성단위의 관계가 경험적임을 입증한다. 이것은 부정할 수 없는 확고한 Hirst의 생각이다. 그렇다면 논리적 관계에 대한 그의 입장은 어떠한가? 이 점을 검토하기 위해 이미 앞에서 제시된 바 있으나 이러한 사실을 잘 드러내는 대목을 다시 한번 살펴볼 필요가 있다.

예를 들어, 과학과 수학에 있어서 보다 복잡한 개념은 이것들을 구성하고 있는 어떤 단순한 개념들을 이미 파악하고 있을 때에만 이해될 수 있다. 이러한 경우에 보다 단순한 개념의 획득을 위한 필수적인 수단의 일부가 된다. 이러한 논리적 관계의 양식이 어떤 것인지는 분명치 않으나 그러한 관계가 존재한다는 것은 논쟁의 여지가 없다(Hirst, 1971).

물론 이 대목은 Hirst가 교육과정의 목표와 수단의 관계를 설명하는 데 사용했지만, 대목 속에 내포된 내용을 보면 목표들 간의 관계를 목표와 수단의 관계로 Hirst가 잘못 제시한 것이 아니냐는 의문을 제기할 수 있다. 왜냐하면 교육과정의 목표는 지식형식의 구조이며, 지식형식을 구성하는 가장 기본적인 요소는 개념들이고, 실제로 앞의 대목에서 강조되고 있는 것은 지식의 영역(과학과 수학) 속에 들어 있는 개념들 간의 관계이기 때문이다. 앞 대목은 이들 개념들의 논리적 배열(logical order)을 지적한 것이다.

이런 점에서 '교과의 교수에 있어서 논리적 측면과 심리적 측면'(1967)이라는 논문을 검토할 필요성이 있을 것이다. 이 논문은 논리적 배열의 성격을 제시하고 있다는 점에서 지식형식과 교육과정 구성단위의 관계 해명에 중요한 실마리를 제공한다. 관련 부분을 발췌하여 정리하면 다음과 같다(Hirst, 1971).

첫째, 지식의 형식들을 구성하는 개념들 간에는 어떤 논리적 배열이 있다. 지식의 모든 영역에는 개념들을 상호 관련시키는 복잡한 규칙에 의거하여 개념들을 사용할 때 비로소 지식의 습득이 가능하다. 이 규칙은 어떤 개념의 획득이 보다 앞서 획득해야 하는 다른 개념 없이는 그 획득이 논리적으로 불가능하다는 뜻이다.

둘째, 명제들 간에도 어떤 논리적 배열(Hirst는 이것을 논리적 계열, logical sequence라고 불렀다)이 있다. 이것은 어떤 명제의 타당성은 다른 명제의 타당성을 필요조건으로 한다는 것이다.

그러나 Hirst는 논리적 배열에 다음과 같은 제한을 두고 있다. 우리가 가진 지식의 영역은 극도로 복잡한 개념의 관계망으로 구성되어 있으므로, 단 하나의 논리적 배열이 있다고 생각하는 것은 잘못이다. 총각과 같은 개념의 이해는 반드시 어떤 선행 개념(성인, 결혼, 남자)의 이해에 의존한다. 그리고 과학과 수학의 경우에 이러한 논리적 배열을 확인할 수 있는 사례가 많다. 그러나 이 영역을 제외한 여타의 담화 영역들에서 개념의 배열과 위계를 말하기는 어렵다. 하지만 어떤 교과에서든지 개념의 배열들이 존재하는 교과를 가르칠 때 이것을 존중하지 않으면 안 된다.

그리고 Hirst는 이러한 교과를 구성하는 요소들의 논리적 배열이 바로 교수의 순서, 즉 그의 표현을 빌리면 교수의 시간적 계열(temporal sequence)을 의미하는 것은 아니라고 말했다. Hirst는 이것이 다음과 같은 세 가지의 이유 때문이라고 말했다(Hirst, 1971).

첫째, 개념의 학습은 전부이거나 전무인 과업이 아니다. 왜냐하면 사람이 어떤 개념에 대한 모든 준거를 알지 않고서도 준거 중 일부를 알 수 있으며 이러한 반쪽 지식에 더하여 다른 더 상위의 개념을 형성할 수 있기 때문이다.

둘째, 개념 획득의 순서가 논리적으로 결정된다 하더라도 획득의 수단과 방법은 논리적으로 결정되는 것은 아니다.

셋째, 개념의 배열을 필요로 하는 교과의 개발은 때때로 개념의 재형성을 결과하기도 한다. 새로운 수학적 관계나 물질의 발견은 해당 분야의 이론이나 체제의 재구조화로 이끌기도 하며 이 과정에서 어떤 개념이 도입되는 순서에 변화를 일으킨다.

앞의 내용을 종합하면, Hirst가 교육과정의 목표와 수단의 논리적 관계로 제시했던 사례는 목표와 수단의 관계가 아니라 교육과정 목표들의 관계라는 것이다. 이러한 논의 결과를 지식의 형식과 교육과정 구성단위의 관계에 적용하면, Hirst가 제시했던 논리적 관계의 사례는 지식형식을 구성하는 개념의 논리적 배열을 말하는 것이므로, 지식의 형식과 교육과정 구성단위의 관계 해명과는 무관한 것이다.

그런데 '교과의 교수에 있어서 논리적 측면과 심리적 측면'(1967)에서 지식의 형식을 구성하는 개념과 명제에 논리적 배열과 계열이 있다고 하더라도, 그것을 가르치는 시간적 계열은 상기한 논리적 구조를 따르지 않는다는 견해는 지식의 형식과 교육과정 구성단위의 관계를 해명하는 데 결정적인 실마리를 제공해 주었다고 말할 수 있다.

이것은 시간적 계열을 단순히 교수나 학습의 순서로 보지 않고, 교육과정을 구성하는 하나의 원리로 볼 때 가능하다. 이것은 교육과정에서 시간적 계열을 교육과정을 구성하는 요소들을 배치하는 순서로 본다는 것을 뜻한다. 그렇게 되면 교육과정 구성단위는 교육과정의 목표에 해당하는 지식의 형식들에 내포된 개념과 명제를 구성 요소로 하지만 그 배치의 순서는 반드시 이들이 지닌 논리적 배열이나 계열을 따를 필요가 없다는 의미로 이해할 수 있다.

결국 이 말은 지식형식의 구조와 교육과정 구성단위 간에는 어떤 논리적 필연의 관계가 없다는 뜻이다. Hirst가 개념의 논리적 배열과 교수의 시간적 계열 간의 관계를 조각그림 맞추기에 비유하는 것은 이러한 이유 때문이다.

Hirst는 지식의 형식과 교육과정 구성단위 그리고 교육과정의 목표와 수단 간에는 논리적·경험적 관계가 있다고 했지만, 그가 말하는 논리적 관계는 입증되지 않은 가설에 불과한 것처럼 보인다. 이러한 견지에서 논리적 관계가 있다는 그의 주장은 분명히 철회되어야 할 것으로 보인다.

그러나 이렇게 되면 다음과 같은 대목은 매우 이해하기 어려워진다.

> 왜냐하면 논리적으로 구분되는 지식형식의 고유한 성격이 그것을 향한 체계적인 관심 없이는 이해하기 어려운 것처럼, 적절히 계획된 통합단위의 사용 없이 지식 간의 복잡한 상호 관련성을 이해할 수 있는 적절한 방법도 찾기 어렵기 때문이다(Hirst, 1971)

> 우리가 필요로 하는 것은 아무런 근거 없이 지식형식의 통합을 모색하지 않고 하나의 지식형식의 어떤 요소가 다른 지식형식의 요소에 의존하는 교육과정 구성단위이다. 이러한 단위들은 지식이 통합된 것이 아니라 상호 구분되기는 하지만 관련성을 띤 복잡한 종류로 분화되었기 때문에 요구된다(Hirst, 1971).

앞의 두 대목은 지식형식들의 상호 관련성이 있다면 반드시 교육과정의 단위도 지식형식의 상호 연관성에 의하여 그 성격이 결정되어야 한다는 것을 암시한다. 하지만 동일 논문의 불과 몇 쪽 앞에 다음과 같은, 이와 상반되는 견해가 제시되어 있다.

> (개별적 지식형식들이 지닌) 분류적 특징이 그 자체로 고립된 '교과' 교육과정을 정당화하는 것으로 간주되어서는 안 되는 것과 마찬가지로, 지식형식 간의 상호 관련성이 형식 간이나 토픽의 구조를 정당화한다고 생각되어서는 안 된다(Hirst, 1971).

앞의 대목들을 어떻게 중재할 수 있을까? 아마 Hirst의 견해에 모순이 있다는 것 이외의 어떤 대안적인 해석도 불가능한 것 같다.

그 원인은 Hirst가 지식의 형식들을 구분하고 그것들에 상호 관련성이 있다는 주장만 했을 뿐, 지식형식 간의 상호 관련 구조는 물론이고, 보다 근본적으로는 개별적 지식형식들을 성립시키는 고유한 개념들과 그들의 구조에 대해서도 명확히 설명하지 못한 데서 찾을 수 있다고 본다.

만일 이 두 가지, 즉 지식형식의 개별 구조와 지식형식 간의 외적 관계 구조에 대한 선명한 지도를 가졌다면, 논리적인 측면에서만 볼 때, 교육과정 구성은 이러한 지식형식의 성격에 따라 구성될 것이라는 것은 쉽게 짐작할 수 있다. 즉, 개별적 지식형식 구조를 반영하는 단일 교과(one-form units)와 지식형식의 상호 관련성을 나타내는 통합교과(inter-form units)의 형태로 교과를 구성하는 것이다.

물론 교육과정 목표와 조직 방식에 관한 Hirst의 설명처럼, 개별적 지식형식의 구조와 지식형식 간의 외적 관계 구조가 알려졌다고 해도, 이를 습득하기 위해서 반드시 상기한 형태의 교과구성 방법을 취할 필요가 없다고 가정할 수도 있다. 아마 다른 방식의 교과구성 방법을 생각할 수도 있을 것이다. 즉, 개별적 지식형식의 구조를 반영하는 단일 교과들만의 형태나, 이와는 정반대의 통합교과의 형태만을 사용하는 경우도 가능할 것이다.

그러나 Hirst 자신이 지적하고 있듯이, 단일교과 구조는 지식형식 간의 상호 관련성을 파악하는 데 한계가 있으며, 통합교과의 구성은 개별적 지식형식의 구조를 습득하는 데 문제가 있다는 점을 감안하면, 이와 같은 구성법보다 상기한 구성법을 취하는 것이 효과적일 뿐 아니라, 지식형식과 교과의 성격에 비추어 오히려 필연적으로 요청되는 것으로 보아야 할 것이다.

따라서 지식형식의 구조와 교육과정 구조의 논리적 연관이라는 주장과, 동시에 이와 상반되는 지식형식의 구조와 교육과정 구조의 논리적 무관을 주장한 것은, 아무래도 그의 이론의 근본 토대인 지식형식의 개별적 구조와 지식형식 간의 관련 구조에 대한 Hirst 자신이 이해의 한계에서 파생된 모순으로 보아야 할 것이다.

4. 결론

이 논문에서는 교육과정통합의 목표와 수단의 조직 방식에 대한 Hirst의 견해의 정당성을 검토하는 데 목적을 두었다. 이러한 목적 달성을 위해 교육과정통합에 관련된 Hirst의 저서와 논문을 분석·검토한 결과 다음과 같은 결론을 얻을 수 있었다.

첫째, 교육과정통합의 목표와 수단의 조직 방식에 Hirst 견해의 파악이다.

여기서는 다음 세 가지 사항이 확인되었다. 첫째, 교육과정통합의 목표는 교육과정의 목표와 다르지 않으며, 그것은 합리성의 개발에 있다. 그리고 합리성의 개발은 제반 지식형식의 습득과 동치의 관계에 있다. 이런 점에서 통합된 마음, 통합된 의식, 의식의 흐름 등은 그 말과 관련되는 지식의 성격에 의하여 조명되지 않을 때 교육과정통합의 목표와 이유로서 부적합한 표현이 된다. 둘째, 교육과정통합의 수단은 교육과정 구성단위이며, 교육과정 구성단위의 유형은 지식형식과 관련하여 작게는 세 가지(단일형식, 형식 간, 다형식), 크게는 다섯 가지(단일형식, 세 가지 형태의 학문 간, 다형식)로 구별된다. 셋째, 교육과정통합의 목표와 수단, 지식형식과 교육과정 구성단위는 동치의 관계에 있다.

둘째, 교육과정통합의 목표와 수단의 조직 방식에 대한 Hirst 견해의 비판이다. 교육과정통합의 목표와 수단의 관계와 동치의 관계를 이루는 지식형식과 교육과정 구성단위의 관계에 대한 Hirst의 견해에는 논리적 일관성에 문제가 있다. Hirst는 교육과정의 목표와 수단의 관계를 경험적인 관계만 있다고 하면서도, 경험적일 뿐 아니라 논리적인 관계도 있음이라는 상충되는 견해를 제시하고 있다. 교육과정의 목표와 수단의 관계에 대한 이러한 문제점은 지식형식의 분류에 대

한 Hirst의 견해에 타당성이 부족한 데에 근본적인 원인이 있다. 따라서 교육과
정통합의 목표와 수단의 조직 방식에 Hirst의 견해는 이러한 논리적 일관성의 결
여로 정당성이 미약한 주장으로 생각된다.

제8장 **학교 차원의 교육과정통합 모형**[1]

1. 문제 제기

우리나라에서는 제4차 교육과정 개정(1981. 12)을 통해 국민학교 1, 2학년 과정에 통합교과서를 도입한 이래, 제5차 교육과정에서는 이를 보다 강화하여 교육과정통합의 편제를 구성 · 운영하였으며, 제6차 교육과정에서는 교육과정통합을 중등학교에까지 확대하였다.

교육 현장의 이러한 추세와 함께 교육과정통합에 관한 학문적인 연구도 활성화되었는데, 교육과정통합의 의미, 필요성, 가능성과 한계, 설계 방식 등에 관한 이론적 연구(곽병선, 1983; 김대현, 이영만, 1995; 김재복, 1988, 김재복 외, 1990; 유한구, 1988, 1990; 이영덕, 1983)들이 뒤따랐다. 이와 같은 이론적 연구 외에도 통합교육과정 운영을 위한 자료집의 발간(강우철 외, 1983; 곽병선, 1981)과 통합교과의 현장 적용에 관한 조사 연구(김성권, 1987; 심미옥, 1989; 안창선, 1986)들이 전국의 교육대학과 교육개발원을 중심으로 이루어졌다. 이 연구들은 통합교육과정의 개발과 운영의 필요성을 강조하고 이론적 기초를 제공하며 학교 현장의 통합교과 운영 실태를 보고하고 있다.

하지만 이러한 연구들은 국가 차원에서 이루어지는 통합교과의 이론적 배경이

---

[1] 이 장은 김대현(1996). 학교차원의 통합교육과정 개발을 위한 모형 구안. 교육과정연구. 14(3), pp. 18-40을 옮긴 것이다.

나 운영 과정에 관련된 연구라는 점에서 학교 차원의 통합교육과정 개발과는 차이가 있다. 학교 차원의 통합교육과정 개발은 교과 간의 내용 중복을 피하여 학습자의 불필요한 부담을 덜어 주고, 교육내용의 인간적·사회적 적합성을 높이며, 학습을 통해 배운 내용을 실생활에 응용하는 기회를 제공한다는 통합교육과정 자체의 이점과 함께, 교사를 비롯한 학교의 모든 구성원이 교육과정 개발 작업에 직접 참여하여 교육과정의 계획과 운영에 대한 주인의식을 가짐으로써 교육의 효과를 증대할 가능성을 높인다.

이러한 맥락에서 최근 국내에서 활발하게 진행되고 있는 학교 중심 교육과정 개발 논의는 이 연구에 시사하는 점이 많다. 학교 중심 교육과정 개발에 관한 국내 연구는 학교 중심 교육과정 개발의 기본 개념, 필요성, 동향과 전망 그리고 학교의 역할과 역할을 수행하는 일반적인 절차를 다루고 있다(김춘일, 1993; 최호성, 1996; 황규호, 1994). 하지만 학교 중심 교육과정 개발은 개념, 필요성, 개발 과정 등에 있어서 학교 차원의 통합교육과정 개발과 차이점이 있다. 학교 차원의 통합교육과정 개발은 학교 중심 교육과정 개발 연구의 부분 과제로서, 앞의 연구 결과들의 도움을 받지만 학교 중심 교육과정 개발보다는 더욱 구체적인 접근 방식을 요구하고 있다.

그리고 미국에서는 학교 중심의 통합교육과정 개발을 주제로 하여 많은 연구를 수행해 왔다. 장학과 교육과정 개발 협회(ASCD)에서는 학교 중심의 통합교육과정 개발과 관련하여 많은 보고서를 출간해 왔다. 그 속에는 통합교육과정의 다양한 설계 양식과 개발 절차가 제시되어 있다. 특히 Jacobs(1989), Fogarty(1991), Drake(1993)의 연구는 국내에도 널리 알려져 있다. 하지만 미국은 국가 수준의 교육과정이 없으며, 지역과 학교의 교육행정 구조가 우리와 많은 차이가 있기 때문에, 그들의 연구 성과를 우리 현실에 일반화하기 어렵다.

또한 영국을 비롯한 영연방의 여러 국가에서 이루어진 지역이나 학교 중심의 교육과정 개발·운영 성과는 이 연구에 시사하는 점이 많다. 특히 영국에서는 1988년 국가 수준의 교육과정을 공표하면서도 교육과정 운영은 종전과 마찬가지로 학교 차원의 통합교육과정 운영 체제를 유지할 것을 강조하였다. 즉, 학교는 교과별 목표 체계로 된 국가 수준의 교육과정을 달성해야 하지만, 교육과정의 운영은 학교나 지역 실정에 맞게 통합적으로 할 것을 권고하고 있다(Day, 1993; Fowler, 1990; Proctor, 1990). 이러한 지침을 바탕으로 수행된 연구(Hughes et al., 1993; Ross, 1993)들은 국가 수준의 교육과정을 이용하여 학교 차원의 통합교육과정을 개발해야 하는 우리나라의 실정과 일치되기 때문에 시사하는 점이 많다.

하지만 영국의 국가 수준 교육과정이 교과별 목표 체제로 되어 있는데 반해서, 우리의 국가 수준 교육과정은 목표와 함께 내용 체제를 취한다는 점과, 우리 초등학교에는 국정 교과서 제도와 교사용 지도서가 현장에 미치는 영향력이 지대하다는 점에서 차이가 있다. 또한 우리나라 학교 관계자들이 학교 차원의 통합교육과정 개발과 관련된 경험을 전혀 갖지 못했으며, 학교 조직이나 문화 풍토 등에서도 영국과 큰 차이가 있으므로, 앞 연구들의 결과를 우리 현실에 적용하는 데는 한계가 있다.

따라서 앞 연구들의 성과를 토대로 하면서도 우리 실정에 알맞는 학교 차원의 통합교육과정 개발을 위한 방법을 모색할 필요가 있다. 이러한 맥락에서, 이 연구는 우리나라 학교 차원의 통합교육과정 개발과 관련하여 다음 두 가지의 과제를 탐구하는 것을 목적으로 한다.

첫째, 우리나라 초등학교에 적합한 통합교육과정 설계 모형을 찾아본다. 이를 위하여 국내외의 통합교육과정 설계 모형들을 검토하고 종합하여 주요한 설계 모형을 찾고, 이를 토대로 통합교육과정을 직접 설계해 봄으로써 우리나라 초등학교 현실에 알맞은 설계 모형을 제시하려고 한다.

둘째, 현재 초등학교의 통합교육과정 개발 여건이 어떠한가를 살펴보려고 한다. 이를 위하여 학교 차원의 통합교육과정 개발과 관련된 요인들을 찾고, 이를 토대로 설문 조사를 실시하며 실질적인 학교 교육과정인 학교 교육계획서를 수집하여 분석하려고 한다.

2. 통합교육과정의 설계 모형 탐색

통합교육과정의 이론이나 실제에 관심 있는 많은 학자는 통합교육과정을 매우 다양한 관점에서 여러 가지 방식으로 분류해 왔다. 그들의 통합교육과정 분류를 참고하여 우리나라 초등학교 현장에 적용할 수 있는 통합교육과정의 형태를 찾기 위해서는 논리적이고도 경험적인 접근이 필요하다.

통합교육과정의 형태를 논리적인 측면에서 규명하는 것은 통합교육과정의 구성 목적, 요소, 방법들이 합목적적으로 관련되어 있는가를 파악하는 것이 과제다.

먼저, 통합교육과정의 구성 목적을 살펴보면 교육과정의 관점에 따라 통합교육과정의 구성 목적이 다를 수 있음을 알 수 있다. 학문적 합리주의에서 강조하는 통합교육과정의 목적은 개별 교과 학습을 보충하고 심화시키며 교과들 간의 관계를 파악하는 데 있다. 인본주의 관점에서는 통합교육과정의 목적을 학생들의 자아 성장과 실현에 둔다. 사회재건주의자들은 통합교육과정 구성 목적을 학생들의 사회 적응, 지역사회 개조, 미래 사회 준비 등에 둔다.

통합교육과정의 구성 요소는 통합교육과정에 포함되는 내용을 가리킨다. 통합교육과정의 내용도 교육과정의 여러 관점에 따라 달라지는데, 학문적 합리주의는 교과의 구조나 교과들 간의 공통 구조를 통합교육과정의 구성 내용으로 생각한다. 인본주의는 학생들의 자아 성장과 실현에 도움을 주는 지식, 기능, 가치 등을 주요 내용으로 생각하고, 사회재건주의는 사회 적응, 지역사회 개조, 미래 사회 준비에 도움이 되는 지식, 기능, 가치 등을 주요 내용으로 간주한다. 인본주의와 사회재건주의 입장의 통합교육과정의 구성 내용은 현행 교과 체계에 구속되지 않으며 교과들 속에 들어 있는 내용에 한정되지 않는다.

통합교육과정의 구성 방식은 통합교육과정의 구성 목적과 내용에 영향을 받는다. 교과 학습을 목적으로 하고 교과의 구조나 교과들의 공통 구조를 내용으로 하는 학문적 합리주의 관점에서는 교과의 구조나 교과들의 공통 구조가 통합교육과정 구성의 조직 중심이 되기 쉽다. 학생들의 자아성장이나 자아실현을 목적으로 하며 이에 도움을 주는 지식, 기능, 가치를 교육내용으로 하는 인본주의 관점에서는 삶, 죽음, 불안 등의 개인적인 관심이나 흥미에 중점을 둔 조직 중심을 선택한다. 사회 적응, 지역사회 개조, 미래 사회 준비 등을 목적으로 하고 이와 관련되는 지식, 기능, 가치를 주요 내용으로 하는 사회재건주의 관점에서는 해결해야 할 사회 문제 등이 조직 중심으로 채택될 가능성이 높다.

통합교육과정의 실제 구성은 조직의 중심을 둘러싸고 내용과 활동을 선택하고 관련지음으로써 완성되는데, 두 가지 방식을 생각할 수 있다. 바퀴형은 가운데 축을 두고 바큇살이 축을 향하는 형태로서, 조직 중심을 가운데 두고 아이디어나 활동들이 모여드는 것과 같다. 나무 성장형은 마치 원 줄기에서 가지가 생겨나 뻗어 가듯이 조직 중심을 가운데 두고 안에서 바깥으로 아이디어나 활동들이 확산되어 가는 것과 같다. 이와 같은 논리적 측면에서의 통합교육과정 형태 분류를 우리나라 초등학교의 현장 교육과 관련지어 보면 다음과 같은 결과가 나온다.

먼저, 초등교육의 목적과 통합교육과정의 구성 목적의 관계이다. 초등교육은 보통교육의 일환으로 모든 국민이 알아야 할 가장 기초적이고 기본적인 지식, 기능, 가치의 학습을 목적으로 하므로 학문적 합리주의, 인본주의, 사회재건주의의 제 관점이 각기 지향하는 통합교육과정의 목적을 모두 추구한다.

따라서 초등교육에서 통합교육과정의 구성 내용은 교과의 구조, 교과들의 공통 구조, 자아 성장이나 실현에 도움을 주는 지식, 기능, 가치 그리고 사회 적응 지역사회 개조, 미래 사회 준비에 도움이 되는 지식, 기능, 가치 등을 모두 포함한다.

초등교육에서의 통합교육과정의 구성 방식은 교과의 구조나 교과들의 공통 구조를 학습하는 데는 교과들의 통합이 좋고, 자아 성장이나 실현, 사회 적응, 지역 사회 개조, 미래 사회 준비 등을 위한 학습은 교과뿐만이 아니라 교과 밖의 내용이 도움이 된다. 따라서 교과통합에서는 교과를 통합의 필수적 요소로 여기지만, 탈교과통합에서는 통합의 목적을 달성하기 위한 수단 중의 하나로 간주한다.

초등학교에서 개발하는 통합교육과정은 단원 수준의 개발과 코스(혹은 미니 코스) 수준의 개발로 나눌 수 있다. 초등학교에서의 교과통합은 단원 수준에서 이루어지기 쉬운데, 단위 학교에서 국가 수준의 교육과정으로 독립된 교과들을 묶어 새 교과를 만드는 것이 현실적으로 어렵기 때문이다. 이와 달리 탈교과통합은 독자적인 코스의 수준으로 개발될 수 있는데, 현재 초등학교에서 편성·운영하고 있는 학교 재량 시간이나 '책가방 없는 날'은 탈교과통합의 코스를 개발하고 운영할 기회를 제공한다.

이와 같은 내용을 토대로 우리나라 초등학교에서 개발할 수 있는 통합교육과정의 형태를 정리하면 〈표 8-1〉과 같다.

〈표 8-1〉 논리적 관점에서 본 통합교육과정의 유형

교육과정 관점	교육목적	교육내용	조직 중심	조직 방식	조직 구조 수준	조직 형태
학문적 합리주의	교과내용	교과내용	개별 교과의 구조, 여러 교과의 공통 구조	바퀴형/ 나무 성장형	통합단원	교과통합
인본주의	학생의 자아실현	교과내용, 교과 밖 내용	목표 관련 주제	바퀴형/ 나무 성장형	통합코스	탈교과통합
사회재건주의	사회 적응, 지역사회 개조, 미래사회 준비	교과내용, 교과 밖 내용	목표 관련 주제	바퀴형/ 나무 성장형	통합코스	탈교과통합

통합교육과정의 설계 작업은 이와 같은 논리적 접근에 의한 통합교육과정의 형태에 기초하여 실제 설계 작업에 착수하는 경험적인 접근이 필요하다. 통합교육과정의 형태 파악에서 경험적 접근은 논리적 접근의 타당성을 사정할 뿐만 아니라 논리적 접근으로서는 알 수 없는 내용을 보여 줄 수 있는 이점이 있다. 그 동안 학교의 통합교육과정 개발을 실질적으로 주도해 온 연구자들(Drake, 1993; Jacobs, 1991; Panaritis, 1995 등)은 통합교육과정 개발과정을 목표 → 활동 계획 → 성과로 이어지는 합리적 · 직선적 계획보다는 활동 계획 → 성과(또는 예상되는 성과) → 목표로 이어지는 비직선적 계획을 크게 강조하여 왔다.

이런 맥락에서 나는 1996년 1월에서 2월에 걸쳐 연구자 1명, 대학원생 4명, 교사 6명, 총 11명으로 팀을 구성하여 통합교육과정의 실제 설계 작업에 착수하였다. 연구팀은 12차에 걸친 모임을 통하여 통합교육과정의 형태별로 프로그램을 설계하는 작업을 하였다. 그리고 1996년 5~6월에는 초등교사 38명을 대상으로 2차에 걸쳐 통합교육과정 설계 작업을 시도했다. 이러한 작업들을 통하여 얻은 것은 통합교육과정의 형태를 구분하고 설계 작업에 착수했지만 설계과정에서 달라진 것이 많았다는 것이다. 특히 조직 중심과 조직 방식에 대한 견해에 변화가 있었다. 초등교육의 통합교육과정 구성에서 조직중심은 그 자체로 교육적 가치를 가지며 동시에 교육내용을 전달하는 매체의 역할을 하는데, 엄격하게 구분하기는 어렵지만 교육적 가치가 큰 조직 중심을 주제라고 부르고, 수단적 가치만을 지닌 조직 중심을 제재라고 부른다면, 조직 중심을 주제와 제재로 구별할 수 있다.

이러한 구별은 통합교육과정의 형태 구분에도 영향을 미치는데, 교과통합이나 탈교과통합을 제재 중심 교과통합, 주제 중심 교과통합, 제재 중심 탈교과통합, 주제 중심 탈교과통합으로 분류할 수 있게 된다. 또한 조직 중심이 제재와 주제로 구별되면 통합교육과정의 구성 방식은 제재 중심 바퀴형의 조직 방식, 주제 중심 바퀴형의 조직 방식, 제재 중심 나무 성장형 조직 방식, 주제 중심 나무 성장형 조직 방식으로 구별할 수 있다.

　제재 중심 바퀴형은 제재를 가운데 두고 통합교육과정의 구성 내용을 이와 관련짓도록 하는 형태이며, 주제 중심 바퀴형은 주제를 가운데 두고 통합교육과정의 구성 내용을 이와 관련짓도록 하는 형태이다. 제재 중심의 나무 성장형은 제재에서 출발하여 관련 제재나 하위 제재로 발전시켜 통합교육과정을 구성하며, 주제 중심 나무 성장형은 주제에서 출발하여 주제 관련 아이디어와 활동으로 발전하는 통합교육과정을 구성하는 것이다.

　제재 중심 나무 성장형에서 제재는 교육적 가치를 전달하는 수단으로서 이러한 제재들의 집산만으로는 교육적 효과를 기대하기 어렵다는 점에서 삭제하면, 통합의 형태는 제재 중심 바퀴형, 주제 중심 바퀴형, 주제 중심 나무 성장형이 남는다. 다음은 수많은 시행 착오를 거쳐 이루어 낸 교육과정의 통합 형태별 설계 절차이며 장차 더욱 정교화할 필요가 있는 미완성의 단계들이다. 여기서는 지면 관계로 조직 중심과 조직 방식을 초점에 두고 살펴본다.

1) 제재 중심 바퀴형의 교과통합

　제재 중심의 교과통합 설계는 네 가지 형태로 구분할 수 있었다.

　첫째, 교사 · 학생, 교사, 학생들이 제재를 정한 다음, 제재와 여러 교과의 내용이 관련될 수 있도록 조직한다. 이러한 통합 방식은 제재를 통해 여러 교과를 다룬다는 점에서 제재에 대한 종합적인 시각을 제공하는 장점이 있는 반면에, 제재와 관련되는 교과의 내용이 교육적으로 사소하고, 교사들이 제재와 관련되는 내용을 제대로 알지 못해 가르칠 수 없는 어려움이 생길 수 있다(예: '연'을 통합의 제재로 삼음; Jacobs, 1989).

　둘째, 교사들이 한 해 동안 가르칠 교과내용을 주별 · 월별로 표시한 교육과정 달력(curriculum calendar)을 만든 다음, 이를 토대로 여러 교과에서 공통적으로 다루고 있는 제재를 찾아본다. 그다음 제재와 관련된 여러 교과내용을 모아 순서를 정하고 차례로 활동 계획을 세운다. 이러한 통합 방식은 제재 학습이 교육과정의 목표나 내용과 괴리되지 않는다는 점에서 교육과정과 관련이 높은 반면에, 개별 교과들의 내용이 여전히 독립적으로 취급되기 쉽다는 문제점이 있다(예: 초등학교 2학년 1학기의 교재에 나타난 '여름 방학'을 통합의 제재로 삼음)(김대현, 이영만, 1995).

셋째, 교사들이 한 해 동안 가르칠 교과내용을 주별·월별로 표시한 교육과정 달력을 만든 다음, 이를 토대로 여러 교과에서 공통적으로 다루어지고 있는 제재를 찾아본다. 제재와 관련된 아이디어나 활동을 브레인스토밍하고 이를 교과 아래 정리하고 다시 정리된 아이디어와 활동들을 연결짓는 주요 질문들을 찾고 계열화하여 교육과정을 만든다(예: 초등학교 3학년의 교재에 나타난 '날씨'를 통합의 제재로 삼음).

넷째, 교사들이 교육과정 달력을 만들고 분석하여 서로 연관되는 교과들의 내용을 찾고, 이를 묶어서 잘 전달할 수 있는 제재를 새로이 만들어 본다. 제재와 관련된 아이디어나 활동을 브레인스토밍하고, 이를 교과 아래 정리하고 다시 정리된 아이디어와 활동들을 연결하는 주요 질문들을 찾고 계열화하여 교육과정을 만든다. 이러한 통합 방식은 교육과정과도 연계되며 교과들을 상호 관련짓는다는 장점이 있는 반면에, 주요 질문들을 찾는 것이 매우 임의적이라는 문제점이 있다(예: '비행'을 통합의 제재로 삼음)(Jacobs, 1989).

2) 주제 중심 바퀴형의 교과통합

주제 중심 통합단원의 설계 작업은 다음과 같이 이루어졌다. Jacobs(1989), Drake(1993), Palmer(1995)의 간학문적 접근과는 달리 주제 중심 통합단원 개발의 실제 작업에서는 주제에 대한 브레인스토밍이 필요치 않다는 것이다. 주제 중심의 통합단원 개발에서는 주제를 선택하고 주제에 관련된 하위 주제를 찾을 때 교과의 논리성을 존중한다. 다만, 선택된 주제와 하위 주제들의 내용을 습득시킬 목적으로 제재를 선택하고 배열할 때 제재와 관련된 브레인스토밍을 한다. 마지막으로, 주제, 하위 주제들, 브레인스토밍을 통하여 형성된 제재 관련 아이디어와 활동들을 연결짓는다. 이와 같이 주제 중심의 통합단원 개발은 '교과내용 분석 → 공통 주제 선정 → 논리적 분석을 통한 하위 주제 선정 제재 선정 → 브레인스토밍 → 주제, 하위 주제, 브레인스토밍을 통하여 관련된 아이디어나 활동 선택과 배열' 순으로 전개하는 것이 타당한 것 같다(예: 초등학교 3학년의 교과 분석을 통하여 찾아낸 '변화'를 통합의 주제로 삼음).

3) 주제 중심 나무성장형 탈교과통합

탈교과통합은 프로젝트 학습과 관계가 깊다. 프로젝트 학습은 학생들이 교사의 도움을 받아 흥미를 가진 주제를 스스로 깊이 있게 탐구하는 학습 활동(Hartman & Eckerty, 1995)을 가리킨다. 프로젝트 학습은 통합교과나 개별 교과 학습 모두에 사용될 수 있다. 프로젝트 학습은 학생들의 자아 성장이나 실현, 학생들의 사회 적응·지역사회 개조·미래 사회 준비 능력을 길러 주는 데도 효과적이지만, 사회과와 자연과의 조사 및 실험 연구에도 널리 활용될 수 있다. 이와 같은 점에서, 탈교과통합은 프로젝트 학습을 포함하지만 동일한 개념은 아니다. 아래는 탈교과통합의 형태이다. 첫째, 학생들이 관심을 가진 주제를 중심으로 교사와 학생이 함께 브레인스토밍을 하여 하위 주제를 찾고 이들을 가르칠 순서를 정하여 하위 주제별로 활동 계획안을 완성하는 일이다. 이러한 통합 방식은 선정된 주제가 교육적으로 가치가 있어야 하며 주제 관련 활동이 달성하고자 하는 목표와 연결되지 않으면 학생들에게 즐거움을 주는 통합에 그칠 가능성이 높다(Krogh, 1990; Passe,1995; 예: '나비'나 '철인'을 통합의 제재로 삼음). 둘째, 개인적

으로 의미 있거나 사회적으로 적합한 주제를 선정하고 주제를 통하여 달성하고
자 하는 일반 목표를 선정하며 주제와 일반 목표를 참작하여 하위 주제를 정하
고, 하위 주제를 전달할 수 있는 제재를 선택하여 제재마다 활동 계획안을 작성
한다(예: '사이좋게' 또는 '시장 보기'를 주제로 하는 통합코스).

3. 통합교육과정의 개발 실태 분석

1) 초등학교 통합교육과정 개발에 영향을 미치는 요인들

초등학교의 통합교육과정 개발에 도움이 되는 지침을 제공하기 위해서는 현재
초등학교의 통합교육과정 개발 실태와 통합교육과정 개발에 필요한 여건이 어
느 정도 마련되어 있는가를 살펴볼 필요가 있다. 이를 위하여 초등학교 통합교
육과정 개발에 영향을 주는 요인들을 추출하고, 이를 근거로 하여 설문 조사와
학교 계획서의 문헌을 분석 및 검토 하였다.

초등학교 통합교육과정 개발에 영향을 미치는 요인은 무척 많다. 학교에서의
통합교육과정 개발이나 운영에 관한 선행 연구들은 이러한 요인을 찾고 정리하
는 데 도움을 준다. 여러 학자가 제시한 학교 차원의 통합교육과정 개발 요인들
중 공통 요인을 뽑으면 다음 〈표 8-2〉와 같다.

〈표 8-2〉 학교의 통합교육과정 개발에 영향을 미치는 요인들

관련 요인	Drake	McNeil	Jacobs	Panaritis	Palmer	North-Carolina
교사들의 관심	○		○	○		○
개발팀의 구성과 유지	○			○		
개발에 대한 의미부여	○	○		○		
교사 연수						○

동료 교사의 지지			○			
교장의 지지			○			
교장의 지도성	○					
학생의 지지			○			
학부모와 지역사회의 지지와 지원	○		○			
개발 시간 확보	○		○	○	○	○
학교 교육 일정 (융통성 있는 수업시간표)	○	○	○			
재정 지원			○	○		○
교수 · 학습 자료의 구비와 활용		○		○		○
공간 확보와 효율적 활용						○

앞의 〈표 8-2〉에 제시된 요인들이 학교에서 통합교육과정을 개발할 때 영향을 미치는 모든 요인은 아니다. 또한 앞의 학자들이 제시한 견해를 모두 정리한 것도 아니다. 그들이 통합교육과정 개발에 영향을 미친다고 생각하여 직접 언급한 요인들 중 일부를 제시한 데 불과하다. 하지만 〈표 8-2〉를 통하여 학교에서 교육과정을 개발할 때 영향을 미치는 요인들의 윤곽을 잡을 수는 있다. 이러한 윤곽을 통하여 우리나라 초등학교에서 통합교육과정을 개발할 때 영향을 줄 것으로 생각되는 요인들을 크게 네 가지로 나누고, 이들 요인 아래 변인들을 정리하였다. 구체적인 내용은 측정 도구란에 제시되어 있다.

2) 설문 조사

초등학교의 통합교육과정 개발 실태와 효과적 개발을 위하여 어떤 조건이 마련되어야 하는가를 알기 위하여 앞에서 제시한 요인들을 중심으로 설문지를 작성하여 조사하였다.

(1) 연구 대상 및 측정 방법

본 조사 연구의 대상, 측정 도구, 자료 처리 방법은 다음과 같다.

---

(1) 연구 대상

본 조사는 부산 시내 15개 초등학교 교사 300명을 대상으로 실시하였다.

(2) 측정 도구

본 연구에서는 연구자가 작성한 설문지를 측정 도구로 사용하였다. 제1차 설문지는 1996년 5월 30일 제작되었으며, 초등학교 교사 34명에게 1996년 6월 4일~6월 8일에 실시하였고, 전문 가들과 현장 교사들의 도움을 받아 수정하였다. 제2차 설문지는 1996년 6월 15일 작성되었으며 1996년 6월 17일~6월 22일에 실시하였다. 설문지를 통하여 조사하고자 하는 요인들과 구체적 변인들은 다음 〈표 8-3〉과 같다.

〈표 8-3〉　초등학교 통합교육과정 개발에 영향을 미치는 주요 요인과 변인

요인	변인들
교사의 관심, 경험, 자료 수집 방법	교사들의 개발에 대한 관심, 참여 경험, 어려움 논의 상대, 관련된 정보 수집 자원, 정보 수집의 용이성, 교사의 개발 권한, 교사의 개발 경력, 통합교육과 정 개발의 발점에서 우선적으로 고려해야 할 요인, 개발의 주체, 통합교육과 정 논의 기회
교사의 연수	연수 경험, 현행 연수 형태, 연수 기간, 필요한 연수 형태, 적절한 연수 시기, 연수 대상자, 전문가 초빙의 필요성, 전문가 초빙에 대한 교장의 지원, 대학. 교육청, 타학교 방문 연수의 필요성
인적 자원의 지지와 지원	통합 형태에 따른 동료 교사들의 지지, 교장의 지지, 학습자의 수용 태세, 학 습자의 개발 참여, 학부모의 수용 태도, 학부모와 지역사회의 의사 수용 정 도, 학부모 및 지역사회의 역할
행정 · 재정 지원	개발 시간 확보 방법, 통합교육과정의 시간 운영(융통성 있는 시간표 구성), 교사의 동기 유발 방법, 시간 외 업무 수당 지급, 운영 자료 구비 정도, 도서관 의 운영 자료 구비 정도, 기타 운영 공간과 시설, 자원의 구비, 개방성, 활용률

(2) 자료 처리

이 연구에서는 15개 초등학교에 각각 20부씩 교사 300명에게 설문지를 배부

하였는 데, 252부가 회수되었으며, 이 중 응답이 부실한 것을 제외한 214부를 최종 분석 자료로 삼았다. 이 연구에서 통계 처리는 빈도 분포와 x^2 검증을 사용하였다.

(3) 분석결과

설문 조사를 통하여 각 요인별로 아래와 같은 결과를 얻을 수 있었다.

첫째, 학교에서의 통합교육과정 개발에 대한 교사들의 관심과 경험 등을 묻는 설문의 주요 결과는 다음과 같다. 학교에서 통합교육과정을 개발하는 것에 대한 교사들의 관심은 '있다'(66.2%) '없다'(33.8%)로 나타나 다수의 교사가 통합교육과정 개발에 참여할 의사가 있음을 알 수 있다.

교사들이 학교에서 통합교육과정 개발에 참여한 경험의 유무를 묻는 문항에서는 '있다'(8.0%), '없다'(92%)로 나타나 거의 대부분의 교사가 통합교육과정 개발을 해 본 경험이 없다는 것을 알 수 있다. 하지만, 통합교과 체제로 운영되는 저학년의 담임 경력이 많을수록 통합교육과정 개발 경험이 높다는 결과는 국가 수준 통합교육과정 운영 경험이 통합교육과정 개발로 이어질 수 있음을 짐작하게 한다.

학교에서 통합교육과정을 개발하기 위하여 팀을 구성할 때는 '연구부를 중심으로'(55.4%), '동 학년 교사들이 모여'(34.8%) 하는 것이 좋다는 것으로 나타나 학교의 교육과정 편성·운영 위원회가 통합교육과정 개발과 관련하여 어떻게 구성되어야 할 것인가에 시사점을 준다.

교사들이 학교에서 통합교육과정을 개발한 권한이 있는가에 대해서 '있다'라는 응답이 제재 중심 교과통합(95.3%), 주제 중심 교과통합(89.7%), 주제 중심 탈교과통합(82.5%)으로 나타나 통합교육과정의 유형에 관계없이 교사들은 권한이 있다고 생각하고 있었다.

교사들이 학교에서 통합교육과정을 개발하여 가르친 적이 있는가에 대해서

'있다'라는 응답이 제재 중심 교과통합(47.7%), 주제 중심 교과통합(29.0%), 주제 중심 탈교과통합(48.6%)으로 나타났다. 이러한 결과는 교사들이 공식적으로 팀을 구성하여 통합교육과정 개발에 참여한 경험은 없지만, 개인적으로는 수업 시간을 통하여 여러 형태의 통합교육과정을 구성하여 운영해 왔다는 것을 알려 준다.

통합교육과정을 개발할 때는 교과별 목표와 내용 체계, 학습자의 흥미나 필요, 교과서의 내용, 지역사회나 학부모의 요구, 사회 문제 등의 순으로 고려해야 할 것으로 응답하여 통합교육과정의 형태 중에서 제재 중심이나 주제 중심의 교과 통합보다 주제 중심 탈교과통합의 개발이 어려울 것으로 생각할 수 있다.

둘째, 초등학교에서 통합교육과정의 개발은 교사들이 이에 필요한 지식, 기능, 열정 등을 갖추고 있어야 가능하다. 통합교육과정의 개발과 관련된 교사 연수에 관한 설문 조사 결과는 아래와 같다.

학교에서 통합교육과정 개발 관련 연수를 받은 경험이 '있다'(20.7%), 학교 이외의 기관에서 통합교육과정 개발 연수를 받은 경험이 있다'(11.7%)로 나타나 학교 안팎에서 연수의 기회가 매우 부족했다는 것을 알 수 있다. 또한 연수를 받은 교사들 중에서 이론이나 참관 연수를 받은 교사들이 모두 합쳐 89.9%로 나타나 통합교육과정 개발에 관련된 실습 연수의 기회가 매우 적었음을 알 수 있다. 교사들이 원하는 연수 형태는 '이론적 배경, 참관 연수, 실습 기회 제공 연수'(48.6%), '참관, 실습 기회 제공'(17.3%), '실습 기회 제공'(10.3%)으로 나타나 실습과 참관 형식의 연수를 원하는 것으로 나타났다.

통합교육과정 개발과 관련하여 적합한 연수 시기는 '동 학년 협의회 시간(54.2%), '교무회의 시간'(32.7%) '방학 중'(10.3%)으로 나타나 연수를 학기 중에 실시할 것을 원한다는 것을 알 수 있다. 교사 연수에 전문가를 초빙할 필요가 있는가라는 물음에 대해 '그렇다'가 87.3%로 나타나 전문적인 지식과 기술의 습득을 원하는 것을 알 수 있고, '통합교육과정의 개발에 도움이 된다면 대학, 교육청, 다른 학교를 방문하여 연수받을 필요가 있다'(93.9%)는 응답이 높아 연수를 받고자 하는 적극적인 자세를 읽을 수 있다.

셋째, 초등학교에서 통합교육과정을 개발하고자 할 때 주변 인사들의 지지와 지원은 절대적인 힘을 발휘한다. 통합교육과정 개발에 대하여 동료 교사들이 지지할 것인가 하는 물음에 제재 중심 통합교과(83.1%), 주제 중심 통합교과(78.3%), 주제 중심 탈교과통합(70.8%)으로 나타나 동료 교사들이 통합교육과정의 형태와 관계없이 지지할 것이라고 생각하고 있음을 알 수 있다. 교사들의 통합교육과정 개발활동에 대하여 교장이 지지할 것인가를 묻는 문항에 '그렇다'(52.6%), '그렇지 않다'(47.4%)로 비슷하게 나타났다. 통계적으로 의미 있는 차이가 있는 것은 아니지만, 교직 경력이 5년 미만인 교사들은 교직 경력이 많은 교사에 비하여 '교장이 지지하지 않을 것'이라는 응답이 높았다.

통합교육과정 운영에 대한 학생들의 반응은 '좋아할 것'이라고 보는 교사의 응답이 93.4%로 나타났으며, 통합교육과정 개발에 학생들이 참여하는 것에 대해서는 '교육목표, 내용, 방법, 평가 등의 계획 전반에 걸친 참여'(34.0%), '학습내용의 선정에 참여'(26.8%), '학습방법의 결정에 참여'(28.7%)로 나타나 통합교육과정 개발에서 학습자들의 참여를 긍정적으로 생각하고 있음을 알 수 있다.

통합교육과정 운영에 대한 학부모의 반응은 '좋아할 것'이라고 보는 교사의 응답이 75.2%로 나타났고, 교사들 중에 72.0%가 통합교육과정 개발에 학부모와 지역사회의 의견이 반영되어야 한다고 생각하고 있으며, 통합교육과정 개발에서 학부모와 지역사회의 역할로는 자원 인사의 역할, 재정적인 도움, 지역사회 시설물 이용에 도움, 보조 교사의 역할 등으로 생각하는 것으로 나타났다.

넷째, 초등학교에서 통합교육과정을 개발하는 데는 행정적 지원과 재정적 지원이 필요하다. 통합교육과정을 개발하는 데는 많은 시간이 걸린다. 교사들이 통합교육과정 개발을 위해 어떤 시간을 활용하는 것이 좋은가라는 질문에 대하여 '방과 후'(37.6%), '수업 대신 연구 시간'(35.7%), '방학 중에 연수를 대신해서'(23.0%), '방학 중에 따로 모여서'(2.8%)로 나타나 방과 후나 혹은 수업 시간을 줄이고, 연구의 시간을 갖기를 원하는 것으로 나타났다.

통합교육과정이 제대로 운영되기 위해서는 수업 시간을 40분으로 고정하지 않는 융통성 있는 시간 운영이 필요하다. 만일 이와 같은 시간 운영이 보장되지 않는다면 통합교육과정 개발이 활성화되기 어렵다. 이와 같은 시간표 운영을 교장이 승인할 것인가 하는 물음에 대하여 '그렇다'(52.6%), '그렇지 않다'(47.4%)로 나타나 시간표 운영이 통합교육과정 개발의 걸림돌이 될 수 있음을 보여 준다.

교사가 통합교육과정 개발에 자발적으로 참여하도록 하는 효과적인 방법으로는 '행정 업무 경감' '수당 지급' '승진이나 전보 등의 인사에 높은 점수 부여' '출판, 발표 등의 기회 부여' 등의 순서로 나타났다. '행정 업무 경감'은 교직 경력, 담당 학년, 저학년 담임 유무와 관계없이 모든 교사가 통합교육과정 개발을 위해서 가장 해결되기를 바라는 과제로 나타났다.

통합교육과정 개발은 통합교육과정이 제대로 운영되기 위한 여러 자료들이 확보되어야 활성화될 수 있다. 통합교육과정을 운영하기 위한 자료들의 구비 여부를 묻는 질문에 대하여 '그렇다'(8.1%), '그렇지 않다'(91.9%)로 나타나 교사들의 절대 다수가 운영 자료가 부족하다고 생각하고 있음을 알 수 있다. 도서관에 교수 · 학습 자료가 많은가 하는 질문에 대하여 '그렇다'(11.4%), '그렇지 않다'(88.6%)로 나타나, 다수의 교사들이 도서관 자료가 빈곤하다고 생각하고 있으며, 특히 1학년과 6학년의 담임 교사들이 다른 학년에 비하여 '그렇지 않다'라는 응답의 비율이 높아, 1학년과 6학년 수준에 맞는 교수 · 학습 자료가 부족하다고 여기고 있음을 알 수 있다.

3) 내용 분석

현재 초등학교의 통합교육과정 개발 실태와 통합교육과정을 개발하는 데 어느 정도의 여건이 마련되어 있는가를 알아보기 위하여 학교별 교육과정인 학교 교육계획서를 분석하는 것이 도움이 된다. 학교 교육계획서의 분석은 설문 조사 결과를 바르게 해석하고 설문 조사로는 알아낼 수 없는 것을 찾는 데 도움을 준다.

(1) 연구 대상 및 분석 준거

가. 연구 대상

본 연구에서는 부산 시내에 있는 17개 초등학교의 1996년도 학교 교육계획서를 분석의 대상으로 하였다. 17개 초등학교 중 9개교가 설문 조사의 대상이 되었다.

나. 분석 준거 및 단위

- 교육과정통합이라는 용어의 사용 빈도는?
- 통합의 형태가 어떻게 나타나고 있는가?
- 학교 교육과정 개발 조직이 학교의 통합교육과정 개발과 어떤 관련을 갖는가?
- 학내 연수가 통합교육과정 개발과 관련 있는가?
- 통합교육과정 운영과 관련하여 학내 특별실이 얼마나 마련되어 있는가?
- 통합교육과정 운영과 관련하여 이용할 수 있는 지역사회 시설물을 어떻게 생각하고 있는가?
- 학교 재량 시간 운영을 위해 통합단원이나 통합코스를 마련하고 있는가? 책가방 없는 날 운영을 위해 통합단원이나 통합코스를 마련하고 있는가?

(2) 자료 처리

연구자는 상기한 분석 준거에 의하여 2차에 걸쳐 17개 초등학교 학교 교육계획서를 분석하였다. 재검사 신뢰도나 단순 백분율 합의 지수를 내기에는 자료가 매우 거칠어 생략하였다.

(3) 분석 결과

첫째, 학교 교육계획서에 통합교육과정 개발이라는 용어가 사용되는가, 사용
된다면 얼마나 자주 사용되는가를 분석하여 학교들이 통합교육과정 개발에 관
하여 얼마나 관심을 갖고 있는가를 알아보았다. 학교 교육계획서에 통합교육과
정 개발이라는 용어를 사용한 경우는 1건도 없었다. 단지 두 학교의 교육계획서
에 학교에서의 통합교육과정 개발과 관련된 내용이 들어 있었다. Y학교에서는
"주제를 중심으로 2~3개 교과를 묶는 형태의 교육과정을 개발한다는 내용이 들
어 있으며, H학교에서는 통합 학습, 프로젝트 학습, 토픽 학습이라는 용어를 사
용하고 있었다.

둘째, 학교 교육계획서의 '교과 학습란'에 통합교육과정의 어떤 형태가 나타나
있는가를 분석하였다. 제재 중심의 교과통합, 주제 중심의 교과통합, 주제 중심
의 탈교과통합 등의 형태 등이 나타나는가?

먼저 '슬기로운 생활' 교과의 수업을 사회 현상과 자연 현상을 연결하는 주제
중심의 통합 지도를 해야 할 것이라는 내용이 11개 초등학교의 교육계획서에 나
타났다. 그리고 '즐거운 생활' 교과 수업을 제재 내의 학습 소재가 연결되는 통합
지도를 해야 할 것이라는 내용이 11개 초등학교의 교육계획서에 제시되어 있다.
이러한 점에 비추어 볼 때, 학교 계획서에는 '슬기로운 생활'의 경우에 주제 중심
의 교과통합, '즐거운 생활'의 경우에 제재 중심의 교과통합이라는 말이 사용되
어, 2개 형태의 통합교육과정의 형태에 관한 기술이 들어 있다고 할 수 있다.

그러나 '슬기로운 생활'과 '즐거운 생활'은 국가 수준에서 만든 통합교과이며,
교육과정 해설서나 교사용 지도서에 이들 교과의 통합 형태에 관한 설명이 있기
때문에, 학교 교육계획서에 나타난 주제 중심의 교과통합과 제재 중심의 교과통
합이라는 용어가 학교는 통합교육과정의 개발에 적극적인 관심을 갖고 있다고
판단하는 자료로 삼기에 미약하다. 특히 국가 수준의 교육과정에서 교과별로 구
분된 교과들의 통합에 관한 언급이 없으며, '슬기로운 생활'과 '즐거운 생활'의 경

우에도 통합교육과정의 형태에 맞는 구체적인 사례가 제시되어 있지 않은 점이 이러한 심증을 더욱 굳게 한다.

셋째, 학교에서 통합교육과정 개발이 이루어지기 위해서는 이러한 활동을 계획하고 실행에 옮기는 학내 조직이 있어야 한다. 학교 교육계획서에 제시된 교육과정 편성·운영 위원회 조직이 학교에서의 통합교육과정 개발과 어떤 연관성을 갖는가를 분석하였다. 12개 학교가 학교 교육계획서에 교육과정 편성·운영 위원회 조직표를 제시했다. 나머지 5개 학교의 경우에도 이와 같은 조직이 구성되어 있겠지만 학교 교육계획서에는 나타나지 않았다. 12개 학교의 교육과정 편성·운영 위원회 조직은 거의 유사하다. 교장을 정점으로 하고 학교외 자문기관과 학내 협력 기구를 참모 조직으로 하며, 기획 조정, 교과활동, 특별 활동, 편성·운영 연구의 4개 분과를 축으로 하여 학교에 따라 5~6개의 분과를 두고 있다. 5~6개의 분과를 둘 경우에는 화교 재량 시간 분과, 검증 평가 분석 분과, 자료 제작 분과 등을 설치하고 있었다.

학교의 교육과정 편성·운영 조직 기구표를 분석해 보면 교육과정통합에 관한 내용을 담고 있는 학교는 한 곳도 없다. 또한 교과활동, 특별 활동, 학교 재량 시간 분과의 주요 업무에도 교육과정통합에 관한 내용은 들어 있지 않다. 학교별 교육과정통합 노력이 학교의 체계적인 준비와 많은 교사의 참여를 필요로 한다는 점을 생각하면, 학교 교육과정 편성·운영 조직과 주요 업무에 교육과정통합 내용이 빠진 것을 보면 학교에서의 통합교육과정 개발이 활발하지 않다는 것을 짐작할 수 있다.

넷째, 학교에서 실시하는 각종 연수는 교사들에게 학교의 교육활동에 필요한 여러 가지 지식, 기술, 태도를 길러 준다는 점에서 의의가 있다. 이런 점에서 학교에서 교육과정통합에 관련된 연수가 실시되는가를 분석하였다. 학교마다 분과별, 교과별, 동 학년별 연수를 계획하고 있으나, 거의 대부분(16개 초등학교)의 교육계획서에서 통합교육과정 개발에 관련된 연수 계획은 나타나지 않았다.

다섯째, 학교에서 통합교육과정을 개발하고 운영하는 데는 교수·학습 자료, 기구, 시설 등의 물리적 자원들이 구비되거나 구입될 가능성이 있어야 한다. 이러한 점에서 학교 교육계획서에 제시된 교구와 시설들을 살펴보면, 학교 계획서에는 법으로 규정한 교구의 확보율을 제시하고 교과별 교구 확보 현황을 비율로 나타내고 있다. 하지만 학교 교육계획서를 통하여 학교에 어떤 교구가 비치되어 있는가를 구체적으로 알기 어렵고, 교구의 확보율만으로는 교육과정통합과 직접 연계짓기 어려웠다.

학교 교육계획서에는 많은 시설물이 제시되어 있다. 거의 대부분의 학교(16개 초등학교) 교육계획서에 들어 있는 공통적인 시설물은 학급 교실을 포함하여 과학실, 도서실, 컴퓨터실, 운동장, 교재원, 학습원, 예절실, 음악실, 미술실 등이며, 기타 노천 교실, 자율학습실, 기상대, 서예실, 암석원, 사육장, 체육실, 과학자료실, 일반 자료실, 시청각실, 자랑발표실, 방송실 등이 나타나 있다. 이 특별실들은 통합교육과정을 개발하고 운영하는 데 도움을 준다.

여섯째, 통합교육과정 운영에는 학내뿐만 아니라 지역사회의 지지와 지원을 필요로 한다. 학교 교육계획서에 나타난 지역사회 시설이 통합교육과정 운영을 위해서 제시된 것은 아니지만, 이러한 지역사회 시설은 통합교육과정 개발의 범위를 한정짓기 때문에 이를 분석하였다. 학교 계획서들 중에는 지역사회 시설에 관한 언급이 전혀 없는 것도 있으며, 지나치게 폭넓게 잡아 모든 시설을 망라한 것도 있다. 하지만 대부분의 학교에서는 학교 주변의 지역사회 시설을 교육의 주요한 자원으로 생각하고 있었다. 학교 교육계획서에 공통적으로 나타나 있는 주요 시설물은 어린이 대공원, 동물원, 식물원, 야영장, 우체국, 동사무소, 구청, 도서관, 은행, 경찰서, 소방서, 법원, 기상대, 과학관, 박물관, 유적지, 시장, 백화점, 박물관, 전시회장 등을 들 수 있다. 이 외에도 경기장, 공장, 발전소, 수영장, 국립 묘지, 방송국, 쓰레기 처리장, 하수 처리장, 세무서, 의회 등을 들고 있다. 이 지역사회 시설들은 통합교육과정 개발에서 고려하는 주요한 자원들이 된다.

일곱째, 학교 재량 시간은 제6차 교육과정에서 처음으로 신설된 교육과정 3대 영역 중의 하나로서, 교과 및 특별 활동의 보충·심화 또는 학교의 독특한 교육적 필요와 학생의 요구 등에 따른 창의적 교육활동을 하도록 하고 있다. 이러한 학교 재량 시간을 위해 통합교육과정을 개발하고 운영할 수 있는데, 학교 교육계획서에 나타난 학교 재량 시간 계획이 통합교육과정의 개발과 관련되는가를 분석했다.

학교 재량 시간 운영과 관련하여 한자나 컴퓨터 혹은 한자와 컴퓨터를 교육하는 학교들이 많았으며, 7개 초등학교의 교육계획서에 주제 중심의 탈교과통합 교육과정이 나타나 있다. '우리 고장'이라는 큰 주제 아래 조사와 견학활동을 강조하거나, 더불어 사는 교육, 심신 수련, 뿌리 알기, 꿈을 가꾸는 교육, 애향활동, 근검 절약, 환경 보전 등 다양한 영역 각각에 하위 주제를 정하여 학교 재량 시간을 운영하도록 하고 있다. 학교 교육계획서에는 주제별 프로그램이 구체적으로 나타나 있지 않아 교육과정통합의 형태를 구체적으로 알기 어려우나, 주제명과 학교 재량 시간 운영 방침으로 미루어 제재·주제 중심의 교과통합이나 주제 중심의 탈교과통합의 형태가 될 것이라는 것을 짐작할 수 있다.

여덟째, 책가방 없는 날은 교과서 중심의 지식 편중 교육에서 벗어나 다양한 체험을 통하여 학습하도록 하기 위하여 월 1회 혹은 월 2회로 운영하고 있다. 학교 교육계획서에 나타난 '책가방 없는 날' 운영 계획이 교육과정통합과 관련되어 있는가를 분석했다. 13개 초등학교의 교육계획서에 '책가방 없는 날'과 관련된 내용이 들어 있다. '책가방 없는 날'은 교과나 특별 활동과 연계된 현장 학습이나 교과와 관련 없는 주제 중심의 활동으로 나타난다. 하지만 대부분의 학교 교육계획서에는 '책가방 없는 날'의 주제, 장소, 해당 학년, 교통편, 관련 교과만 나타나 있고, 구체적인 프로그램이 제시되어 있지 않아 교육과정통합의 구체적인 형태를 알기는 어렵다. 그러나 H 학교의 경우에는 주제, 장소, 활동 내용, 관련 교과, 관련 단원이 구체적으로 명시되어 프로그램의 성격을 엿볼 수 있다. 그 내용은 대개 제재 중심의 통합교육과정에 해당한다.

4. 결론

이 연구에서는 두 가지의 연구 문제를 해결하고자 했다. 첫째, 우리나라 초등학교에 적합한 통합교육과정 설계 모형을 찾아보려고 하였다. 둘째, 현재 초등학교의 통합교육과정 개발 여건이 어떠한가를 살펴보려고 했다.

첫 번째 문제를 해결하기 위하여 논리적 접근과 실제적 접근을 시도하였다.

논리적 접근은 교육과정통합의 목적과 내용, 조직 중심과 방식, 대상과 수준에 의거하여 통합교육과정의 형태를 살펴보았다. 그 결과 네 가지의 통합교육과정 형태를 찾았다. 교과내용의 학습을 목표로 하는 제재중심 통합단원, 교과들간의 공통 개념, 원리나 법칙, 방법론의 습득을 목표로 이를 주제로 하는 통합단원, 학생들의 자아성장이나 자아실현을 목적으로한 관련 주제 중심 통합코스, 학생들의 사회 적응, 지역사회 개조, 미래 사회 준비를 목적으로한 관련 주제 중심 통합코스이다.

경험적 접근은 논리적 접근을 통하여 도출된 통합교육과정의 네 가지 형태를 기반으로 하여 출발하였다. 통합교육과정을 직접 설계하는 과정을 통하여 다양한 내용의 조직 중심과 조직 방식이 있음을 알 수 있었다. 먼저, 교과 학습을 목표로 교과내용들을 단원 수준에서 통합하는 제재 중심 바퀴형 통합단원의 개발에는 조직 중심의 성격과 방법에 따라 통합의 강도가 다른 네 가지 설계 방식이 가능하였다. 다음으로, 교과내용 간의 공통 내용을 학습하는 것을 목표로 하는 주제 중심 바퀴형 통합단원 개발에서는 조직 중심이 되는 주제의 논리적 성격이 매우 강조되는 설계 방식이 채택되었다. 마지막으로, 학생들의 자아 성장이나 실현 또는 학생들의 사회 적응·지역사회 개조·미래사회 준비를 목적으로 하는 주제 중심 나무 성장형 통합코스의 개발은 학생의 흥미와 교육목적 중 어느 쪽을 더욱 강조하느냐에 따라 두 가지 형태를 설계할 수 있었다.

경험적 접근을 통하여 제시된 일곱 가지의 설계 방식은 우리나라 초등학교에서 개발해 볼 수 있는 통합교육과정의 설계 형태들이다. 물론 이들 설계 양식들이 통합교육과정의 형태와 설계 양식 모두를 망라한 것은 아닐 것이며, 초등학교의 개발 환경에 따라 적합성도 같지 않을 것이다. 특히 우리나라 초등학교는 교육과정과 교과서의 구속력이 크고, 교사들이 통합교육과정을 개발한 경험이 거의 없으므로 상기한 설계 방식 중 무엇부터 시작해 보느냐 하는 것도 중요한 문제가 된다. 하지만 Dewey(1929)의 말처럼 "교육에서 발견이란 이미 만들어진 것이 아니라 만들어지는 것"이라는 점을 생각하면, 현장의 교사들이 통합교육과정 개발에 즉시 착수하는 것만이 교육 현장의 개선을 앞당기는 일이 될 것이다.

두 번째 문제를 해결하기 위하여 설문 조사와 학교 교육계획서를 분석하였다. 설문 조사의 결과는 다음과 같이 요약할 수 있다. 통합교육과정 개발에 관한 교사들의 관심은 높으나 통합교육과정 개발에 관한 지식, 기능, 가치를 부여하는 연수 기회의 부족과 연수 방식의 문제로 통합교육과정 개발활동이 활발하지 못한 것으로 나타났다. 또한 통합교육과정 개발과 관련하여 동료 교사, 학생, 학부모는 적극 지지할 것으로 나타났으나, 교장의 지지는 절반 정도로 나타났다. 교사들은 통합교육과정의 개발과 관련하여 일과 중의 작업을 원하며 행정 업무 경감을 이를 위한 필수 과제로 보았다. 또한 통합교육과정의 운영과 관련된 교수학습 자료, 기구, 시설물 등의 부족을 지적했다.

학교 교육계획서의 분석 결과는 다음과 같이 요약할 수 있다. 통합교육과정 개발이라는 용어는 사용되지 않았으나 교육과정 재구성이나 교재 재구성이라는 용어를 사용하여 통합교육과정 개발의 길은 터놓고 있다. 국가 수준에서 만든 통합교과들인 '슬기로운 생활'과 '즐거운 생활'의 통합 운영을 강조하지만, 3학년 이상의 여타 교과들의 통합에 관한 언급은 찾기 어려웠다. 학교 내 통합교육과정 개발과 관련된 부서가 없으며, 현재 설치된 부서의 활동 계획 속에 통합교육과정 개발활동에 관한 언급은 없었고, 학교에서 실시하는 각종 연수에서도 통합교육과정의 개발과 관련된 연수는 없었다. 학교 내 설치된 많은 특별실은 통합교육과정의 운영과 관련지을 수 있으며, 지역사회의 많은 기관과 시설도 활용될 수 있다. 학교 재량 시간과 '책가방 없는 날' 운영을 위하여 통합교육과정 형태의 개발이 암시되어 있으나 구체적인 내용은 찾기 어려웠다.

이와 같은 설문 조사와 학교 계획서 분석을 통하여 다음과 같은 제언을 할 수 있다. 첫째, 학교 당국에서는 통합교육과정 개발과 관련된 부서를 만들거나 기존 부서의 주요 활동 속에 통합교육과정 개발활동을 추가할 필요가 있다. 둘째, 교사들이 통합교육과정을 개발할 수 있도록 하기 위하여 행정 업무 경감을 비롯한 지원을 하며 체계적인 연수 계획을 마련하고 실행해야 한다. 셋째, 학교 교육계획서가 학교별 특성을 살리고 학생들의 요구에 부응하기 위해서는 교과 간 통합단원 구성이나 탈교과통합코스의 개발 관련 사항을 구체화하여 명기하는 것이 좋다.

1. 서론

우리나라의 열린교육은 미국, 영국, 일본의 열린교육에 적지 않은 영향을 받았지만, 교육제도와 관행, 교사들의 의식 등의 차이로 인하여, 우리 교육의 문제점에서 출발하여 이를 해결하고자 하는 '운동'의 차원으로 새롭게 발전되어 왔다.

최근에 이르러 한국열린교육협의회는 운동의 다기성(多岐性)으로 빚어진 학리적 · 실천적 논쟁을 줄이고 관심 있는 세력들의 결집을 위하여 열린교육 강령을 제정하였다. 그 속에서 인간 교육, 전인 교육, 개성 교육, 공동체 교육, 창의성 교육 등의 강조는 통합교육과정이나 교육의 통합적 운영을 주장해 온 학자들이 내세우는 통합적 근거(Brady, 1989; Drake, 1993; Dressel, 1958; Hopkins, 1937; Mason, 1996; Wolfinger & Stockard, 1997)와 여러모로 일치하여, 열린교육운동과 교과의 통합적 운영이 이념 면에서 상통하는 점이 있음을 알 수 있다.

또한 열린교육을 실시한 학교에서 발간하는 자료나 열린교육을 주도해 온 여러 기관이나 단체에서 실시한 워크샵의 자료를 보면, 통합 학습, 주제 학습, 프로젝트 학습 등과 같은 교과의 통합적 운영과 관련된 여러 수업 형태가 많이 나타나 있는데, 이는 교과의 통합적 운영을 열린교육의 일환으로 생각하는 사람이 많기 때문이다.

---

1) 이 장은 김대현(1998). 교과의 통합적 운영 방안과 과제. 열린교육연구. 6(1), pp. 289-303을 옮긴 것이다.

이와 같이 열린교육과 교과의 통합적 운영이 이념 면에서 일치하는 점이 많고, 현장에서 동시에 실천되고 있다는 점은, 막대한 교육적 효용성에 비하여 그동안 부진을 면하지 못했던 교과의 통합적 운영을 열린교육의 열기에 실어 활성화할 수 있는 기회가 마련된 것으로 보인다.

이러한 점에서, 이 논문에서는 교과의 통합적 운영이 갖는 의미와 가치를 살펴보고, 그 전개 방안과 주요 실천 과제를 제안함으로써, 학교에서 교과의 통합적 운영이 활발하게 추진될 수 있는 기틀을 마련하고자 한다.

2. 교과통합적 운영의 의미와 가치

교과의 통합적 운영은 '국가 수준의 교육과정에서 구분된 교과들을 학교 수준에서 상호 관련지어 가르치기 위하여 계획하고 실행하고 평가하는 활동'을 말한다. 교과의 통합적 운영은 지식의 형식이나 학문에 근거한 교육과정의 통합 운영과 다음과 같은 점에서 구별된다.

첫째, 지식형식 간이나 학문 간 통합은 지식의 형식 내 또는 학문 내 통합과는 달리 논리적으로 불가능하지만(Hirst, 1974), 교과는 각급 학교에서 교육과정을 운영하기 위한 기본 단위에 불과하므로 교과 내 통합이나 교과 간 통합은 논리적으로나 경험적으로 가능하다.

둘째, 지식의 형식이나 학문의 통합은 통합을 '전체성(unity)'과 동일한 개념으로 보지만, 교과의 통합적 운영에서는 관계 정도를 가리키는 것으로, 약한 통합에서 강한 통합에 이르는 다양한 수준의 통합(엄밀한 의미에서는 상호 관련성을 말함)이 존재한다(김대현, 이영만, 1995).

셋째, 지식의 형식이나 학문에 바탕을 둔 교육과정통합에서는 교수 방법, 시간 편성, 학생 조직, 물리적 환경 구성 등의 수업 관련 요인들을 우연적인 관계로 보지만(김대현, 1986; Hirst, 1974), 교과의 통합적 운영에서는 이 요인들이 상황에 따라 교과통합과 논리적인 관계가 있는 것으로 보기 때문에 교과통합의 과정과 운영이 더욱 긴밀한 관계를 지니게 된다.

다시 말하면, 여기서 말하는 교과의 통합적 운영이란 국가 수준 교육과정으로 명확히 구분하고 있는 교과들을 수업의 장면을 염두에 두고 강도가 다양한 방식으로 상호 관련지음으로써 교육 효과성를 높이고자 계획하고 운영하고 평가하는 활동을 의미한다.

그런데 교과의 통합은 간단한 활동이 아니며 많은 시간과 노력과 비용이 들어가는 활동이다. 그럼에도 불구하고 교과의 통합적 운영을 하고자 한다면 그 까닭은 무엇인가? 도대체 교과의 통합적 운영은 교육적으로 어떤 이점을 갖는가?

Mason(1996)은 교과의 통합적 운영에 관한 효과를 실증적으로 입증하는 연구는 많지 않으며, 그 효과들도 교과통합의 효과인지 아니면 교과통합과 관련된 학습자 중심 수업, 학년제, 수업 시간의 융통성 있는 운영 등의 효과인지 구분하기 어렵다고 말한 바 있다.

그러나 교과의 통합적 운영을 주도적으로 실천해 온 많은 연구자는 교과통합의 유형에 따라 차이가 있지만, 이론적으로 혹은 경험적으로 볼 때, 그 필요성 뿐 아니라 교육적인 가치가 매우 크다고 보았다. 그들의 견해를 요약하면 다음과 같다(김대현, 이영만, 1995; Drake, 1993; Frazee & Rudnitski, 1995; Glasgow, 1997; Jacobs, 1989; Mason, 1996; Wolfinger & Stockard, 1997).

첫째, 교과의 통합적 운영은 지식의 폭발적인 증가로 인해 교육내용을 선정하는 일이 더욱 어려운 문제가 되고 있으므로, 교과별로 상호 관련되는 내용을 묶어 제시함으로써 필수적인 교육내용을 선정하는 데 도움을 준다.

둘째, 교과의 통합적 운영은 교과들 속에 포함된 중복된 내용과 중복된 기능들(skills)을 줄임으로써, 학생들이 배워야 할 필수적 교육내용을 배울 시간을 확보해 준다.

셋째, 교과의 통합적 운영은 교과들 간의 관련성을 파악하는 데 도움을 주고,

교과 학습과 실생활의 연관성을 높여 교과 학습의 의미를 삶과 관련지어 인식할 수 있게 해 준다.

넷째, 교과의 통합적 운영은 현대 사회의 쟁점을 파악하는 데 도움을 주고, 현대 사회에서 발생하는 복잡한 문제들을 해결하는 능력을 길러 준다.

다섯째, 교과의 통합적 운영은 학생들의 흥미, 관심을 반영하기 쉬우며, 주제나 문제를 중심으로 조직될 때 학생들의 학습 선택권이 확대된다.

여섯째, 교과의 통합적 운영은 인간의 뇌가 정보들을 유형화하거나 관련지을 때 학습이 효과적으로 일어난다는 인지심리학의 연구 결과와 일치한다. 또한 정보 내용이 정보가 제시되는 상황과 관련되며, 정보의 적용 기회가 제공되고, 정보들이 다양한 방식으로 표현되며, 학습자 자신의 삶과 관련 있을 때 학습이 촉진된다는 구성주의 학습 이론과도 부합된다.

일곱째, 교과의 통합적 운영(특히 프로젝트 학습 활동)은 대개 활동 중심 교육과정으로, 학생의 적극적으로 참여하며 학습 동기가 높고 자신의 학습에 대한 책임감을 갖게 한다.

여덟째, 교과의 통합적 운영은 비판적 반성과 깊은 이해 능력을 길러 주기 쉬우며, 교과의 경계를 벗어나서 독립적으로 사고하고 문제를 해결하고 판단하는 능력의 신장과 관련된 메타 교육과정을 가능하게 해 준다.

아홉째, 교과의 통합적 운영은 학생들 스스로 교과들에 흩어진 정보를 관련짓는 그물망을 형성하는 습관을 길러 준다.

이와 같이 교과의 통합적 운영은 다양한 교육적 가치를 가진다. 하지만 교과별 수업을 소홀히 할 수는 없다. Jacobs(1989)의 지적처럼, 교과의 통합적 운영과 교과별 수업 운영은 교육과정 운영에서 선택의 문제가 아니라 서로의 부족한 점을 채워 주는 보완 관계에 있다고 보는 것이 타당하다. 즉, 계통적인 학습이 요구되는 교과는 교과별 수업 운영이 효과적이며, 교과의 사회적 적합성을 높이고 학습자의 사회 문제 해결력을 신장하고자 할 때는 교과의 통합 운영이 바람직하다.

3. 교과통합적 운영의 전개 방안

1) 교과통합의 과정

교과통합의 과정은 Posner와 Rudnitsky(1995)의 말처럼, 코스 개발의 과정과 크게 다르지 않다. 교과의 통합단원 개발도 개발 집단의 조직, 기본 가정의 설정, 교육 목표 혹은 주제의 선정, 내용과 활동의 계획, 수업 전략 수립, 전체 과정에서에서의 평가 실시 등으로 이루어진다.

또한 이러한 과정이 선형적(linear)으로 이루어지는 것이 아니라, Carr(황문수 역, 1993)가 역사의 전개 과정을 설명하듯이, 전진과 후퇴 그리고 비약 등의 과정이 반복되면서 진행된다.

Drake(1993)는 교과통합의 과정을 『교과통합을 위한 계획: 도전』에서 손에 잡힐 듯이 생생하게 묘사하고 있다. 그는 교과통합의 과정을 신화에 나오는 영웅이 미지의 세계에서 겪는 모험의 과정으로 비유한다. 영웅이 모험의 세계로 들어가 갖가지의 실패를 겪고 좌절하지만 마침내 어려움을 극복하고 귀환하듯이, 교과를 통합적으로 운영하는 교사들은 잘못된 신념을 버리고, 학교 안팎의 장애물을 극복하며, 점진적으로 강도 높은 운영을 실행하고, 마지막으로 자신이 얻은 이러한 체험을 다른 교사들과 함께 나눔으로써 교과통합 학습을 완성해 간다.

교과통합의 과정은 Drake의 표현대로 '모험의 과정'이고 이러한 모험이 결실을 거두기 위해서는 개발자의 의식 변화와 노력이 필요하다. 하지만 교과의 통합적 운영은 의지만으로 성공하는 것은 아니므로, 개발의 과정에서 따라야 할 몇 가지 준칙을 마련하고 개발을 위한 여건을 조성해야 한다.

먼저, 교과의 통합을 위해서는 중요성, 일관성, 적합성 등 몇 가지 준수해야 할 원칙이 있다(Feige, Hughes, Wade & Wilson, 1993; Jacobs, 1989; Martin-Kniep, Mason, 1996; Soodak, 1995).

첫째, 중요성의 원칙이란 통합의 목적이나 방식에 따라 차이가 있지만, 교과통합 운영에서 각 교과들의 중요한 내용이 반영되어야 한다는 것이다. 이러한 원칙은 교과의 통합적 운영이 학생의 흥미와 관심에 부합할 뿐 아니라 지적인 능력의 개발에도 관심이 있다는 것을 말한다.

둘째, 일관성의 원칙이란 교과통합의 단원에 포함되는 내용과 활동들이 목표 달성을 위하여 고안된 수업 전략과 부합해야 한다는 것이다. 이러한 원칙은 교과의 통합 운영은 통합단원의 얼개를 작성하는 것으로 끝나는 것이 아니라, 효과적인 수업계획을 함께 마련해야 한다는 의미다.

셋째, 적합성의 원칙이란 교과통합의 단원이 학습자의 개성과 수준에 맞으며, 학습자의 전인격적인 성장을 목표로 하고 있는가 하는 점을 가리킨다. 적합성의 원칙은 교과내용들의 관련성도 중요하지만, 이들 관련성이 궁극적으로 학습자의 과거 · 현재 · 미래의 삶과 연결되어야 한다는 것이다.

다음으로, 교과의 통합이 성공적으로 운영되려면 여건이 마련되어야 한다. 교과의 통합 운영이 많은 교육자의 주장처럼, 교육적 가치가 크다고 하더라도, 이러한 작업을 수행하고 작업의 결과를 실행에 옮길 학교의 여건에 따라 결과는 달라지기 때문이다. 나는 1996년에 행한 연구 결과와 그 이후에 발표된 외국의 관련 문헌을 분석하여 다음 [그림 9-1]과 같이 제안해 보았다.

[그림 9-1]에서 보는 것처럼, 교과의 통합적 운영을 위해서는 크게 교사의 관심과 경험과 능력, 학교 행정가 · 학습자 · 학부모의 지지와 지원, 행정과 재정적

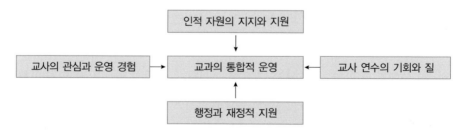

[그림 9-1]   교과의 통합적 운영과 관련된 주요 요인

지원이 마련되어야 한다. 여기서 교사와 관련된 요인을 교사의 관심 및 운영 경험과 교사 연수의 기회와 질로 나눈 것은, 교과의 통합 운영에서 교사가 차지하는 비중이 그만큼 높다는 것을 의미한다. 다음 〈표 9-1〉은 상기한 요인들을 보다 구체화하여 정리한 것이다.

〈표 9-1〉 교과의 통합적 운영에 영향을 미치는 주요 요인과 변인들

요인	변인들
교사의 관심과 운영	개발에 대한 관심, 참여 경험, 어려움 논의 상대, 관련된 정보 수집 자원, 정보 수집의 용이성, 교사의 개발 권한, 교사의 개발 경력, 통합교육과정 개발의 출발점에서 우선적으로 고려해야 할 요인, 개발의 주체, 통합교육과정 논의 기회
교사 연수의 기회와 질	연수 경험, 현행 연수 형태, 연수 기간, 필요한 연수 형태, 적절한 연수 시기, 연수 대상자, 전문가 초빙의 필요성, 전문가 초빙에 대한 교장의 지원, 대학, 교육청, 타학교 방문 연수의 필요성
인적 자원의 지지와 지원	통합 형태에 따른 동료 교사들의 지지, 교장의 지지, 학습자의 수용 태세, 학습자의 개발 참여, 학부모의 수용 태도, 학부모와 지역사회의 의사 수용 정도, 학부모 및 지역사회의 역할,
행정과 재정적 지원	개발 시간 확보 방법, 통합교육과정의 시간 운영(융통성 있는 시간표 구성), 교사의 동기 유발 방법, 시간 외 업무 수당 지급, 운영 자료 구비 정도, 도서관의 운영 자료 구비 정도, 기타 운영 공간과 시설, 자원의 구비, 개방성, 활용률

〈표 9-1〉은 교과의 통합적 운영에 관련된 대부분의 문헌 속에 제시된 주요 요인과 변인들을 망라하고 있다고 볼 수 있다(김대현, 1996; 김대현, 이영만, 1995; Castanos, 1997; Drake, 1993; Jacobs, 1989; Mason, 1996; Panaritis, 1995; Seely, 1995).

2) 교과통합의 유형

교과통합의 이론이나 운영의 실제에 종사해 온 많은 학자는 교과통합의 유형을 매우 다양한 관점에서 여러 가지 방식으로 분류해 왔다. 국내에는 Ingram (1979), Jacobs(1989), Fogarty(1991), Drake(1993) 등이 행한 교과통합의 유형 구분이 알려져 있다. 그들 중에서 Drake(1993)의 교과통합 접근의 분류 방식은 다음 〈표 9-2〉와 같이 통합 유형들 간의 차이를 선명하게 보여 주는 장점이 있다.

〈표 9-2〉 Drake의 세 가지 통합교육과정 모형

	다교과통합	교과 간 통합	탈교과통합
접근 방식	역사, 음악, 문학, 설계공학, 가족연구, 주제, 과학, 수학, 연극, 경영, 예술, 지리	문학, 역사 → 읽기 · 협동학습 · 이야기하기 · 사고 기술 · 셈하기 · 연구 기술 ← 과학, 지리	공통 주제, 전략 및 기술들
개념적 구조틀의 도식	가족, 운동, 오존감소, 설계, 연료, 이산화탄소, 자동차, 자원고갈, 연소, 열대우림, 오염, 오존층	체육, 문학, 수학, 역사, 건강, 초점, 지리, 가정경제, 음악, 과학, 공학·설계, 예술	정치, 법률, 매체, 경영, 환경, 경제력, 초점, 공학, 사회 문제, 시간, 세계관
개념적 구조틀	• 브레인스토밍으로 의미망 구축하기 • 아이디어들을 유사한 것끼리 결합하기	• 교육과정 수레바퀴	• 탈교과적 망: 실제세계에 관계된 주제, 교과 간 경계가 완전히 허물어짐 • 실생활에서 추출한 주제
인식론적 가치	교과의 절차적 지식을 다른 교과와 관련지어 제시	일반적 기술(예: 비판적 사고, 대인관계 기술)을 학습	미래의 생산적 시민을 위한 기술들
연계 방식	각 교과를 통해서 본 명확한 연계성	탐색적 렌즈를 통한 학문들 간의 연계성	실제 생활 속에서 추출되는 연계성

학습결과	교과 중심 ──────▶ 교과 간 ──────▶ 탈교과
	인지적 · 기능적 · 정서적 혼합 진술(인지적 · 기능적 · 정의적 차원) 본질적 학습
평가	교과 절차의 습득 ──▶ 일반적 기술 습득 ──▶ 실생활에서의 기술 획득
	(구체적인 내용에 한정) (산물보다 과정 중시) (질적 · 일화적 기록 이용)

출처: Drake(1993).

이와 같은 Drake의 유형 구분은 Jacobs(1989)와 Fogarty(1991)의 유형 구분을 개괄적으로 포용하면서, 교과의 통합을 내용의 통합, 기술의 통합, 학생의 삶과 학교 교육과정의 통합으로 나눈 Martin-Kniep, Feige, Soodak(1995) 등의 견해와 상통하는 점이 많다.

그러나 교과통합의 이론 개발과 실천에 종사해 온 국내외의 여러 교육자와 학자의 견해를 충족하기에는 포괄성이 부족하다. 따라서 나는 교과통합의 요소, 교과통합의 방식, 교과통합의 중심을 세 축으로 하는 다음 [그림 9-2]와 같은 모형을 상정해 보았다.

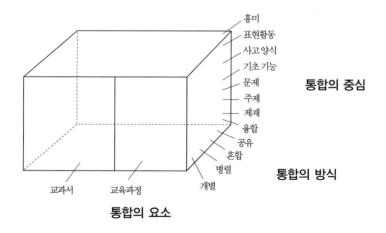

[그림 9-2]   통합의 모형

앞의 [그림 9-2]에서 보는 바와 같이, 통합의 요소는 크게 교과내용과 탈교과내용으로 구분할 수 있으며, 교과내용은 다시 교과서의 내용과 (국가 수준) 교육과정의 내용으로 나뉜다. 통합의 중심은 제재, 주제, 문제, 기초 기능, 사고 기능 등으로 구분이 가능하며, 통합의 방식으로는 개별, 병렬, 혼합(사용), 공유, 융합 등을 들 수 있다.

이러한 모형은 그동안 여러 학자가 제시한 다양한 교과통합의 유형을 포괄하면서, 교과통합의 유형들 간의 특성을 파악하는 데도 도움을 줄 수 있다. 예를 들어, Drake(1993)가 제시한 다교과통합은 교과의 내용을 통합 요소로 하고, 제재나 주제를 통합의 중심으로 하며, 혼합을 통합의 방식으로 한다고 볼 수 있고, 교과간 통합은 교과의 내용을 통합 요소로 하여, 통합의 중심을 기초 기능이나 사고 기능으로 하고, 공유를 통합의 방식으로 채택한 것이라 볼 수 있다. 이와 달리 Jacobs(1989)가 제시한 교과 간 통합은 교과의 내용을 통합 요소로 하고, 주제를 통합의 중심으로 하며, 융합을 통합의 방식으로 채택한 것이다.

물론, 여러 학자가 제시한 다양한 교과통합의 유형이 앞의 모형에 맞아 떨어지지 않는 경우도 있으며, 많은 연구자가 언급한 바와 같이 혼합과 융합의 방식을 엄격하게 구분하기 어려울 때도 있다. 그럼에도 불구하고 [그림 9-2]의 통합 모형은 지금까지 각기 다른 차원에서 제시된 복잡다양한 교과통합의 제 유형들을 상호 비교하고 그 특성을 체계적으로 파악하는 데 도움을 준다.

3) 교과통합의 절차

교과통합의 절차는 교과통합의 유형에 따라 차이가 있게 마련이다. 예를 들어, Drake(1993)의 교과통합 유형 구분에 따르더라도 교과 간 통합과 탈교과통합이 동일한 절차에 의하여 개발되지는 않는다. 또한 같은 유형의 교과통합이라 하더라도 통합의 절차가 달라질 수 있는데, 예컨대 학생 관심 중심의 탈교과통합과 사회 문제 중심의 탈교과통합의 개발 과정에 차이가 있을 수 있다.

　물론, 이 말은 교과통합의 일반적 절차가 없다는 것은 아니다. 이는 교과통합의 절차가 개발자들이 따라야 할 기계적인 순서라기보다는 개발자들의 예지를 필요로 하는 '예술적인 활동'에 가깝다는 것을 의미한다.

　일반적으로 국내에는 주제 중심의 교과통합 절차와 프로젝트나 문제 중심의 탈교과통합 절차가 많이 소개되어 있다. 주제 중심의 교과통합 절차는 대개 주제(조직 중심)의 선정, 주제의 확장(주제와 관련된 아이디어들의 제시와 결합), 통합 단원의 범위와 계열성을 결정하기 위한 주요 질문의 확정, 자원과 자료의 수집, 학습 활동의 설계와 실행 등으로 이루어진다(김대현, 1995; 1996; 조연순, 김경자, 1996; Jacobs, 1989; Drake, 1993; Krogh, 1990; McNeil, 1995; Palmer, 1995; Seely, 1995; Wolfinger & Stockard, 1997). 프로젝트나 문제 중심의 탈교과통합의 경우, 주제 중심의 교과통합 절차와 유사하나 주제 선정에서 학습자의 관심이나 사회적 쟁점이 되는 문제가 선정되며, 학습자의 참여도가 높아 계획과 실행의 과정에 유연성이 더 있으며, 마지막 단계에서 수행이나 전시 등의 극적 활동이 강조된다는 데 차이가 있다(김대현, 1996; 1997a; 지옥정, 1995; Drake, 1993; Hartman & Eckerty, 1995; McNeil, 1995; Radnor, 1994; Wolfinger & Stockard, 1997).

　이와 같은 주제 중심의 교과통합 절차와 프로젝트 중심의 탈교과통합 절차는 교과통합에 관심이 있고 이를 현장에서 실행하고자 하는 교사들에게 도움을 주지만, 국내와 같이 국가 수준의 교육과정이 상세화되어 있고, 교과서 중심의 수업 관행이 강하게 뿌리내린 상황에서는 적용에 한계가 많다.

　따라서 교과통합의 절차는 유형별로 규명되기도 해야 하지만, 우리 교육의 현실에 비추어 적용 가능한 영역별로 구체화하는 것도 필요하다. 이런 점에서 교과통합의 영역을 교과서, 교육과정(국가 수준), 학교 재량 시간으로 나누어 제시해 볼 수 있다. 즉, 교과서에 근거한 통합, 국가 수준의 교과별 교육과정에 근거한 통합, 교과에서 비교적 자유롭게 수업 시간을 사용할 수 있는 학교 재량 시간을 위한 통합으로 구분하고, 이들 각각의 영역 속에서 활용 가능한 교과통합의 유형과 개발 절차들을 제시하는 것이다.

교과통합의 유형에 따라 차이는 있겠지만, 교과통합이 이루어지는 영역별 통합의 중요성과 일반적인 절차는 다음과 같다(김대현, 1997a).

첫째, 교과서 차원의 교과통합적 수업은 대단히 중요한 의미를 지니는데, 교과서는 교육과정을 구현하는 가장 영향력이 있는 교수 · 학습 자료로서, 현재 많은 수업이 교과서를 중심으로 이루어지고, 학생과 학부모는 교과서의 모든 내용이 수업 시간에 다루어지기를 기대한다. 따라서 학교에서 교과통합적 운영의 출발점은 교과서를 통합적으로 재구성해 보는 것이 된다. 교과서 통합의 절차는 다음과 같은 순서를 따를 것이다.

〈예비 단계〉 팀 구성 및 교과별 지도계획표 작성

교과서의 내용을 통합하여 재구성할 때는 가급적이면 동 학년 교사들로 팀을 구성하는 것이 좋다. 팀이 구성되고 나면 교사용 지도서와 학교교육계획서를 참고하여 통합단원을 구성하고자 하는 학년의 교과별 연간 지도 계획표를 작성한다. 이것은 교과서에 제시된 내용을 빠뜨리지 않고 다루도록 하며, 교과수업과 교과통합적 수업 간에 적정한 균형을 유지해 준다.

〈1단계〉 통합단원의 학습내용 결정

통합단원의 중심 내용을 선정한다. 중심 내용은 여러 교과의 내용을 관련지을 수 있는 것이 적당하다. 그리고 여러 교과의 지도 계획을 살펴서 중심 단원과 관련된 내용을 찾으면, 통합단원의 스코프의 윤곽이 어느 정도 드러난다.

〈2단계〉 통합단원의 단원 계획

통합단원의 주제를 중심으로 단원명을 결정하고, 설정 근거와 이점 등을 담고 있는 단원의 개관을 기술한다. 다음으로 단원의 목표를 확정하고, 다루게 될 소단원과 학습내용들의 순서들이 제시된 단원 전개도를 작성하고, 수업 계획서를 첨부한다.

〈3단계〉학교 교육과정 조정

통합단원이 만들어지면 이에 따른 수업 시간표를 조정할 필요가 있다. 통합단원의 운영 시수와 시기를 결정하고, 통합의 대상이 된 교과별 단원에 원래 배당된 시간과 시기를 이에 맞추어 조정한다.

둘째, 교육과정 차원의 교과통합적 수업은 교육내용을 통합하는 과정에서 교과서 내용에 얽매일 필요가 없다는 이점이 있다. 여기서는 국가 수준 교육과정의 교과별 내용을 분석하여, 관련 있는 내용을 찾아 통합하고, 그에 따라 교수·학습 자료를 새롭게 만드는 활동이 일어난다. 교육과정통합의 절차는 다음의 4단계로 이루어진다.

〈예비 단계〉팀 구성 및 국가교육과정 문서 분석

팀 구성은 교육과정통합단원을 만들고자 하는 사람들로 이루어진다. 따라서 통합단원을 학습하게 되는 특정 학년의 담당 교사들이 중심이 되어야 하며, 교육과정 전문가, 행정 담당 등의 인력도 팀의 구성원이 될 수 있다. 한편, 분석 대상이 되는 국가교육과정 문서는 교육부 고시에 의한 '초등학교/중학교/고등학교 교육과정'을 말하는데, 특히 각 교과별 내용, 즉 국가교육과정의 각론 부분이 주된 분석 대상이 된다. 다시 말해서 국가교육과정에 나와 있는 교과의 종류와 교과별 내용에는 어떠한 것이 있는가를 알아보는 것이다.

〈1단계〉통합단원의 학습내용 결정

교육과정통합의 결과로 우리는 통합단원을 만들 수도 있고, 독립된 코스를 만들 수도 있다. 여기에서는 통합단원을 만드는 것으로 한정하면, 하나의 통합단원에서 다루게 될 학습내용을 국가교육과정 교과별 내용을 토대로 하여 결정한다. 재구성 단원에서는 무엇을 단원의 중심 내용으로 삼을 것인가에 따라 학습내용에 많은 차이가 있으며 단원의 중심 내용은 그 성격에 따라 여러 가지로 나눌 수 있다.

〈2단계〉 통합단원의 단원 계획

통합단원에서 다루어야 하는 학습내용(1단계에서 결정)을 토대로 하여, 단원 계획을 세운다. 단원 계획에는 단원의 이름, 단원의 개관, 단원의 목표, 단원의 전개도 등이 포함된다. 또한, 교육과정통합단원의 시간을 어디서 확보할 것인가를 결정해 둔다.

〈3단계〉 학교 교육과정 연간 계획

하나 이상의 통합단원이 만들어지면, 이를 위해 시간표를 조정할 필요가 있다. 왜냐하면, 새로 만들어진 통합단원에서는, 여러 교과의 내용을 다룸과 동시에, 단원의 학습내용들이 교과 간의 구분이 없이 전개되고 있기 때문이다. 이것은 통합단원을 만드는 데 관련된 교과의 시간 배당에서, 통합단원을 운영하는 데 필요한 시간을 가져올 때, 연간 진도표를 참고해야 한다는 것을 의미한다.

셋째, 학교 재량 시간은 교과나 특별 활동의 보충·심화학습이나 학교 자체가 마련한 교육활동을 운영하기 위하여 사용할 수 있다. 학교 재량 시간의 운영은 교과별 교육과정에 구속될 필요가 없다는 점과, 학생의 관심이나 사회의 문제를 반영하는 교육과정이 현저히 부족하다는 점에서 탈교과적 통합 운영이 더욱 유용하다고 볼 수 있다. 학교 재량 시간의 문제 중심 탈교과통합의 절차는 다음과 같다(Radnor, 1994).

〈1단계〉 문제/질문의 제기

교사나 학생이 수업에서 다루어야 할 질문이나 문제를 제기한다.

〈2단계〉 상호작용적 의사소통

교사와 아동은 서로 질문과 대답을 계속하여 교사와 학생들 간에 목적 있는 상호작용이 이루어진다. 이러한 과정을 통하여 문제 해결에 관한 아이디어들이 도출되고 정리된다.

〈3단계〉 실행

학생은 상호작용적 의사소통을 통해 도출된 아이디어들에 관련된 활동들을 한다. 이

때, 학생의 사전 지식과 실제적 경험이 결합된다.

〈4단계〉 의미 있는 사건의 계획과 추진

활동의 마지막 단계로서 주제와 관련하여 수행한 모든 활동을 종합하는 극적인 사건 (연극 공연, 작품 전시 등)을 마련한다. 이때, 자신이 한 활동에 대한 반성의 기회도 동시에 제공한다.

이와 같은 영역별 교과통합의 절차는 다시 영역 내에서 교과통합의 유형에 따라 통합의 과정이 달라지게 된다. 다시 말하여, 교과서, 교육과정, 학교 재량 시간이라는 각각의 영역에 따라 통합의 일반적 절차가 다르며, 각 영역 내에서는 교과통합의 유형에 따라 통합의 절차가 다시 구분될 수 있다.

4. 교과통합적 운영의 과제

국내에서의 교과통합 운영은 제6차 국가 수준 교육과정의 지방분권화 선언과 때마침 불어닥친 열린교육운동의 열기에 힘입어 시행하는 학교가 늘어나고, 관련 연구도 증가하고 있다. 하지만 교과통합의 이론 연구와 실천 활동이 연결되지 않는 경우가 적지 않고, 중등학교의 경우에는 아직 관심 밖에 놓여 있다.

교육적 가치를 생각하면 조속한 시간에 많은 학교가 교과의 통합 운영에 동참하기를 바라지만, 조급한 시행이 오히려 교육적 효과를 떨어뜨릴 가능성이 있으므로, 성공적인 실행을 위하여 우선적으로 해결되어야 할 과제를 탐색하는 것은 의미 있는 일로 생각된다.

이를 위해서는 현재 국내에서 이루어지고 있는 교과통합 운영의 현실에 대한 면밀한 분석과 검증 작업이 뒤따라야 하지만, 여기서는 국내외의 선행 연구 분석과 학교 현장 방문 그리고 교사들과의 면담을 통하여 얻은 지식을 토대로, 다음과 같은 몇 가지 과제를 잠정적인 수준에서 제안하고자 한다.

첫째, 교과통합 운영의 목적에 관한 문제이다. 교과를 통합적으로 운영하고자 하는 근본적인 이유는 교육의 목적을 효과적으로 달성하는 데 있다. Hopkins(1937)는 "통합은 기계적 과정이라기보다는 유기적 과정이다. 비록 유기적 목적을 달성하기 위하여 주제 중심의 수업이나 교과 병렬과 같은 기계적 수단을 사용한다 하더라도, 이러한 기계적 수단의 사용은 유기적 목적, 즉 진리, 의미, 목적, 가치와 같은 인간 존재의 질적 차원에 도움을 줄 때만 효과적이다." 라고 말한 바 있다. 이와 같이 교과의 통합적 운영은 교과서나 교육과정 내용의 통합에 머물러서는 안 되며, 교육내용과 수업 방법이 궁극적으로는 학생 개인의 인간적 삶과 사회의 유지와 변혁에 연결되는 방식으로 전개되어야 한다.

그러나 그동안 우리나라의 교육과정이 중앙집권적인 방식으로 운영되어서 교사들이 무엇을(교육내용) 왜(교육목적) 가르쳐야 하는가는 이미 결정되어 있다고 믿어 왔던 것처럼, 교과의 통합 운영도 상부 기관이나 학교 행정가의 요청으로 교과서 내용이나 교육과정의 내용을 연관짓는 기능적인 일로 생각한다면, 학교와 사회의 통합이나 교과와 삶의 통합과 같은 교과통합의 궁극적인 목적이 간과될 수 있다. 특히 교과의 통합 운영이 열린교육의 평가 항목의 하나로 생각되어 조급하게 실시된다면, 교과의 통합에 대한 근본적인 관심은 제쳐 둔 채 교과통합에 대한 각종 처방전(recipes)을 믿고 따르는 기능적 방식의 교과통합 운영이 유행할 가능성이 크다. 이와 같은 교과통합 운영의 기술적이고 도구적인 관점에서 벗어나기 위해서는 교사들에게 스스로 교육의 문제점을 찾고 해결하도록 교육과정에 관한 의사결정권을 부여하는 것이 도움이 될 것이다(Kain, 1996).

둘째, 교과의 통합 운영은 체계적으로 계획되어야 한다. 아직까지 많은 학교가 교과의 통합 운영에 익숙하지 않으므로 간단한 차시별 통합이나 단기간 운영되는 통합단원의 개발에 머무르는 경우가 많다. 교육과정에서 포괄성과 균형성을 확보하는 가장 좋은 방법이 장기, 중기, 단기의 계획을 구체적으로 세우는 것이라는 주장(Hughes, Wade, & Wilson, 1993)과 같이, 교과통합 운영의 경우에도 장기, 중기, 단기 계획이 마련되어야 한다. 장기 계획과 중기 계획의 수립은 교과 학습과 교과통합 학습 그리고 교과통합 학습들 간의 스코프와 시퀀스를 결정해 주며, 부족한 교수·학습 자료, 장비, 학습장을 효율적으로 사용하는 데 도움을 준다(김대현, 1997b).

또한 교과통합 운영은 단순히 교과내용들을 통합하는 데 한정되어서는 안 되며, 학습 집단의 조직, 학습 활동의 구안, 교수·학습 자료의 구비와 활용, 학습 평가의 방법 등과 연계되어야 한다. 즉, 교과통합 운영의 교육적 효과를 기대하려면 교과통합 운영의 계획에서 교과내용의 조직 방식-학습 집단의 조직 방식-학습 활동의 선택과 조직 방식-학습 자료의 구비와 활용 방식-학습 평가의 방식 등의 유기적인 조직 방안이 체계적으로 마련되어야 한다.

셋째, 교과의 통합 운영이 제대로 이루어지기 위해서는 이를 위한 여건이 조성되어야 한다. 김대현(1996)은 문헌 연구, 설문 조사, 학교 교육계획서를 분석하여 다음과 같은 결과를 제시한 바 있다. "교과통합수업에 관한 교사들의 관심은 높으나 이를 수행하는 데 필요한 지식, 기능, 가치를 제공하는 연수기회가 부족하고 연수 방식이 적절하지 않은 것으로 나타났다. 행정 업무의 폭주와 교수·학습자료, 기구, 시설물의 부족이 교과통합수업의 계획과 실행을 가로막고 있고, 교과통합수업을 계획하고 운영하는 데 주도적인 역할을 담당하는 부서나 요원이 부족하며, 학내 연수도 이와 관련된 내용이 별로 없다는 것이다." 이러한 실태 분석과 최근의 문헌을 검토할 때 다음과 같은 여건이 마련되었으면 한다.

우선, 교사들이 교과통합수업을 계획하고 운영하는 데 필요한 전문적 자질을 갖추도록 양성과정과 현직연수를 강화해야 한다. 교과통합수업에는 아무리 익숙한 교육내용이라 하더라도 이들을 통합의 관점에서 새롭게 조명하고 관련짓기 위한 계획, 운영, 평가를 위한 시간이 필요하다. 그리고 강도 높은 교과통합수업을 계획하고 운영하기 위해서는 교사들이 팀을 만들어 작업하고 필요한 자료를 구입해야 하며 작업에 필요한 적합한 환경도 마련되어야 하므로 예산이 뒷

반침되어야 한다.

또한 교과의 통합 운영은 교과별 학습에 비하여 학습자에게 학습에 대한 자발성과 주체성을 많이 요구하므로, 이와 관련된 학습 태도를 훈련할 기회를 제공해야 한다. 학부모들은 교과통합수업을 받은 경험이 없기 때문에 그 가치와 효과에 의구심을 갖고 교과의 통합수업을 백안시할 수 있다. 학교는 이에 대비하여 학부모를 위한 홍보 계획을 마련할 필요가 있다.

그리고 교장이나 교감과 같은 학교 관리자는 교과통합 운영의 가치를 인식하고 교사들이 이를 계획하고 운영하도록 유인체제를 구축하며, 필요한 시간, 자료, 비용 등을 마련하여 제공하여야 한다. 교육청에서는 현재 공급된 대부분의 교수 · 학습 자료가 교과별로 개발되어 있으므로, 교과의 통합 운영을 위하여 필요한 교수 · 학습 자료를 대규모로 개발하여 보급할 필요가 있다. 이와 같이 교과통합 운영이 학교에서 성공적으로 추진되기 위해서는 Goodlad(1975)가 말한 바와 같이 교육에 대한 생태학적인 사고가 학교관계자 모두에게 필요한 것이다.

넷째, 교과통합 운영의 평가에 관한 문제이다. 교과통합 운영의 결과를 사정하기 위해서는 종전과는 다른 평가 방식이 요구된다. 학습자 평가는 수업의 다양한 장면에서 학생들이 실제로 수행하는 일에 평가의 초점을 둔다. 이런 점에서 포트폴리오식 평가는 교과를 통합적으로 운영하는 학급에 적합한 평가 방법이다(Seely, 1995; Wolfinger & Stockard, 1997). 왜냐하면 포트폴리오는 학습자 개인의 성장과 발달에 관한 기록이기 때문이다. 포트폴리오식 평가와 함께 자기성찰의 방법도 중요시된다. 자기성찰은 교과의 통합 운영을 통하여 무엇을 배웠나, 무엇을 배우지 못했는가, 어떤 것들을 서로 연결지었나, 배운 내용과 자신의 삶의 관련성 등을 멈춰서서 되돌아보는 것을 말한다(Seely, 1995). 이와 같이 교과의 통합 운영에서 학습자 평가는 포트폴리오식 방식과 자기성찰 등이 이용될 수 있다.

다음으로, 교과통합의 개발, 운영, 결과에 대한 체계적인 평가도 요구된다. 실지로 교과의 통합 운영에 대한 다양한 처방이 검증을 거치지 않고 제시되고 있다. 의사가 진단없이 처방전을 쓸 수 없는 것처럼, 교과의 통합 운영에 대한 다양한 처방들도 그 효과성에 대한 검증 과정을 거치지 않는다면, 학교 수업의 개선에 도움을 주기보다 해악을 끼칠 수도 있다. 즉, 교과통합 운영의 개발, 설계, 운영, 효과와 영향 등에 관한 과학적이고도 객관적인 평가 작업이 수반되어야 한다. 그러나 교과통합 운영이 계획과 실험을 거쳐 현장의 정착에 이르는 데에는 적어도 수 년의 기간이 필요하다는 점에서, 몇몇의 양적인 지표만을 보고 섣불리 교과통합의 성과를 재단하려고 해서는 안 되며, 연구학교와 시범학교의 운영도 단기 운영을 통한 결과 보고에 매달리지 말아야 한다.

5. 결론

열린교육의 확산과 제6차 교육과정의 분권화 작업은 학교 현장에서 교과의 통합 운영에 관한 관심을 드높이는 계기가 되었다. 이 논문은 이러한 상황의 요구에 부응하여 교과의 통합 운영이 학교에 제대로 정착될 수 있도록 하기 위한 기초 작업의 하나로, 교과통합 운영의 의미와 가치, 교과통합 운영의 전개 방안, 교과통합 운영의 과제 등의 주제를 다루었으며, 다음과 같은 결과를 얻었다.

첫째, 교과의 통합 운영은 국가 수준에서 구분된 교과들을 교실 수준에서 상호 관련지어 가르치기 위하여 계획하고 실행하고 평가하는 활동을 말한다. 교과를 통합적으로 운영하게 되면 교과 간에 중복되는 내용을 줄이며, 교과와 교과 그리고 교과와 생활을 관련지어 이해하게 되고, 정보를 유형화하여 저장하는 두뇌의 기능과 일치하므로 학습이 효과적으로 이루어지며, 학습자에게 학습내용과 방법의 선택권을 부여함으로써 학습 동기의 유발 및 자기주도적인 학습 능력을 신장하는 등 다양한 교육 성과를 거둘 수 있다.

둘째, 교과를 통합적으로 편성하고자 할 때는 중요성, 일관성, 적합성의 원칙을 지키는 것이 좋으며, 교사의 관심과 경험, 교사의 연수 기회와 질, 학교 행정가의 지지와 지원, 행정적 재정적 지지와 지원 등에 관한 여건이 종합적으로 마련되어야 한다. 또한 학교 현장의 실천가와 연구자들이 제시한 복잡다기한 교과통합의 제 유형들을 포괄하면서 유형별 특성을 분명히 나타내기 위하여 통합의 요소, 통합의 중심, 통합의 방식을 세 축으로 하는 삼차원의 교과통합 모형을 제시하였다. 그리고 국내의 현실을 감안하여 교과통합의 유형을 교과서 내용을 기반으로 하는 통합, 교육과정 내용을 기반으로 하는 통합, 학교 재량 시간 기반으로 하는 통합으로 구분하여, 각 영역별 교과통합의 일반적인 절차를 대략적으로 제시하였다.

셋째, 교과통합 운영의 과제와 관련하여 교과통합이 단지 교육내용을 관련지우는 기능적인 절차가 아니라 교육목적의 달성이라는 본질적인 목적을 지향해야 한다는 점을 강조하고, 중ㆍ장기 계획의 작성과 교육내용-학습 집단-학습 활동-학습 자료-학습 평가 등을 유기적으로 조직하는 등의 체계적인 계획이 필요하다. 또한 교과의 통합적 운영이 제대로 일어날 수 있도록 교사, 학생, 학교 행정가, 학부모, 교육청의 역할과 기능이 중요하다는 점을 밝히고, 포트폴리오식의 평가와 자기성찰을 포함하는 학습자 평가관과 교과통합 운영 자체의 계획, 실행, 결과에 대한 체계적이고 과학적인 평가가 주기적으로 실시되어야 함을 역설하였다.

이와 같은 교과통합 운영의 방안을 참고로 하고, 제시된 과제들의 해결을 위하여 노력한다면 학교마다 교과통합 운영의 성과가 증대될 것이다. 그러나 우리의 교육 현실에 비추어 다음 두 가지를 마지막으로 덧붙이고 싶다.

먼저, 중등학교에서도 교과통합 운영에 관심을 가지고 실행을 위한 노력이 필요하다. Glasgow(1997)는 "중등학교에서 학급을 연결짓는 것은 복도뿐이다."라고 말한 바 있다. 오늘날 중등학교는 수업은 과목별로 하지만 각 과목에서 배운 내용을 학생들 스스로 종합할 것이라고 생각하는 것 같다. 하지만 매우 뛰어난

학업 능력을 가진 학생들이 아니고서는 이들을 종합할 수 있는 안목을 갖기 힘들며, 하물며 개별 과목에 포함된 내용의 수준이 높고 양이 많은 현실에서는 더더욱 이러한 결과를 기대하기 어렵다. 교육의 핵심적인 목적 중의 하나가 학생이 자신과 자신을 둘러싸고 있는 세계를 이해하고, 이를 기초로 하여 자신과 세계를 변화시키는 능력을 갖도록 하는 데 있다면, 중등학교에서 교과의 통합 운영이 활성화되어야 한다.

다음으로, 시류에 편승하여 교육기관들이 교과통합 운영의 흉내를 내는 것은 지양되어야 한다. 열린교육에 대한 교육부의 시·도 교육청 평가가 단위 학교의 교육과정 운영에도 큰 영향을 미쳐서, 교과통합이 졸속적으로 시행되는 경우가 없지 않다. 이런 경우 교과의 통합 운영이 체계적으로 추진되기 어려울 뿐만 아니라 그 성과도 기대할 수 없다. Kain(1996)은 "교과의 통합 운영을 강요하지 말라. 강요된 교과의 통합적 운영은 오히려 교과의 통합 운영에 대한 부정적인 경험을 낳는다. 시간과 인력의 지원이 교과의 통합 운영을 가능하게 한다."고 말했다. 교과의 통합 운영은 지속적이고 점진적으로 진행되어야 할 과업이다.

제10장 **교육과정통합 유형으로서의 프로젝트 학습**[1]

1. 프로젝트 학습의 역사

프로젝트 학습이란 프로젝트에 의한 또는 프로젝트를 통한 학습을 의미한다. 교육의 역사를 통해서 볼 때, 프로젝트 학습은 전혀 새로운 것이 아니며, Knoll(1997)은 프로젝트 학습의 기원을 16세기 유럽의 건축학교에서 행한 프로젝트 작업으로 소급하고 있다. 그러나 현대적 의미의 프로젝트 학습의 기원은 Dewey의 실험학교와 Stimson의 홈 프로젝트(home project)에서 비롯되었다고 보는 것이 정설이다.

Dewey는 시카고대학교 내에 자신이 세운 실험학교에서 교육과정을 전통적인 교과목이 아니라 프로젝트 형식으로 구성한 바 있다. 그는 아동들이 (진정으로 흥미로운) 문제를 스스로 탐구하는 과정, 즉 프로젝트를 수행하는 과정에서 사고하는 방법(문제 해결 방법)을 배울 수 있다고 믿었다. 또한 Stimson은 고등학교 농업 과목의 수업을 학생들이 이론적 지식을 배운 다음 가정에 딸린 농장으로 돌아가 농업기술을 실험 실습하도록 하는 홈 프로젝트를 실시하였다. 홈 프로젝트는 학생들에게 농업 기술을 개선해 삶의 질을 고양하고 변화에 대하여 개방적인 자세를 개발시킬 목적으로 시행되었다.

---

1) 이 장은 김대현 외(1999). 프로젝트 학습의 기초. 프로젝트 학습의 운영을 옮긴 것이다.

1928년 가을에는 Kilpatric이 『Teachers College Record』라는 학술지에 '프로 젝트 방법(project method)'이라는 논문을 발표하였는데, 25년 동안 약 6만 부 이상의 복사본을 교육 현장에 배부할 만큼 폭발적인 인기를 끌었으며, 학교 교육에 미친 영향력도 대단히 컸었다. Kilpatrick은 프로젝트를 "사회적 장면에서 온 힘을 쏟을 만한 목적을 가지고 있는 일련의 활동들"로 규정하고, Thorndike의 연합주의 심리학과 Dewey의 교육철학에 근거하여 프로젝트 학습의 과정을 목적 설정, 계획, 실행, 판단하기의 네 단계로 나누었다. 그의 프로젝트 방법은 교수 방법인 동시에 교육과정 개발 이론으로 간주되었다.

당시 프로젝트 방법은 거의 모든 초등학교에서 작용되었으며, 문제 중심 수업에 대한 당대의 관심으로 인하여 중등학교의 사회과 교육과정에도 활용되었다. 그러나 일시적인 유행처럼, 프로젝트 방법은 1980년에 이르기까지 아주 오랫동안, 일부 교과에서 수업 방법의 하나로 사용되는 경우를 제외하면 미국의 교육 문헌에서 자취를 감추었다(Tanner & Tanner, 1980).

그것은 프로젝트 방법이 교과의 가치를 등한시하고, 사회에 대한 교육의 책임도 경시하는, 아동 중심 교육이론으로 흘렀기 때문이다. 비록 Kilpatrick이 프로젝트 방법을 "교사의 현명한 지도를 받아 가며 목적을 가지고 하는 활동들"이라고 주장했지만, 아동 중심적인 이미지가 이미 널리 유포되어, 1940년대 아동 중심 이데올로기를 바탕으로 하는 진보주의 교육 시대가 끝나면서 프로젝트 방법도 한동안 교육계에서 자취를 감추게 된 것이다.

그러나 영국과 독일을 비롯한 유럽의 여러 나라에서 Dewey의 교육 이념에 바탕을 둔 진보주의 운동이 도입되면서 프로젝트 학습이 운영되었다. 특히, 영국에서는 1960년대 아동 중심적인 교육 운동의 활성화로 유아교육과 초등학교에서 프로젝트 학습(topic work)이 활발하게 운영되었고, 비록 1988년 국가교육과정의 공표와 질 관리 지침에 따라 교과별 수업의 비율이 늘어났지만, 프로젝트 학습의 중요성은 여전히 강조되고 있다. 독일에서도 1960년 학생 운동의 여파로 교육과정의 인간적 · 사회적 적합성에 대한 관심이 고조되어, 아동과 사회 중심적인 프로젝트 학습이 주목을 받게 되었으며, 제한적인 형태의 프로젝트 지향적 수업과 이상적 형태의 프로젝트 수업이 실시된 바 있다(한국열린교육협의회 편, 1997).

한편, 미국과 캐나다에서는 1980년대 후반 Katz와 Chard가 프로젝트 접근법(project approach)을 제창하고 이를 유아교육과 초등학교에 보급하고자 노력하였다. 그들은 방법(project method)이라는 말이 제한적이고 획일적인 행동 지침을 가리킨다는 점에서, 교사와 아동들이 협조하여 수업을 진행할 수 있는 다양한 방법을 포괄하여 '프로젝트 접근법(project approaches)'이라고 이름 지었다. 다시 말하면, 프로젝트 접근법은 프로젝트에 의한 수업을 진행하되, 그 방법이 다양할 뿐만 아니라, 상황에 따라 방법을 달리한다는 점을 강조한 것이다.

그들이 제안한 프로젝트 접근법의 특성은 네 가지 단계와 다섯 가지 주요 활동으로 구성된다. 예비적인 계획, 시작, 전개, 마무리의 4단계와 집단 토의, 현장활동, 표현, 조사, 전시 등의 다섯 가지 주요 활동으로 이루어진다.

프로젝트 접근법은 1990년대 들어와 유아교육과 초등교육에 있어 더욱 활발하게 전개되었는데, 이는 아동 학습에 관한 연구 결과와 교육과정통합의 경향 그리고 이탈리아에서 시작된 Reggio Emilia 유아교육 등의 영향과 무관하지 않은 것으로 보인다. 다시 말하여, 프로젝트 접근법은 이러한 동향에 힘입어 활성화되었으며, 또한 역으로 프로젝트 접근법의 활발한 전개로 교과통합의 연구와 실천이 강화되고, Reggio Emilla의 교육이 널리 보급되었다.

우리나라에도 프로젝트 접근법과 같은 형태의 학습이 과거에 없었다고 할 수는 없지만, 서양적 의미의 프로젝트 학습이 도입된 것은 그리 오래된 일이 아닌 것으로 추정된다. 해방과 더불어 미국 교육의 영향을 받아서 프로젝트 형태의 학습이 1950년대 소개되기도 하였으나, 오늘날과 같은 프로젝트 학습은 1990년대 이후에 Stephens(신옥순, 유해령 역, 1991)의 저서와 Chard(지옥정 역, 1995)의 저서가 출간되고, Chard가 한국의 여러 도시에서 워크숍을 통하여 프로젝트 접근법을 소개한 것이 계기가 되었다. 초등학교에서는 열린교육의 일환으로 다양한 수업 형태를 모색하는 가운데 유아교육을 중심으로 들불처럼 번져 가던 프로젝트 접근법을 활용하게 된 것이다.

이러한 과정에서 외국에서 도입된 프로젝트 학습이 국내의 교육 여건에 맞지 않은 부분들이 지적되어 수정도 이루어졌다. 예를 들어, 지옥정(1998)은 Katz와 Chard가 제안한 프로젝트 접근법의 절차에 '기본 어휘 및 중심 개념 선정'과 '학습내용/활동 조직표 작성' 등의 과정을 추가하고 있는데, 이것은 우리나라 국가수준의 교육과정이 갖는 강한 구속력을 감안하여 프로젝트 학습의 과정을 국내현실에 알맞도록 고친 것이다.

결론적으로 말해서, 오늘날 프로젝트 학습은 Dewey의 실험학교와 Stimson의 홈 프로젝트에서 시작하여, Kilpatrick의 project method로 체계화되었으며, 아동학습에 관한 연구, 교과통합의 경향, Regio Emillia 교육과 상호 영향을 주고받으면서 Katz와 Chard의 프로젝트 접근법이 발전해 왔다. 우리나라의 경우에는 미국 교육의 영향과 열린교육의 실시로 인하여 프로젝트 접근법이 도입되었고, 최근에는 우리 교육 현장에 알맞은 방식으로 수정되어 가고 있다.

2. 프로젝트 학습의 의미

프로젝트 학습의 의미를 명백히 하기 위하여 프로젝트 학습을 구성하는 본질적 요소와 주변적 요소를 구분하는 것이 도움이 될 수 있다. 먼저, 프로젝트 학습의 본질적인 요소를 찾기 위하여, 프로젝트 학습의 발달에 큰 영향을 미친 세 사람의 견해를 살펴보면 아래와 같다.

Kilpatrick(1918)은 프로젝트의 본질을 '전심을 다하는 유목적적 활동'으로 규정하고, 목적 설정과 프로젝트 진행과정에서 학습자 스스로가 주체적인 역할을 수행하고 스스로 내적 동기화되어 활동에 전념하게 된다는 점을 강조하였다.

Stephens(신옥순, 유혜령 역, 1991)는 프로젝트를 광범위한 학습단원을 중심으로 대그룹 아동들 또는 학급 전체 때로는 전교 아동이 참여하는 탐구활동을 의미한다고 하였다.

Katz와 Chard(지옥정 역, 1995)는 학습할 가치가 있는 토픽에 대하여 보통은 소집단별로 수행되나, 때로는 학급 전체 혹은 개별 아동에 의해 수행되는 심층 연구로 규정하였다.

앞의 세 사람의 견해와 프로젝트 학습과 관련된 여러 교육자 및 학자의 견해를 살펴볼 때, 프로젝트 학습을 형성하는 핵심적인 요소를 다음 세 가지로 요약할 수 있다.

첫째, 아동(학습자)이 학습의 전 과정에 주도적으로 참여하게 된다. 여기서 주도적으로 참여한다는 말은 아동이 학습의 전 과정에 의사결정권을 행사할 수 있는 기회를 가지며, 또한 학습에 대한 책임도 동시에 진다는 것을 의미한다. 이 말은 아동의 의사결정 기회와 책임을 부정하는 학습은 프로젝트 학습으로 볼 수 없다는 것이다. 그러나 아동이 학습의 과정에 주도적으로 참여한다는 말은 프로젝트 학습의 제반 활동에 대한 의사결정 권한과 책임이 아동에게만 귀속된다는 배타적 의미가 아니라, 아동에게도 있음을 인정하는 공속의 규율을 의미한다. 즉, 아동들이 프로젝트 학습에서 행사할 수 있는 주도성은 학습에 대한 아동의 의사결정권을 발휘할 기회와 책임을 가리키는 것이며, 아동의 연령, 능력, 경험, 다루는 주제의 성격, 학습 환경 등의 다양한 요인에 의하여 실질적으로 제약을 받을 수 있다는 것을 의미한다.

둘째, 주제, 제재, 문제, 쟁점 등에 관한 탐구활동과 그 결과에 대한 표현 활동을 하게 된다. McNeil(1995)은 프로젝트 학습의 제목이 탐구할 문제를 중심으로 진술되어야 하며, 주제와 제재의 명사적 표현 형식은 곤란하다고 말하고 있으나, 여러 학자들의 견해와 수많은 프로젝트 학습 사례를 검토해 보면, 프로젝트 학습의 탐구활동은 다양한 주제, 제재, 문제, 쟁점을 중심으로 이루어지는 학습이라고 볼 수 있다. 그리고 현장 활동이나 견학 활동이 반드시 포함되는 것은 아니며, 더욱이 모든 탐구 방법과 표현 기법이 망라되어야 하는 것도 아니다. 프로젝트 학습에서 생각할 수 있는 탐구활동이란 문헌 조사, 현장 조사(현장활동과 견학활동), 현상 실험, 자원 인사 면담 등의 다양한 방법을 활용하고 그 결과를 토의하며 표상 형식(forms of representation)을 통하여 문집, 그림, 책 구성물, 멀티미디어 등의 자료 형식을 만들고, 이를 동료와 교사 그리고 학부모에게 발표하기, 전시하기, 극활동 하기 등의 다양한 방법으로 제시하는 활동 등을 의미한다.

셋째, 프로젝트 학습은 만들어 가는 교육과정(emerging curriculum)으로 볼 수 있다. 프로젝트 학습의 이러한 특성은 아동 주도성이라는 요소와 탐구 및 표현 활동이라는 요소의 성격에 의하여 뒷받침된다. 즉, 프로젝트 학습은 아동이 교사와 함께 계획하며 운영하고, 탐구와 표현 활동에는 다양한 방식이 있다는 점에서, 전개의 방향이 계속적으로 변화해 간다는 것이다. 프로젝트 학습의 이러한 성격은 다른 형태의 학습과 구별되는 지점이다.

이와 달리, 프로젝트 학습에 참여하는 학생들의 수, 프로젝트 학습의 기간, 프로젝트 학습의 내용 조직 방식 등은 프로젝트 학습을 구성하는 본질적인 요소라기보다는 부가적인 요소로 보는 것이 타당하다.

먼저, 프로젝트 학습은 대개 소집단으로 수행되나, 경우에 따라 학급 전제, 전교생 또는 개별 학생에 의하여 수행되기도 하며, 비교적 장기간에 걸쳐 이루어지는 학습이지만, 상황에 따라 1~2시간 정도의 단시간에 마칠 수도 있고, 일반적으로 교과통합적 성격을 많이 띠지만, 한 교과 내에서 특정 단원을 중심으로 수행될 수도 있기 때문이다.

결론적으로, 프로젝트 학습은 아동이 학습의 전 과정에 주도성을 지니고서 주제, 제재, 문제, 쟁점 등에 관한 탐구활동과 그 결과에 대한 표현 활동을 하며, 그 결과 만들어 가는 교육과정의 성격이 나타나는 학습이라고 말할 수 있다.

3. 프로젝트 학습의 교육적 가치

프로젝트 학습에 관한 많은 연구물에는 프로젝트 학습의 교육적 가치와 필요성을 강조하고 있다. 프로젝트 학습을 시행해 본 경험이 있는 교사들도 프로젝트 학습의 다양한 장점을 말해 왔다. 그들의 견해를 모두 옮겨 놓을 수는 없지만, 다음과 같은 여러 가지 점에서 그 교육적 가치를 찾을 수 있다. 다만, 다음에 제시된 교육적 가치들은 교사의 열의와 능력, 학습자의 적극적 참여와 협력, 교육 여건의 구비와 환경 개선 등을 통하여 구현될 수 있다.

첫째, 프로젝트 학습은 학습자의 내적 동기를 유발함으로써 학습의 효과를 높이고 후속 학습에 대한 의욕을 고취한다. 학습의 내적 동기는 외부의 보상이 아니라 학습과정에서 생기는 만족감이나 학습의 결과로 얻게 되는 성취감 등으로 일어난다. 프로젝트 학습은 학습 주제가 학습자의 흥미나 관심에 부합될 뿐 아니라 탐구 및 표현 활동 그리고 결과물의 전시 과정에서 학생들에게 많은 만족감이나 성취감을 제공한다. 이러한 결과로 학생의 내적 동기가 강화되고 학습 효과가 높아지며 후속 학습에 대한 강한 의욕이 발생하게 된다.

둘째, 프로젝트 학습은 학습자의 책임감을 길러 준다. 학습자는 프로젝트 학습의 제 과정에서 교사와 동료 학생과 함께 끊임없이 선택을 하고 선택에 따른 활동을 해 나가야 한다. 만일 어떤 학습자가 프로젝트 학습의 과정에 참여하지 않거나 소극적으로 참여한다면 학습은 진행되기 어려우며, 결국 그 피해가 동료 학습자들에게도 미치게 된다. 따라서 학습자가 프로젝트 학습의 제 과정에서 내리는 결단과 활동 그리고 동료 학습자에게 미치는 영향 등을 고려하는 과정에서 학습에 대한 책임감이 커진다.

셋째, 프로젝트 학습은 긍정적인 자아 개념을 심어 준다. 학습에서의 긍정적인 자아 개념은 학습과정의 만족과 학습 결과의 성취감 그리고 교사와 동료들의 인정 등에 의하여 생긴다. 프로젝트 학습이 자발적인 학습 참여를 유도한다는 점에서 학습자 개개인에게 만족감을 제공하고, 학습의 단계마다 이루어지는 결과 물을 통하여 성취감을 맛볼 수 있으며, 자신의 아이디어가 교사의 동료 학생들 에게 수용될 기회가 많아짐으로써 자신에 대한 긍정적인 생각을 갖게 된다.

넷째, 프로젝트 학습은 학습자들에게 협동심과 사회적 기술(social skills)을 길 러 준다. 프로젝트 학습은 개별적으로 이루어지기도 하지만, 대개 소집단이나 학급 전체로 추진되는 경우가 많다. 이러한 집단 학습의 과정은 학습자들에게 과제 해결을 위해 협동하는 마음을 갖게 해 주며, 학습 단계별로 의사결정을 하 는 과정에서 남의 이야기를 귀담아 듣고 자신의 이야기를 논리 정연하게 펼치기 위한 노력을 하게 되어 사회적 기술이 향상된다.

다섯째, 학교와 사회의 관련성을 인식하게 되고 문제 해결력을 길러 준다. 프 로젝트 학습의 과제는 대개 실세계 속에서 일어나는 현상이다. 문제, 쟁점 등을 탐구의 대상으로 삼는 경우가 많으며, 부모와 지역사회의 협조가 학습의 과정에 매우 중요한 영역을 차지한다는 점에서 학교 교육과 실세계와의 관계를 인식할 기회가 많다. 그리고 사회 문제나 쟁점을 탐구의 대상으로 삼기 때문에 문제 해 결을 위한 기회가 제공되어 그 능력이 신장된다.

여섯째, 프로젝트 학습은 다양한 탐구활동과 표현 활동 능력을 길러 준다. 프 로젝트 학습은 조사, 실험, 면담 등 다양한 방법을 통하여 사물이나 현상을 탐구 할 기회를 제공함으로써, 탐구하는 방법을 이해하게 되고, 기술, 태도 등도 길러 준다. 그리고 학습의 과정에서 일어나는 것을 언어, 숫자, 소리, 그림, 입체, 신체 등의 다양한 표현 양식을 사용하여 표현할 기회를 가짐으로써 인간이 가진 제 능력을 균형 있게 발달시킨다.

일곱째, 프로젝트 학습은 사고의 유연성을 길러 준다. 프로젝트 학습에서 학습 자의 선택과 결단은 매우 중요한 구실을 한다. 학습의 진행 방향이 잘못되거나 더 중요한 학습내용이 생각나거나 더욱 효과적인 학습 방법이 제안된다면 언제 든지 그 방향과 내용과 방법을 수정하게 된다. 이와 같이, 학습자들이 학습의 목표와 내용을 추가하거나 삭제하고 학습 방법을 바꾸거나 학습 단계를 조정하는 가운데 사고의 유연성이 길러진다. 그리고 교사와 동료 학습자와의 잦은 대화는 개인의 한계를 인식하는 기회를 제공하여 사고의 유연성을 높인다.

여덟째, 프로젝트 학습은 체험적 학습 기회를 제공한다. 오늘날 학교에서 실제 현상이나 사물을 접할 수 있는 기회는 점차 줄어들고 있다. 실습이나 실험이 필요한 많은 학습도 책을 읽거나 이론 학습으로 대치하는 경우가 적지 않다. 프로젝트 학습은 실제 현상이나 사물과 직접 조우하는 일차적 경험을 제공한다. 이러한 체험적 학습은 기억의 효과뿐만 아니라 현상이나 사물에 대한 친근감과 경애감, 두뇌와 오감의 연결, 학교 교육과 실세계의 관계, 삶에 대한 자체 반성 등 여러 가지 교육적 효과를 가져다 준다.

아홉째, 프로젝트 학습은 교사들에게 새로운 교수 경험을 제공한다. 프로젝트 학습은 교사들에게 새로운 도전이다. 우선 프로젝트 학습을 계획해 봄으로써 현행 교과별 교육과정과 교과서 중심 수업의 한계를 인식하게 된다. 그리고 프로젝트 학습을 통하여 학습자의 학습 잠재력을 확인하게 되며, 교사의 철저한 준비, 유연한 진행, 학습자에 대한 헌신하는 자세가 이러한 잠재력을 현실화한다는 것을 알게 된다.

열 번째, 프로젝트 학습은 교육에 대한 학부모의 관심을 높인다. 학부모들 중 상당수는 학습은 학교에서 하는 일이며, 가정은 학습을 위한 여건 조성이나 보조의 역할을 하는 것으로 생각하고 있다. 프로젝트 학습은 학부모가 프로젝트 학습에 참여할 기회를 많이 제공하는데, 주제 관련 선경험의 도출이나 탐구 및 표현 활동 그리고 전시 활동에서 적극적인 동참을 요구한다. 이러한 과정을 통하여 학부모는 학교 교육에 대한 관심과 이해를 가지게 되고 가정의 교육자로서 자신의 역할을 반성하는 기회를 얻게 된다.

열한 번째, 프로젝트 학습은 교육에 대한 사회의 관심을 촉구한다. 오늘날 우리 사회는 교육은 학교에서 하는 일이며, 사회는 교육과 관련하여 아무런 책임이 없는 것처럼 행동하고 있다. 그러나 학교와 가정과 사회가 공동의 목적을 향하여 교육적인 노력을 하지 않는다면, 학습자들의 심신이 건강하게 자라나고 사회가 발전하기를 기대할 수 없다. 프로젝트 학습은 과제의 성격에 따라 치이는 있지만, 대체로 지역사회와 인사가 교육에 대하여 맡아야 할 역할을 강조한다. 많은 학교에서 프로젝트 학습을 지속적으로 운영한다면, 지역사회와 인사들의 교육적 관심이 더욱 높아질 가능성이 있다.

이와 같이 프로젝트 학습은 학습자에게는 내적 동기 유발, 책임감, 긍정적인 자아개념, 협동심, 사회적 기술, 사회에 대한 관심과 문제 해결력, 다양한 탐구와 표현 능력, 사고의 유연성, 체험적 학습 기회를 제공하거나 신장시키며, 교사들에게는 새로운 교수 경험을 안기고, 학부모와 지역사회에게는 교육에 대한 관심과 역할 지각을 촉구하는 교육적 가치가 있다. 그러나 앞에서 말한 바와 같이, 이러한 교육적 가치는 프로젝트 학습을 한다고 해서 저절로 주어지는 것이 아니라, 교사의 준비와 노력 그리고 무엇보다도 학습자에 대한 헌신이 뒷받침되고, 학습자들도 학습의 과정에 적극적으로 참여할 때 실현될 수 있다.

4. 프로젝트 학습의 절차

프로젝트 학습의 과정은 크게 여섯 가지 영역으로 구성된다. [그림 10-1]에서 보는 바와 같이, 프로젝트 학습은 준비하기, 주제 결정하기, 활동 계획하기, 탐구 및 표현하기, 마무리하기, 평가하기 등으로 구성되며, 이 과정은 상호 연관성을 가지고 움직이며 상호 왕래하며 진행하는 역동성과 순환성을 지닌다. [그림 10-1]의 의미를 이해하는 데는 다음과 같은 점을 고려할 필요가 있다.

첫째, [그림 10-1]에 제시된 프로젝트 학습의 과정은 이념형을 나타낸 것이다. 학교나 교실 현장에서 실시되는 프로젝트 학습이 [그림 10-1]의 여섯 가지 요소를 반드시 포함해야 하며 그와 같은 순서로 진행되어야 하는 것은 아니다. 여섯

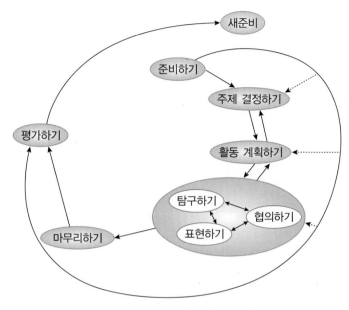

[그림 10-1] 프로젝트 학습의 과정

가지 요소 중 일부가 생략될 수도 있고, 두 요소가 합쳐 하나로 나타날 수도 있으며, 진행의 순서가 달라질 수도 있다.

둘째, 유치원에서 실시하는 프로젝트 학습과 초등학교에서 실시하는 프로젝트 학습의 차이점이 반영되지 않았다. 유치원과 초등학교는 국가교육과정의 구속력, 교사의 준비와 경험, 아동의 발달 수준과 능력, 교수와 학습의 환경 등 여러 면에서 차이가 있다. 이러한 차이점으로 준비하기에서 평가하기에 이르는 프로젝트 학습의 제 요소들의 성격과 강조점이 달라질 수 있다.

셋째, 학습 요소들 간에 나타나는 상호작용과 순환성은 아동 주도성과 만들어 가는 교육과정의 성격이 나타나는 정도를 가리킨다. 프로젝트 학습에서 아동 주도성이 크면 요소들 간의 상호작용이 많아지고 순환성이 높아져서 만들어 가는 교육과정의 성격이 두드러지게 나타난다.

넷째, 프로젝트 학습의 요소들은 각기 하위 요소를 갖는다. 각 학습 요소들 속에 포함되어 있는 하위 요소들은 〈표 10-1〉과 같다. 하위 요소들 간에도 상호작

〈표 10-1〉 프로젝트 학습의 과정

학습과정		학습 활동	
Ⅰ 준비하기		프로젝트 학습을 하기로 결정함 주제를 잠정적으로 결정함 교사의 잠정적 주제망 작성하기* 자원 목록 잠정적으로 작성하기	Ⅵ 평가하기 (형성)
Ⅱ 주제 결정하기		주제 확정하기 아동의 주제 관련 경험 끌어내기 아동과 함께 주제망 작성하기*	
Ⅲ 활동 계획하기		학습할 소주제 결정하기* 학습 활동 팀 구성하기(조직) 질문 목록 작성하기* 학습 활동 계획하기 자원 확보하고 비치하기 가정통신문 보내기	
Ⅳ 탐구 및 표현하기	탐구하기	문헌조사(문헌 조사 활용) 현상조사(현장활동, 견학활동) 현장 실험(실험하기) 자원인사 면접(전문가 면담)	
	협의하기	토의하기	
	표현하기	표현 방식: 언어적/수학적/소리/그림/입체/신체	
Ⅴ 마무리 하기	전시 및 발표하기	문집(책, 신문, 잡지, 스크랩) 그림, 구성물, 멀티미디어 자료(사진, 비디오 자료 등)	
	반성하기	개인 및 집단 반성하기	
Ⅶ 평가하기 (총괄)		평가 방법 • 작품 분석 • 일화 기록 • 체크리스트 • 면접 • 가정조사서 • 사회성 측정법	

로 표시된 부분은 초등학교의 경우에 교육과정상의 교과별 지도 계획과 연결이 가능하다.

용과 순환성이 나타난다.

〈표 10-1〉에 제시된 프로젝트 학습의 각 요소들 속에 포함된 하위 활동 요소들의 성격을 제시하면 다음과 같다.

첫째, 준비하기에서는 교사 또는 교사집단이 프로젝트 학습을 하기로 결정하고, 주제, 주제망, 자원 목록을 잠정적으로 결정하거나 작성하는 활동을 한다. 여기서 잠정적이라고 단서를 붙인 것은 이 요소의 최종 결정이 준비하기 이후의 과정에서 확정되기 때문이다.

둘째, 주제 결정하기에서는 교사와 학생이 함께 주제를 결정한 다음, 교사 또는 교사집단이 주제와 관련하여 아동이 이미 가지고 있는 경험(선경험)을 끌어내고, 이를 토대로 교사와 학생이 함께 주제망을 작성하는 활동을 한다.

셋째, 활동 계획하기에서는 학습할 소주제를 결정하고, 학습 활동팀을 구성하며, 질문 목록을 작성한다. 이러한 활동에는 두 가지 방식을 생각할 수 있다. 우선 학급 전체가 소주제를 결정한 다음, 소주제별 탐구활동을 위한 팀을 구성하고, 각 팀에서 탐구를 위한 질문 목록을 작성하는 방법이다. 이 방법은 학습팀에게 학습 활동에 대한 강한 책임감을 심어 주는 효과가 있다. 이와 달리, 학급 전체가 소주제를 결정하고, 소주제별로 질문 목록을 작성한 다음, 소주제별 탐구활동을 위한 팀을 구성하는 방법이다. 이 방법은 소주제에 관한 풍부한 질문 목록을 작성할 수 있는 이점이 있다. 어떤 방법을 선택하든, 소주제와 질문 목록이 작성되고 학습 활동팀이 정해지고 나면, 학급 전체의 학습 활동 계획과 팀별 학습 활동 계획을 세우게 된다. 그리고 학습 활동에 필요한 자원 목록을 작성하고, 자원을 확보하고 비치하며, 가정통신문과 지역사회에 협조문을 보내 자원 확보에 도움을 받는다.

넷째, 탐구 및 표현하기에서 탐구하기, 협의하기, 표현하기 활동은 서로 연관성을 지니고 동시에 일어난다. 탐구 활동은 문헌 조사, 현상 조사(현장 활동과 견학 활동), 현장 실험, 자원 인사 면담의 네 가지로 이루어진다. 이와 같은 탐구 양식은 탐구 자원을 문헌, 사람, 현상의 세 가지로 나누고, 탐구 방법을 조사, 실험, 면접으로 구분한 다음, 이들을 조합하여 찾아낸 것이다. 협의하기는 탐구하기와 표현하기 활동과 독립적으로 존재하는 것이 아니라, 탐구의 계획, 과정, 결과에서 또는 표현하기의 계획, 과정, 결과의 제시 과정에서 일어난다. 협의하기는 구성원의 개별적 '반성하기(self-reflection)' 활동과 구성원들의 중지를 모으는 활동으로 구성되며, 목표 지향적 활동을 효과적이고 효율적으로 이끄는 이점이 있으며, 그 자체로 토의 및 토론하기와 같은 사회적 기술을 습득하는 데 도움을 준다. 표현하기는 탐구의 계획, 과정, 결과에 대한 표현 활동으로, 언어, 숫자, 소리, 그림, 입체, 신체 등의 다양한 표현 양식(forms of representation)을 사용한다.

다섯째, 마무리하기는 탐구, 협의 표현 활동의 결과를 문집(책, 신문, 잡지, 스크랩 등), 그림, 구성물, 멀티미디어 자료(사진, 오디오 자료, 비디오 자료 등)의 형식으로 만드는 활동과, 이를 교사, 부모, 지역사회 인사들에게 발표, 전시, 극 활동 등의 다양한 양식으로 제시하는 활동으로 구성된다.

여섯째, 평가하기는 형성 평가와 총괄 평가 활동으로 구성된다. 형성 평가는 프로젝트 학습의 제 과정들이 프로젝트 학습의 전체 목표와 요소별 활동 목표의 달성을 향하여 전개되는가를 조사하고 검토하며 통제하는 역할을 한다. 총괄 평가는 작품 분석, 일화 분석, 개인 및 집단 반성, 체크리스트, 사회성 검사, 면접, 가정조사서 작성 등과 같은 다양한 방법으로 학습의 성과를 조사하여 프로젝트 학습의 전 과정에 대한 판단을 내리는 것이다.

이와 같이 프로젝트 학습은 준비하기, 주제 결정하기, 활동 계획하기, 탐구 및 표현하기, 마무리하기, 평가하기 등의 여섯 가지 학습 요소로 구성되며, 이 요소들은 다시 수많은 하위 요소로 이루어진다.

5. 프로젝트 학습의 과제와 전망

우리나라에서 프로젝트 학습은 주로 유치원을 중심으로 전개되어 왔으며, 열린교육과 혁신학교 운동의 열기에 실려 초·중등학교에서도 프로젝트 학습에 대한 관심이 높아지고 있다. 이와 함께 프로젝트 학습에 대한 연구물도 꾸준히 증가하여 학습의 실제를 돕고 있다.

프로젝트 학습은 앞에서 언급한 바와 같이 아동들의 자발성과 책임감을 길러 주며, 집단 과제를 통하여 협동심을 신장하고, 교과에서 배운 지식과 기능을 통합하는 경험을 제공하므로, 교육기관에서 확산될 가능성이 크다.

그러나 유치원을 비롯한 학교기관에서 프로젝트 학습에 기초한 교육과정을 편성하거나 수업을 운영하려면, 현재의 여건에 비추어 해결되어야 할 과제가 적지 않다.

첫째, 교사와 아동들이 프로젝트 학습을 많이 경험하도록 기회를 제공해야 한다. 교사들에게는 프로젝트 학습의 계획과 운영에 관한 이론 및 실습을 겸한 연수기회를 부여하고 유용한 사례를 충분히 제시해 주며 프로젝트 학습 운영에 필요한 심리적 및 행정적·재정적 지원을 해야 한다. 아동들에게는 유치원 과정에서부터 프로젝트 학습을 실시하며, 이를 위한 기초적이고 기본적인 학습 기능들을 갖도록 훈련시킬 필요가 있다.

둘째, 학부모와 지역사회기관 및 인사들의 지지와 지원이 요구된다. 교사는 프로젝트 학습의 준비과정에서 학부모와 지역사회가 분담할 수 있는 교수 자원 및 학습 자료를 분명히 하고 협조를 요청하며, 학부모와 지역사회는 특별한 사유가 없는 한 이에 적극적으로 응해야 한다. 특히 교육 관련 지역사회기관들(도서관, 미술관, 박물관, 음악당 등)이 맡아야 할 역할은 무척 중요하며, 아동들이 쉽고 유용하게 교수·학습 자원을 활용할 수 있도록 비치, 대여, 발굴, 개발에 노력해야 한다.

셋째, 학급당 학생 수를 줄여 나가야 한다. 프로젝트 학습에는 개별 학습, 소집단 학습, 전체 학습 형태가 모두 나타난다. 학습의 형태가 어떻든 효과적인 학습은 학급당 학생 수가 적정해야 한다. 학급당 학생 수가 1:30 또는 1:40이 되어서는 전체 학습은 물론이고 개별 학습이나 소집단 학습에서도 성과를 내기 어렵다. 이러한 문제를 해결하기 위하여 보조교사제를 도입하거나 '팀티칭(Team Teaching)'을 활용하는 것도 도움이 된다.

넷째, 물리적 환경이 달라져야 한다. 프로젝트 학습의 실행을 위해서는 학급에서 이와 관련된 학습 코너를 설치하거나 학교에서 기존의 학습 센터를 적합하게 개조할 필요가 있다. 현재는 가정의 자원을 이용하거나 지역의 학습 자원을 현지에 가서 이용하는 것이 대부분이다. 이는 학생들에게 자원을 찾고 자료를 수집하는 방법을 길러 준다는 이점도 있지만, 시간과 경비가 많이 들고 자료 수집과 분류의 과정에 교사의 지도를 어렵게 만드는 단점이 있다. 따라서 교실에서도 주요 탐구활동이 이루어질 수 있는 환경을 마련할 필요가 있다.

다섯째, 프로젝트 학습이 현행 교육과정의 틀 속에서 운영되도록 한다. 여러 가지 방안이 있는데, 우선 교과의 단원이나 단원들을 프로젝트화하여 운영하는 것이다. 이러한 방안은 기존의 단원 수업을 유지하면서 그 속에 들어 있는 소주제를 중심으로 프로젝트 수업을 하는 것이다. 현재의 교과 운영에 큰 변화를 주지 않으므로 학교의 학사 관리와 교사의 저항이 적어서 현장에 정착될 가능성이 높다. 이와 달리, 여러 교과의 단원을 모아서 통합단원 방식의 프로젝트 학습을 전개할 수도 있다. 이러한 방안은 아동들에게 통합된 경험을 제공하는 이점이 있지만, 통합단원의 구성에 많은 시간과 노력이 요구되므로, 교사들에게 부담을 줄 수도 있다. 이 두 가지 방안은 교육과정과 교과서의 테두리 속에서 행해지는 만큼 프로젝트 학습의 기본 속성이라고 할 수 있는 아동 주도성과 만들어 가는 교육과정의 성격이 약하게 나타날 가능성이 있다. 따라서 재량 활동(범교과 학습 주제)과 같은 특별 시간을 이용하여 프로젝트 학습을 시행할 수도 있다. 이러한 방안은 프로젝트 학습의 주제가 아동의 관심과 사회적 요구를 반영하기 쉬우며 아동의 활동에 제약이 적다는 이점이 있다. 이와 같이, 프로젝트 학습은 교과 시간이나 재량 활동 시간을 이용하여 운영하는 등 현행 교육과정의 틀 속에서 국가의 교육과정적 요구에 부응하고 학생의 관심과 사회의 요구를 반영하도록 해야 한다.

여섯째, 프로젝트 학습과정이 일부 학생에 의해서 독점되지 않도록 한다. 유치원이나 초등학교의 소집단 활동에서는 일부 여자 아동들이 주도적으로 행동하여 다수의 남녀 아동이 자기 주도적 학습 능력과 책임감을 갖지 못하고 부정적인 자아 개념을 갖게 되거나 맹목적으로 활동하여 학습 분위기를 해치기도 한다(김대현, 1998). 그러므로 각별히 주의하고 대책을 마련할 필요가 있다.

마지막으로, 프로젝트 학습은 이 장의 서두에서 언급한 바와 같이 활동 중심 수업과는 구별되어야 한다. Kilpatrick의 프로젝트 방법(project method)이 그의 의도와 달리 아동의 활동과 그것을 통한 만족만을 강조하는 것으로 받아들여져서 한동안 미국 교육계에서 자취를 감추었던 것처럼, 현재 유행처럼 번지고 있는 프로젝트 학습이 아동의 참여와 활동만을 강조하고, 사고 과정을 경시하거나 교육의 궁극적 목적인 아동들의 삶의 질을 고양하지 못한다면 교육활동으로서의 가치를 잃게 될 가능성도 있다.

그러므로 교육 현장에서 프로젝트 학습 사례가 늘어 갈 것으로 전망되는 가운데, 이러한 학습을 효과적으로 계획하고 실행하기 위해서는 교사와 아동의 노력, 학부모와 지역사회의 지지와 지원, 물리적 자원의 확보와 배채, 교육 환경의 구성, 교육과정과의 통합 운영 등에서 깊이 있는 지식과 반성적 실천이 요구된다.

제2부 참고문헌

강우철 외(1983). 통합과정 운영을 위한 자료 단원. 한국교육개발원. 통합교과용 도서의 효율적인 지도를 위한 워샵.

곽병선(1981). 통합교과용도서 구성의 배경과 이론적 기초. 한국교육개발원. 통합교과용도서의 효율적인 지도를 위한 워샵.

곽병선(1983). 통합교육과정의 구성 방법, 한국교육개발원 편, 통합교육과정의 이론과 실제 (pp. 57-98). 서울: 교육과학사.

교육과정 개정 위원회(1996). 현행 교육과정의 분석 · 평가 연구: 제6차 교육과정을 중심으로.

김대현(1984). Hirst 지식형식이론의 정당성문제. 부산대학교 대학원 석사학위논문.

김대현(1986). Hirst 교육과정통합이론의 정당성 문제. 부산교육학연구, 77-90.

김대현(1990). 교육과정 조직 방식에 얽힌 오해들. 진주교육대학 초등교육연구, 2, 3-18.

김대현(1996). 학교 차원의 통합교육과정 개발을 위한 모형 구안. 교육과정연구, 14(3) 18-40.

김대현(1997a). 교과의 통합적 운영. 서울: 문음사.

김대현(1997b). 교육과정 재구성과 통합수업. 부산광역시 동래교육청 '97 동래 장학자료. 43-101.

김대현, 이영만(1995). 학교 중심의 통합교육과정 개발. 서울: 양서원.

김대현(2000). 교과의 통합적 운영 방안과 과제. 열린교육연구, 6(2), 101-120.

김두정 외 4인(1986), 국민학교 저학년 통합교육과정 구성의 기초: 통합교육과정의 운영 실태와 개선을 위한 요구. 한국교육개발원.

김성권(1987). 국민학교 통합교과의 구성 운영에 관한 조사 연구. 통합교과 및 특별 활동 연구, 3(1), 69-100.

김인용, 이영만(1997). 열린교육을 위한 초등학교 지능통합형 단원의 재구성. 경남교육학연구, 2, 43-62.

김재복(1988). 교육과정의 통합적 접근. 서울: 교육과학사.

(1990). 국민학교 교육과정에서의 교과통합의 가능성. 통합교과 및 특별 활동 연구, 6(1), 25-37.

김재복 외 7인(1990). 초등학교 1, 2학년 교육과정 운영에 따른 평가방안. 서울: 교육과학사.

김춘일(1993). 학교 중심 교육과정의 의의와 개발·운영을 위한 과제. 교육과정연구, 12, 17-38.

김태수(1990). 구조주의의 이론. 서울: 인간사랑.

김현재(1996). 열린교실에서의 능동적인 교수·학습 지도방법. 초등교육연구, 7, 3-28.

노영희(1996). 유아교육 방법에 대한 반성적 고찰: 프로젝트 접근법의 시사점. 월간유아, 3, 217-224.

박도순, 변영계(1987). 교육과정과 교육평가. 서울: 문음사.

박영식 역(1987). 비트겐슈타인의 철학: 〈논고〉와 〈탐구〉에 대한 이해와 해설, 서울: 서광사, 1990.

배진수, 이영만(1995). 교육과정통합과 평생교육. 서울: 학지사.

부산광역시 수영초등학교(1996). 전교과 활동과 생활장면을 통합한 인성교육을 실천했습니다. 교육부지정 열린교육 시범학교 보고서.

서영숙, 이남정, 안소영(1996). 프로젝트중심 방과후 아동 지도. 서울: 양서원.

신옥순, 유혜령(1991), 유아교육을 위한 개방교육의 이론과 실제. 서울: 창지사.

심미옥(1989). 통합 교육과정 실시의 저해 요인에 관한 연구. 통합교과 및 특별 활동 연구, 5(1), 41-73.

안창선(1986). 국민학교 통합교과 운영에 관한 연구. 통합교과 및 특별 활동 연구, 2(1), 3-29.

오천석 역(1978). 경험과 교육. 서울: 박영사.

운현초등학교(1996). 교육과정 구성의 이론적 배경과 실제.

유승희, 김두련(1998), 한국초등학교 저학년 열린교실의 특성에 관한 문화기술적 연구, 열린교육 연구, 6(1), 147-180.

유한구(1988). 교과통합의 이론적 쟁점. 통합교과 및 특별 활동 연구, 4(1), 1-14.

유한구(1990). 교과통합의 인식론적 고찰. 통합교과 및 특별 활동 연구, 6(1), 39-54.

윤갑정 등(1998). '나' 프로젝트 학습. 미간행 발표물.

이돈희(1985). 교육철학개론. 서울: 교육과학사.

이영덕(1983). 통합교육과정의 개념, 한국교육개발원 편. 통합교육과정의 이론과 실제(pp. 15-55). 서울: 교육과학사.

이영만(1997). 중다지능이론과 초등학교 통합단원 구성. 초등교육연구, 11, 257-276.

이홍우(1982). Bruner 지식의 구조. 서울: 교육과학사.

이홍우 역(1987). 민주주의와 교육. 서울: 교육과학사.

장명림(1996). 유아교육에서 프로젝트 접근법의 재조명. 교육개발, 1, 90-95.

전국열린교실연구응용학회(1996a). 열린교실·열린학교연구워크 자료.

전국열린교실연구응용학회(1996b). 활짝 열어보는 열린교육: 수업모형별 학습형태.

전명자(1996). 우리나라 유치원에서의 프로젝트 접근법 적용실례와 제안점. 월간유아(4), 210-221.

정영홍(1987). 교육철학입문. 서울: 문음사.

조승옥(1983). 심리철학. 서울: 종로서적.

조연순, 김경자(1996). 주제중심 통합교육과정 구성: 숙의 과정. 교육학 연구, 34(1), 251-272.

지옥정(1995). 프로젝트 접근법: 교사를 위한 실행지침서. 서울: 창지사.

지옥정(1998). 유아교육 현장에서의 프로젝트 접근법. 서울: 창지사.

최호성(1996). 학교 중심 교육과정의 과제와 전망. 교육과정연구, 14, 78-105.

한국교육개발원 편(1983). 통합교육과정의 이론과 실제. 서울: 교육과학사.

한국열린교육협의회 편(1998). 열린교육 입문. 서울: 교육과학사.

한미라(1996). 프로젝트 접근법의 이론과 적용. 교육이론과 실천, 6, 111-132.

황규호(1995). 학교 단위 교육과정의 개발과 운영. 교육과정연구, 13, 25-38.

황문수(1993). 역사란 무엇인가. 범우사.

Alberty, H. B., & Alberty, E. J. (1963). *Reorganizing the high-school curriculum*. New York: The Macmillan Company.

ASCD. (1991). Planning for Curriculum Integration. *Educational Leadership*, *49*(2), 27–28.

Barrow, R. (1977). *Common Sense and the Curriculum*. London: George Allen & Unwin.

Borgia, E. (1996). Learning through Projects. *Scholastic Early Childhood Today*, *10*(6), 22–29.

Brady, M. (1989). *What's Worth Teaching? Selecting, Organizing, and Integrating Knowledge*. Albany: State University of New York Press.

Brent, A. (1978). *Philosophical Foundations for the Curriculum*. London: George Allen & Unwin.

Britz, J. (1993). *Problem Solving in Early Childhood Classrooms*. Eric Clearinghouse on Elementary and Early Childhood Education, Urbana, Ill.

Brophy, J., & Alleman, J. (1991). A Caveat: Curriculum Integration Isn't Always a Good Idea. *Educational Leadership*, *49*(2), 66.

Brown and Company. Page, T. et al. (1990). The Iron Man. Child Education, January, 19–26.

Bryson, E. (1994). Will a Project Approach to Learning Provide Children Opportunities to Do Purposeful Reading and Writing, as Well as Provide Opportunities for Authentic Learning in Other Curriculum Areas?. Alaska: Reports-Descriptive(141).

Castanos, J. (1997). Interdisciplinary Instruction: Can the Curriculum be Integrated Successfully at the Secondary Level? Yes!. *Thrust for Educational Leadership*, *26*(6), 33–38.

Day, C. et al. (1993). *Leadership and Curriculum in the Primary School: The Roles of Senior and Middle Management*. London: Paul Chapman.

Dearden, R. F. (1972). *Education as a process of growth, Euducation and the development of reason*. London: Routledg Kegan Paul.

Dearden, R. F. (1976). *Problems in primary education*. London: Routledge & Kegan Paul.

Dearden, R. F., Hirst, P. H., & Peters, R. S. (Eds.) (1972). *Education and the development of reason.* London: Routledge & Kegan Paul.

Dewey, J. (1929). *The Sources of a Science of Education.* New York: Liveright.

Diffily, D. (1996). The Project Approach: A Museum Exhibit Created by Kindergartners. *Young-Children, 51*(2), 72-75.

Drake, S. M. (1991). How Our Team Dissolved the Boundaries, *Educational Leadership. 49*(2), 20-22.

Drake, S. M. (1993). Planning Integrated Curriculum: The Call to Adventure. Virginia: ASCD.

Dressel, P. L. (1958). The Meaning and Significance of Integration. In N. B. Henry (Ed.), *In The Integration of Eductional Exeperiences.* Chicago: The University of Chicago Press.

Espinoza, P. R. A. (1993). *Exploring Integrative Curriculum for More Effective Learning by Primary Students in Costa Rica.* Master's Thesis, New Mexico State University.

Entwistle, H. (1970). *Child-centered Education.* London: Methuen & Co, Ltd.

Fethe, C. (1977). Curriculum theory: A proposal for unity. *Educational Theory, 27*(2), 96-102.

Fogarty, R. (1991). Ten Ways to Integrate Curriculum. *Educational Leadership, 49*(2), 61-65.

Fowler, W. S. (1990). *Implementing the National Curriculum: The Policy and Pratice of the 1988 Education Reform Act.* London: Kogan Page.

Fowler, W. S. (1990). *Implementing the National Curriculum: The Policy and Practice of the 1988 Education Reform Act.* London: Kogan Page.

Frazee, B. M., & Rudnitski, R. A. (1995). *Integrated Teaching Methods: Theory, Classroom Applications, and Field-Based Connections.* New York: Delmar Publishers.

Gibbons, J. A. (1979). Curriculum Integration. *Curriculum Inquiry, 9*(4), Winter.

Glasgow, N. A. (1997). *New Curriculum for New Times: A Guide to Student-Centered, Problem-Based Learning.* California: Corwin Press.

Glatthorn, A. A. (1994). *Developing A Quality Curriculum.* Virginia: ASCD.

Hall, G. (Ed.) (1992). *Themes and Dimensions of the National Curriculum: Implications for Policy and Practice*. London: Kogan Page.

Hartman, J. A., & Eckerty, C. (1995). Projects in the Early Years. *Childhood Education, Spring*, 141-148.

Henry, J. (1994). *Teaching through Projects. Open and Distance Learning Series*. London: Kogan Page Ltd.

Henry, N. B. (Ed.) (1958). *The integration of educational experieces*. The University of Chicago Press.

Hirst P. H. (1978). 현대교육의 이해 (*The Study of Education*). (이홍우 역). 서울: 교육과학사. (원저는 1966년에 출판).

Hirst, P. H. (1967). The Logical and Psychological Aspects of Learnign. In R. S. Peters (Ed.), *The Concept of Education*. London: Routledge & kegan Paul.

Hirst, P. H. (1974). *Knowledge and the Curriculum*. London: Routledge & Kegan Paul.

Hirst, P. H., & Peters, R. S. (1971). *The Logic and Education*. New York: Humanities.

Hopkins, L. T. (1937). *Intergration: Its Meaning and Application*. New York: D. Appleton Centery Company, Inc.

Hsu, Y. (1995). *An Integrated Curriculum for Kindergarten/First Grade Children Utilizing Project Approach*. Tennessee: Guides Classroom Teacher(052).

Hughes, C., Wade, W., & Wilson, J. (1993). *Inspirations for Cross-Curricular Project*. Warwickshire: Scholastic.

Ingram, J. B. (1979). *Curriculum intergration and lifelong education*. Oxford: Pergamon Press.

Jacobs, H. H. (Ed.) (1989). *Interdisciplinary Curriculum: Design and Implementation*. ASCD.

Kain, D. L. (1996). Recipes or Dialogue? A Middle School Team Conceptualizes "Curriculum Integration". *Journal of Curriculum and Supervision, 11*(2), 163-187.

Kelly, A. V. (1977). *The Curriculum: theory and practice*. London: Harper & Row Lta.

Kilpatrick, W. H. (1918). *The Project Method*. Teachers College, Columbia University.

Knoll, M. (1997). The Project Methodi Its vacational Education Origin and International

Development. *Journal of Industaria Teacher Education, 34*(3), 59–80.

Kockelmans, J. J. (Ed.) (1979). *Interdisciplinarity and higher education.* the Pennsylvania State University Press.

Krogh, S. (1990). *The Integrated Early Childhood Curriculum.* New York: McGraw-Hill Publishing Company.

Leekeenan, D., & Edwards, C. P. (1992). Using the Project Approach with Toddlers. *Young-Children, 47*(4), 31–35.

Lynn, N., & Taylor, J. E. (1993). Personal and Business Skills Development: A Project-Based Approach at the Univ. of Salford. *Studies-in Higher-Education, 18*(2), 137–150.

Martin-Kniep, G. O., Feige, D. M., & Soodak, L. C. (1995). Curriculum Integration: An Expanded View of an Abused Idea. *Journal of Curriculum and Supervision, 10*(3), 227–249.

Mason, T. C. (1996). Integrated Curricula: Potential and Problems. *Journal of Teacher Education, 28*(3), 322–337.

McNeil, J. D. (1985). *Curriculum: A Comprehensive Introduction* (3rd ed.), Boston: Little.

McNeil, J. D. (1995). *Curriculum: The Teacher's Initiative.* New Jersey: Prentice-Hall.

Meel, R. M. van (1993). *Project-Based Module Development.* Heerlen, Netherlands: Centre for Educational Technological Innovation, Open Univ.

Palmer, J. M. (1995). Interdisciplinary Curriculum-Again, In J. A. Beane (Ed.), *Toward a Coherent Curriculum* (pp. 55–61). Virginia: ASCD.

Panaritis, P. (1995). Beyond Brainstorming: Palnning a Successful Inter-disciplinary Program. *Phi Delta Kappan, April,* 623–628.

Panaritis, P. (1995). Beyond Brainstorming: Planning a Successful Interdisciplinary Program, Phi Delta Kappan, April, 623–628.

Passe, J. (1995). *Elementary School Curriculum.* Wisconsin: Brown and Benchmark.

Posner, G. J., & Rudnitsky, A. N. (1997). *Course Design: A Guide to Curriculum Development for Teachers* (5th ed.). New York: Longman.

Pring, R. (1973). Curriculum Integration. In R. S. Peters (Ed.), *The Philosophy of*

Education. London: Oxford Unieversity Press.

Proctor, N. (Ed.) (1990). *The Aims of Primary Education and the National Curriculum*. London: The Palmer Press.

Radnor, H. A. (1994). *Across the Curriculum*. London: Cassell.

Rosberg, M. (1995). Integrated Approachs to Learning. Iowa: Information Analyses —General (070); Guides—Non—classroom (055).

Ross, A. (1993). *Inspirations for Cross—Curricular Themes*. Warwickshire: Scholastic.

Seely, A. E. (1995). *Integrated Thematic Units*. CA: Teacher Created Materials.

Tanner, D., & Tanner, L. N. (1980). *Curriculum Development: Theory into practice*. New York:

Tchudi, S., & Lafer, S. (1996). *The Interdisciplinary Teacher's Handbook*. Boynton/Cook Publishers, Inc.

Thompson, K. (1972). *Education and philosophy: a practical approach*. Oxford: Basil Blackwell.

Trepanier, S. M. (1993). What's So New about the Project Approach?. *Childhood Education*, *70*(1), 25–28.

Wittgenstein, L. (1961). *Philosophische Untersuchungen* (5th ed.). translated by G. E. M. Anscombe. New York: The Macmillan Company.

Wolfinger, D. M., & Stockard, J. W. Jr. (1997). *Elementary Methods: An Integrated Curriculum*. New York: Longman.

찾아보기

용어

저자 소개

김대현(Kim, Dae Hyun)

부산대학교 사범대학 교육학과 학사, 석사, 박사
現 부산대학교 교수
　　한국교육과정학회 회원, 한국교육학회 회원

〈저서 및 역서〉
따뜻한 교육공동체 구축을 위한 학교에서의 信賴(학지사, 2020)
교육과정 및 교육평가(5판, 공저, 학지사, 2018)
교육과정의 이해(2판, 학지사, 2017)
교육과 교육학(공저, 학지사, 2015)
국제이해교육의 이론과 실제(공저, 학지사, 2012)
국제이해교육과 신식민주의 비평(공저, 학지사, 2012)
국제사회의 이해(공저, 학지사, 2011)
배움과 돌봄의 학교공동체(공저, 학지사, 2009)
교과경계선 허물기(공역, 학지사, 2001)
프로젝트 학습의 운영(공저, 학지사, 1999)
열린수업의 이론과 실제(공저, 학지사, 1998)
열린교육의 철학(공역, 학지사, 1998)
교과의 통합적 운영(공저, 문음사, 1997)
학교 중심의 통합교육과정 개발(공저, 양서원, 1995)
학문기호 미술교육운동(공역, 학지사, 1995)
지식과 교육과정(교육과학사, 1994)
표상형식의 개발과 교육과정(공역, 교육과학사, 1994)
교육과 권리(공역, 양서원, 1991)
교육과 지식의 가치(공역, 배영사, 1987)

따뜻한 교육공동체 구축을 위한

교육과정통합이론

The Theoretical Framework for Curriculum Integration

2021년 6월 20일 1판 1쇄 인쇄
2021년 6월 30일 1판 1쇄 발행

지은이 • 김대현
펴낸이 • 김진환
펴낸곳 • (주) 학지사

04031 서울특별시 마포구 양화로 15길 20 마인드월드빌딩
대표전화 • 02)330-5114   팩스 • 02)324-2345
등록번호 • 제313-2006-000265호

홈페이지 • http://www.hakjisa.co.kr
페이스북 • https://www.facebook.com/hakjisa

ISBN 978-89-997-2434-3 93370

정가 18,000원

출판 · 교육 · 미디어기업 학지사

간호보건의학출판 학지사메디컬 www.hakjisamd.co.kr
심리검사연구소 인싸이트 www.inpsyt.co.kr
학술논문서비스 뉴논문 www.newnonmun.com
교육연수원 카운피아 www.counpia.com